Auf dem Jakobsweg von Calzadilla de los Hermanillos nach Reliegos

Edith Kresta (Hg.)

EUROPA
für Eigensinnige

Außergewöhnliche Reisen
für Klimabewusste,
Abenteuerlustige und Genießer

BeBra Verlag

Bibliografische Information der Deutschen Nationalbibliothek
Die Deutsche Nationalbibliothek verzeichnet diese Publikation in
der Deutschen Nationalbibliografie; detaillierte bibliografische Daten
sind im Internet über http://dnb.d-nb.de abrufbar.

© be.bra verlag Medien und Verwaltungs GmbH
Berlin 2023
Asternplatz 3, 12203 Berlin
post@bebraverlag.de
Lektorat: Tanja Krajzewicz, Berlin
Umschlag: Fernkopie, Berlin
Titelfoto: Die Steilküste Cliffs of Moher im irischen County Clare, © 123RF
Satz: typegerecht berlin
Schriften: Tasse, Proforma
Druck und Bindung: Finidr, Český Těšín
ISBN 978-3-89809-213-5

www.bebraverlag.de

INHALT

LECKER & GESUND
Essen, trinken, kuren

ERDNAH & MOBIL
Auf Schienen, Straßen, Wegen

EDITORIAL

Ein kleiner Reiseführer zum großen Europa? Es klingt verwegen. Das ist es auch. Unser Buch »Europa für Eigensinnige« ist ein Reiseführer für eigensinnig Reisende, und er soll Lust machen auf Europa. Ein Reiseappetizer mit Reportagen von taz-Autor*innen, die sich vor Ort auskennen und das Reisen lieben. Ein Reiseführer, der nachhaltige Projekte, spannende Regionen und eine möglichst umweltfreundliche Anreise im Blick hat. Europa für Klimabewusste, Mobile, Abenteuerlustige, Genießer und Ausreißer.

Tourismus spielt eine entscheidende Rolle bei der Entwicklung vieler europäischer Regionen, besonders der weniger entwickelten, wegen der erheblichen Ausstrahlungseffekte und des Beschäftigungspotenzials gerade auch für junge Menschen. Ein nachhaltiger Tourismus in Europa könnte die Lösung sein, um den zerstörerischen Folgen, die der Massentourismus für die beliebten Ferienorte in Europa hat, entgegenzuwirken. Gleichzeitig könnte er lokale Traditionen stärken, die Umwelt schützen und die lokale Beschäftigung anregen. So lautete das Ziel EU-finanzierter Projekte zum nachhaltigen Tourismus. Es gibt viele davon.

Wir haben uns europäische Kulturrouten und Kulturstädte, Graswurzelinitiativen vor Ort, regionale Eigenheiten und besonders schützenswerte Landschaften angeschaut. Herausgekommen ist eine schöne bunte Mischung von Reisen in einem Europa der unbegrenzten Möglichkeiten und bewussten Alternativen.

Edith Kresta

GLÜCKLICH & DRAUSSEN
Wandern, radfahren, paddeln

Wast Water im nordenglischen Lake District ist der tiefste See Englands.

SANTÉ L'EUROPE!

Die Arbeit im französischen Weinberg ist Herausforderung und Tortur zugleich. Plädoyer für einen freiwilligen Ernteeinsatz

Menschen, die in meiner westfälischen Kleinstadtjugend zur Weinernte nach Frankreich aufbrachen, waren auch sonst ziemlich anders. Furchtloser, robuster, ruppiger, vierschrötiger. Im überschaubaren Cliquen-Kosmos jener Provinzjahre zählte ich zwar zum gleichen Alternativmilieu wie sie, konnte in Sachen Stehvermögen und Weltwissen aber kaum mit ihnen mithalten. Während sich unsereiner zwecks Ferienfinanzierung in die örtliche Papierfabrik zwang, pilgerten sie aus freien Stücken alljährlich in den Süden, um für kleinstes Geld den Rücken krumm zu machen. Und während ich in der Fabrik ahnte, dass körperliche Lohnarbeit vor allem Plackerei ist, die es besser zu vermeiden gilt, und mich auf sogenannt staubfreie Erwerbsquellen wie Nachhilfe und Lokalzeitungstexte verlegte, schwärmten sie von den Freuden des Weinbergs und der Schönheit der Provence.

Manche fuhren, wenn alles abgeerntet war, weiter nach Spanien und Marokko. Daheim galten sie mitunter als vermisst, tauchten Monate später mit einem Sack voller Geschichten aber wieder auf. Und auch wenn sich all das Zeug über Polizeischikanen, Kakerlaken-Armeen und riskante Drogendeals kaum überprüfen ließ, spürte man doch, dass hier eine Form von Rock 'n' Roll lebte, die ich mir als Kleinstadtbürgerkind nur in weit geringeren Dosierungen zugestand.

Viele Jahre später. »Komm mit zur Weinernte«, sagt Freund Boris, als ich – wenig originell – über Ukraine, Inflation und den baldigen Herbst lamentiere. »Die Arbeit ist anstrengend, aber das Essen super. Und der Wein natürlich sowieso.« Doch Boris ist nicht nur 20 Jahre jünger als ich, sondern auch ziemlich athletisch. Klimmzüge, Bauchmuskeltraining, Liegestütze – das ganze Körperpaket, gegen das mein eigenes Programm aus Wochenend-Jogging und Faultier-Pilates ziemlich dürftig anmutet. »Du schaffst das«, sagt Boris.

Wegen seiner Weine ist das 250-Seelen-Dorf Pernand-Vergelesses im Burgund sehr bekannt.

Am übernächsten Dienstag im frühmorgendlichen Weinberg nahe des Dorfes Pernand-Vergelesses scheint sich das zunächst zu bestätigen. Ohne Arbeitseinweisung, aber ausgestattet mit Plastikeimer und handelsüblicher Gartenschere, geht das Traubenschneiden leicht von der Hand. Im Stehen greife ich beherzt von beiden Seiten in die Rebenstockhecke – ein völlig unnötiger Anfängereifer, der schon zehn Minuten später mit einem kräftig blutenden Finger bestraft wird. Das möchte man jetzt nicht herzeigen. So dumm möchte man am allerersten Tag wirklich nicht dastehen. Rasch stülpe ich über die Hand einen grauen Arbeitshandschuh, der das Malheur einigermaßen verbirgt, und mache weiter.

Stunden später nach der Mittagspause ist die Wunde zwar gestillt – Traubensaft sei ein super Desinfektionsmittel, heißt es – doch inzwischen hat sich mein Rücken gemeldet. Sich stehend zu den Trauben hinabzubeugen quält die Bandscheiben, die energisch nach einer anderen Position verlangen. Ich wechsle in die Hocke, doch das ist eine Haltung, die in meinem Alter vielleicht noch Chinesen durchstehen, meine Knie aber nicht. Also wieder Wechsel: ein Bein rechtwinklig, das andere Knie auf den Boden gestützt. Was auch nicht gut funktioniert, weil sich ständig kleine Steine in das aufstützende Knie bohren. Völlig erledigt arbeite ich schließlich auf dem Hosenboden, was weniger schmerzt, unter Weinerntenden aber als unwürdig gilt. Die Kapitulationshaltung der totalen Anfänger, wie man mich wissen lässt.

»Alles normal«, sagt Camille aus Marseille, die ich beim Abendessen kennenlerne. »Der erste Tag ist furchtbar, der zweite auch, der dritte nicht mehr ganz so. Am vierten geht es.« Die Studentin und ihre Schwester sind schon zum dritten Mal hier, nicht wegen des Geldes, sondern wegen der Atmosphäre, wie sie sagen. Im Winter geht es für ein Jahr nach Kolumbien, erzählt sie munter, während ich brüte, wie das hier für mich weitergehen soll. So wie die Dinge liegen, überstehe ich den nächsten Tag allenfalls mit den starken Schmerztabletten, die sich klugerweise in meinem Gepäck befinden.

Die Pillen verkneife ich mir. Am nächsten Morgen auf dem Feld wünscht man sich ohnehin eher Speed. Das schöne Wetter des Vortages hat sich in einen Regenhimmel verwandelt, der kurz nach Arbeitsbeginn seine Schleusen öffnet. »Wenn es zu stark regnet, brechen sie den Einsatz auch schon mal ab«, sagt ein Arbeiter. Doch von wegen. Während der Regen zunimmt, wer-

Blick über die Weinberge von Pernand-Vergelesses

den olivgrüne Jacken verteilt, die zwar vor Feuchtigkeit, nicht aber vor der aufweichenden Erde schützen, die sich rasch in Form kiloschwerer Klumpen an den Schuhen festsetzt.

Die Steinchen, die sich in mein aufgestütztes Knie bohren, bleiben so hart wie am Vortag. Während ich in der endlosen Reihe mit halbleerem Eimer dem nächsten Rebstock entgegenrobbe, denke ich an Camus und seinen Satz über die menschliche Selbstbehauptung im Angesicht des Absurden: *Wir müssen uns Sisyphos als glücklichen Menschen vorstellen.* Den Stein den Berg hinauf rollen, auch wenn es sinnlos ist. Glück empfinden, allein weil man nicht aufgibt.

Was mich an diesem elenden Tag rettet, ist jedoch nicht die Philosophie, sondern ein gepolsterter Knieschoner, den eine Frau aus der Nachbarreihe unverhofft an mich weiterreicht. Sie habe zwei davon, sagt Anita, die aus der Nähe von Turin stammt und auch seit Jahren nach Frankreich reist. Daheim seien gute Weinerntejobs nicht zu finden, die Arbeit werde innerhalb der Familien verteilt oder über die Mafia an unterbezahlte Mazedonier vergeben. Weil die Mafia in Italien heute überall sei, könne man dort nur noch abseits des Systems leben. Im Piemont betreibe sie ökologischen Landbau und eine kleine Privatschule, berichtet sie. Heute Abend werde sie mir Fotos zeigen. Vergiss Camus, denke ich, während ich meinen neuen Kniekomfort genieße. Die Welt braucht keinen weiteren Sisyphos, sondern Leute wie sie.

Dass solche Menschen auf Frankreichs Weinfeldern arbeiten, muss Gründe haben. Mein Arbeitgeber, die Winzerfamilie Rapet, ist vermutlich einer davon. Angesichts der Ausbeutung, die Feldarbeitende in vielen Teilen Europas erleiden, wirken die Konditionen, zu denen bei Rapet gearbeitet wird, ziemlich korrekt. Stundenlöhne von neun Euro für die Schneidenden und elf Euro für die Träger mögen armselig klingen, sind aber nicht nur für Menschen aus Osteuropa ein Motiv, sich auf den Weg zu machen.

Es gibt feste Acht-Stunden-Tage, die penibel eingehalten werden. Freie Unterkunft im Mehrbettzimmer und vier freie Mahlzeiten mit großem Feldfrühstück und üppigem Mittag- und Abendessen. Frisches Fassbier zum Feierabend, jede Menge guten Wein, leckeren Crémant und Cassis. Es gibt Steuernummern und korrekte Endabrechnungen, Weinpräsente und Rabatte zum Abschied. Und vor allem: Es dominiert ein freundlicher und entspannter Umgangston.

Von den achtzig Leuten, die in diesem Jahr für Rapet ernten, sind die meisten Wiederholungstäter, einige kommen seit Jahrzehnten. Vier gehörlose Männer aus Toulouse, deren Anführer fehlende Worte durch spontane Umarmungen wettmacht. Ein Restaurantkoch aus den Pyrenäen, der sich daheim für gute Krankenhauskost engagiert, eine Studentin aus Wallonien, die sich hier besser behandelt fühlt als an ihrer Uni von den Flamen. Ein Sinto aus dem Nachbardorf mit Jean-Gabin-Gesicht und beeindruckenden Oberarmen.

Eine Konzeptkünstlerin aus Barcelona, die sich schwer tut zu erklären, was ihre Konzeptkunst ausmacht. Ein Trupp Italiener, deren Appetit so robust wirkt wie ihre gute Laune. Nach dem Abendessen sitzen sie alle fröhlich auf den Stufen unterhalb des Speisesaals und massieren einträchtig die Nacken- und Schulterpartien ihrer Vorderleute. Doch ungeachtet solcher Idyllen – mein Körper findet das auch am Ende des zweiten Tages alles nicht so toll. Der Schmerz in Knien und Rücken hat sich mittlerweile über alle Glieder verteilt, so als seien Arme, Hände, Oberschenkel, Waden und Füße kollegial übereingekommen, auch ihren Teil übernehmen zu wollen.

Die Arbeit im Weinberg ist anstrengend.

Der dauergrinsende Mihai, der am nächsten Tag in der Reihe neben mir arbeitet und die Umgebung mit rumänischem Hip-Hop beschallt, scheint gegen solche Anfechtungen immun. Die fünf Joints, die er als Tagesration bereits vor dem Frühstück gebastelt hat, machen eben doch einen Unterschied. Auch Jean Gabin, der heute mit Frau, Sohn und Tochter pflückt, ist kaum je ohne Joint in der Hand zu sehen. Schlimm ist nicht, dass das für mich keine Option ist, weil mich die Droge sofort aus dem Feld schlagen würde, sondern dass die Kiffenden alle deutlich schneller arbeiten als ich. »Versuch mal aufzuschließen«, sagt Boris, als ich in meiner Reihe schon wieder zehn Meter hinter den anderen zurückliege. Doch der Versuch, das Tempo zu forcieren, führt lediglich dazu, dass ich im dichten Blättergestrüpp viel zu viele Trauben übersehe. Wenig später beugt sich die Vorarbeiterin herab: »Du solltest hier wirklich besser eine Brille tragen.«

Man erträgt das leichter, wenn man den Tag in kleinere Abschnitte zerteilt und Vorfreudefantasien auf die kommenden Mahlzeiten herbeidenkt. Kleine illegale Pausen in unbeobachteten Momenten dankt der Körper ebenfalls. Weil die Arbeit anstrengend, aber anspruchslos ist, bleibt zudem Raum für innere Monologe und Gedankenspiele. Während die Sonne brennt und die Minuten so müde vorankriechen wie ich, denke ich an dicke Kirchenmänner, die in Talkshows launig verkünden, sie seien eigentlich nur »einfache Arbeiter im Weinberg des Herren«.

Was das wohl heißen soll? Doch nichts anderes als: je härter die Arbeit, desto größer die Verklärung durch jene, die sie nicht leisten müssen. Mir geraten Bilder von Plantagen in den Sinn, Baumwollfelder, Tabakanbau, Zuckerrohrpflanzen, Orangenbäume, Erdbeerbeete, Spargelfelder, Reisterrassen im Wasser, grüne Hügel voller Tee. Die Elenden, die das alles hervorbringen. Zwangsarbeit. Leibeigene. Chinas Kulturrevolution. Umerziehung. Gulag. Vernichtung durch Arbeit. Wie gut ich es habe.

Am Abend auf den Treppenstufen vorm Speisesaal sind alle Schmerzen und Schrecken wieder vergessen. Jemand hat eine Gitarre hervorgeholt, die Italiener geben den Ton an, zwanzig Kehlen schmettern *Bella Ciao* und *It's wonderful* von Paolo Conte. Dann geht's weiter zum Dorffest, wo neben den Ernteleuten der anderen Betriebe auch viele Dörfler mitfeiern. Als wir eintreffen, ist schon die Hölle los. Zwei Capoeira-Tänzer, die sich hier erst kennengelernt haben, ziehen die Blicke auf sich und präsentieren ein kongeniales Duell. Durch die Luft schwirrt Französisch, Englisch, Italienisch, Spanisch, Rumänisch.

Erzkiffer Mihai hat einen Landsmann aus Bukarest getroffen. Der berichtet, dass er und seine Freundin zunächst auf einem Weingut in der Provence gearbeitet hätten, von dort aber flüchten mussten, weil vier Männer in den Schlafsaal der Frauen einbrechen wollten. Gemeinsam mit der Polizei hätte er das Schlimmste verhindert. Beim neuen Winzer sei nun alles bestens. Seine Freundin tritt hinzu, zerrt ihren Retter energisch hinaus und auf die Tanzfläche. Die beiden wirbeln umeinander, knutschen gierig, blicken sich in die Augen. Vermutlich ist es der Sommer ihres Lebens.

Dass das freie Europa in Dekadenz und Niedergang begriffen sei, wie die Nationalisten des Kontinents uns weismachen wollen, ist eine schmutzige Lüge, die in Pernand-Vergelesses ihre Widerlegung findet. Denn Weinernte, das begreife ich jetzt, heißt Freiheit. Keine Putin-Jugend, die auf den Präsidenten schwört. Keine Parteihemden mit ehrgeizigen Erntezielen. Keine Gläubigen, die sich die Welt schönbeten oder wegmeditieren. Kein Team-building für die Angestellten. Keine Gehirnwäsche für den Konsum. Keine Cancel Culture, keine Influencer, keine Follower, keine Hater. Stattdessen: Malocher, Studentinnen, Künstlerinnen, Handwerker, Kiffer, Taubstumme, Öko-Bäuerinnen, Sinti, Köche, Verliebte, Träumer, Durchreisende, Väter, Töchter. Alle zusammen sehr verschieden, aus vielen Ecken Europas, jeden Alters, jeder Herkunft. Ziemlich frei, ziemlich selbstbestimmt. Und ziemlich gut gelaunt.

Als ich nach sieben Erntetagen meinen Lohn abhole, sind die Schmerzen tatsächlich fast verschwunden. Es stimmt schon: Ab dem vierten Tag wird alles besser, der Körper passt sich irgendwie an. Durchgehalten zu haben fühlt sich ganz und gar großartig an. Das Geld in meiner Hand – nicht wirklich viel, aber noch niemals so hart erarbeitet – verdient einer meiner Bekannten an einem Vormittag beim Kundentermin. Während ich an der Dorfkirche stehe und auf meinen Lift zum Bahnhof warte, treffe ich auf Ludwig, den Anführer der Gehörlosen. Als er sieht, dass ich abreise, breitet er seine Arme aus und drückt mich an sich. Ich fürchte, dass er mich zerquetschen wird.

MARTIN JAHRFELD

Anfahrt Mit dem ICE bis Straßburg, dort weiter mit dem TGV nach Dijon, dort Umstieg in den Regionalzug nach Beaune. Die Verbindung dauert inklusive zweier Umstiege viereinhalb Stunden. Der Transfer vom Bahnhof in Beaune in das etwa zehn Kilometer entfernte Pernand-Vergelesses wird in der Regel von den Winzern organisiert.

Pernand-Vergelesses liegt südlich von Dijon und ist Teil der traditionsreichen Weinregion Côte de Beaune im Burgund. Wein wird seit 2000 Jahren angebaut. Die Winzer des 240-Seelen-Dorfes keltern jährlich 400 Hektoliter Weißwein und 2500 Hektoliter Rotwein von hoher und sehr hoher Qualität.

Das Weingut von Vincent und Sylvette Rapet befindet sich seit 250 Jahren im Besitz der Familie. Auf der Domaine Rapet gedeihen Trauben für Rot- und Weißweine wie Corton Rouge Grand Cru und Corton Charlemagne Blanc Grand Cru, die im Handel zu Preisen zwischen 20 und 150 Euro angeboten werden.

Erntebeginn ist meist in der zweiten Augusthälfte. Durch Wetter und Klimawandel können sich die Termine verändern. Die Ernteperiode auf dem Weingut Rapet dauert, abhängig vom Ertrag, etwa sechs bis acht Tage. Wer mitarbeiten möchte, wendet sich am besten direkt an einen der zahlreichen Winzer der Region und erfragt die Konditionen. Französischkenntnisse sind kein Muss, aber hilfreich.

DEM FLUSS FOLGEN

Von Europa bis Jugendstil: Eine Radtour entlang der französischen Moselle hat viel zu bieten. Das hat auch mit den wechselnden Landschaften zu tun.

Die Mosel zeigt sich hier noch einmal von ihrer romantischen Seite. Eingebettet zwischen drei Weinbergen liegt das luxemburgische Schengen. Ein Winzerdorf im Dreiländereck Deutschland, Frankreich, Luxemburg. Gegenüber auf deutscher Seite liegt Perl. Auf dem Moselradweg sind es rund 56 Kilometer von Perl nach Trier. Gleich hinter Schengen beginnt der französische Teil des Moselradweges, die »Voie Bleue«. Wie ein »blaues Band« führt der Radweg 700 Kilometer entlang der Mosel, des Vogesen-Kanals und der Flussufer der Saône von der luxemburgischen Grenze bis Lyon. Durch abwechslungsreiche Kultur- und Naturlandschaften.

Reisefreiheit in Europa, das erscheint uns heute selbstverständlich. Ausgehandelt wurde das »Europa ohne Grenzen« hier in Schengen. Die inzwischen 27 Länder des Schengen-Raums mit ihren mehr als 400 Millionen Menschen verzichten untereinander auf Grenzkontrollen. Wer ein Schengen-Visum hat, kann sich innerhalb Europas frei bewegen.

Direkt am Moselufer liegt das Europamuseum. Auf dem Vorplatz stehen drei Stahlstelen. Sie symbolisieren die Gründung der Europäischen Gemeinschaft. Die Sterne auf den Stelen stehen jeweils für ein EU-Land. 40.000 Besucher kommen jedes Jahr nach Schengen, in die kleine Grenzstadt. Das Museum ist ein Besuchermagnet.

Begonnen hatte der lange diplomatische Prozess zur Vereinigung Europas mit dem gemeinsamen Markt für Kohle und Stahl, der Montanunion. Mit diesem Vertrag beschlossen 1951 Belgien, Deutschland, Frankreich, Italien, Luxemburg und die Niederlande im Rahmen der Europäischen Gemeinschaft ihre Schwerindustrie gemeinsam zu organisieren.

Im Museum ist die Geschichte Europas interaktiv aufbereitet. Im Mittelpunkt steht das Schengen-Abkommen. Im Juni 1985 trafen sich die Vertreter von fünf Ländern – Frankreich, Belgien, Luxemburg, die Niederlande und

Wir beginnen unsere Etappe des Moselradwegs nach Nancy in Schengen.

Deutschland – in Schengen und einigten sich darauf, an ihren Binnengrenzen die Personenkontrollen schrittweise abzuschaffen. An Bord des Schiffes »Prinzesse Marie-Astrid« unterzeichneten sie am 14. Juni 1985 auf der Mosel das »Schengener Abkommen«. Von Ostern bis September fährt die Nachfolgerin der MS »Princesse Marie-Astrid« zwischen Remich, Grevenmacher und Trier. Auch Touren nach Neumagen-Dhron und Bernkastel-Kues stehen auf dem Fahrplan.

Hinter Schengen ist Kilometer 0 des französischen Radweges »Voie Bleue«. Er führt fast immer auf Wegen abseits der Straße inmitten der Natur direkt am Flussufer entlang. Die Landschaft ändert sich. Sierck-les-Bains ist der erste französische Ort am rechten Ufer der Mosel in diesem Dreiländereck Frankreich-Luxemburg-Deutschland.

Die starken Befestigungsanlagen der Burg erinnern an die strategische Bedeutung der Stadt im Lothringischen Becken. Nicht weit davon sieht man die Türme von Cattenom, dem umstrittenen französischen Kernkraftwerk, das durch die neue energiepolitische Entwicklung wieder aufgewertet wurde. Die Landschaft wird nun flacher. Es ist das nördliche Industriebecken von Lothringen. Mit 94 Prozent der Eisenerzgewinnung, 33 Prozent der Kohleförderung und 60 Prozent der Eisenerzeugung stellt Lothringen die schwerindustrielle Kernregion Frankreichs dar. Seit den 1980er-Jahren wird die Industriehochburg umgebaut.

Schon von Weitem sieht man den letzten erhaltenen Hochofen von Uckange. Er wurde 1991 außer Betrieb gesetzt. Jean Larger hat 45 Jahre hier gearbeitet. Er führt durch die imposante, aufgelassene Industrieanlage im »Parc du Haut-Fourneau«. Eine Ausstellung zeigt die Geschichte des Hochofens, eine audiovisuelle Show führt in die Produktionshallen. Jean Larger erinnert sich gerne an seine Arbeitsjahre hier. Es war sein Leben.

»25 touristische Unternehmen sind am Moselradweg unter Accueil Vélo aufgelistet«, sagt Jean-Luc Michel. Er ist bei »Voie Bleue« zuständig für die Logistik und begleitet mich auf diesen 65 Kilometern der ersten Etappe. Mit E-Bike ist das machbar. Wem dies zu weit ist, der kann jederzeit in Uckange oder Thionville einige Kilometer nach Metz mit dem Zug abkürzen. »Ohne Reservierung kann es in der Hochsaison schwierig sein, ein Zimmer zu bekommen, außer man campt, wie die meisten, die die Route machen«, sagt Jean-Luc.

Die Place Stanislas in Nancy lädt zum Verweilen ein.

25 Kilometer weiter erreichen wir Metz, die Mirabellenstadt. Seife, Bonbons, Likör, Limo – alles Mirabelle. Von 1871 bis 1918, in der Zeit der kaiserlichen Monarchie, war Metz deutsch. Dadurch entstand ein architektonischer Mischmasch aus der französisch geprägten Altstadt und der deutschen Neustadt. Metz lohnt sich!

Die Innenstadt ist verkehrsberuhigt, am Abend ist viel Leben in den Kneipen und Restaurants rund um die Kathedrale. Ein gotischer Prachtbau gleich gegenüber der überdeckten Markthalle. Hier im Zentrum liegt auch das Hotel Mercure, wo man im Innenhof sein Rad sicher abstellen kann. Das neue Centre Pompidou in Bahnhofsnähe ist ein ultramodernes Kunstzentrum.

Die 37 Kilometer von Metz nach Pont-à-Mousson, immer am Fluss entlang und unter schattigen Bäumen und Wäldern, sind eine erholsame Etappe. Guy Ros, der Tourismuschef von Pont-à-Mousson, zeigt mir die Stadt, das Kloster, die Abbaye de Prémontrés, den Yachthafen, die Halbinsel Île d'Esch, wo er jeden Morgen joggt. Guy Ross erinnert nicht nur vom Alter und Aussehen an Michel Houellebecq, sondern auch, weil er völlig gelangweilt die touristischen Vorzüge der kleinen Stadt preist.

Seit 1964 ist der große Klosterkomplex ein Kulturzentrum und Sitz des Europäischen Zentrums für sakrale Kunst. In den Gebäuden des ehemaligen Jesuitenkollegs mit der Kirche Saint-Martin befand sich zwei Jahrhunderte lang die Universität, die dann nach Nancy verlegt wurde. Heute kann man hier gut übernachten.

Die 1856 gegründete Eisenhütte S.A. des Hauts-Fourneaux et Fonderies de Pont-à-Mousson war lange Zeit einer der führenden französischen Industriekonzerne. In Pont-à-Mousson werden hauptsächlich Kanalrohre und Kanaldeckel aus Gusseisen hergestellt.

»Man lebt sich hier rein. Ich fühle mich sehr gut hier«, sagt der Kölner Günther Mickan. Sein Boot, ein fast 100 Jahre altes Lastschiff, liegt ganzjährig im Hafen von Pont-à-Mousson, wenn Mickan nicht gerade durch die Kanäle Frankreichs schippert. Den Frachtkahn hat er als Wohnschiff ausgebaut. Rund acht Monate bleibt er hier. »Als kölsche Jung habe ich immer ein Faible für die Lastkähne gehabt«, sagt er. Und das Leben auf dem Schiff sei vor allem in Pont-à-Mousson sehr unterhaltsam und nie langweilig.

Nach Nancy ist es von Pont-à-Mousson ein Katzensprung: 20 Kilometer. Nancy ist eine Flussstadt in der Region Grand Est, die für ihre Jugendstilarchitektur und den Spätbarock der lothringischen Herzöge bekannt ist. Durch ein goldverziertes Gittertor betreten wir die Place Stanislas. Klassizistische Prachtbauten umrahmen den Platz, flankiert von Neptun- und Amphitrite-Brunnen. Der Place Stanislas aus dem 18. Jahrhundert befindet sich neben verzierten Palästen und Kirchen in der historischen Altstadt. Dahinter liegt im mittelalterlichen Altstadtkern das Ausgehviertel.

Anne Bouigeon, Fremdenführerin mit Schwerpunkt Jugendstil, führt durch den Saurupt-Park. Hier sollten auf 16 Hektar Villen für die Reichen gebaut werden. Eine exklusive Gartenstadt komplett im Jugendstil sollte es werden. Hundert Villen seien geplant gewesen – aber nur sechs wurden gebaut, die anderen Bauten sind fantasievolle Häuser für die Mittelklasse mit Jugendstilelementen. Das schönste Beispiel für den Jugendstil von Nancy ist die Villa des Künstlers und Industriellen Louis Majorelle, die er für seine Familie im Schatten der Kirche Sacré-Cœur erbauen ließ. Das Haus wurde von außen komplett restauriert; im Inneren dauern die Arbeiten noch an. Es gehört zum Museum der Schule von Nancy.

»Im Krieg 1870 zwischen Deutschland und Frankreich wurde Nordlothringen deutsch. Viele Franzosen in den annektierten Gebieten zogen ins französische Nancy. Nancy wuchs«, erzählt Anne Bouigeon. Die Bürger von Nancy ließen sich moderne Villen im angesagten Stil der Schule von Nancy bauen. »Es war die Zeit des Jugendstils. Für die Handwerker und Künstler hieß das viele Aufträge. Es gründete sich eine Gruppe von Jugendstil-Handwerkern in Nancy«, sagt Anne Bouigeon.

Ganze Straßen wurden komplett in diesem Stil angelegt, die Fassaden mit Blumen- und Blättermotiven verziert. Motive, die sich an der Natur orientieren, wie schwungvolle Linien und Formen, sowie Ranken und Wellen gelten als zentrale Merkmale des Jugendstils. Jugendstil prägte die Malerei, die Bildhauerei, die Architektur und das Möbeldesign sowie die Fertigung von Schmuck und Glaswaren.

Auch in den Straßen der Innenstadt von Nancy findet man Jugendstil, wie etwa das Schmiedeeisen an der Industrie- und Handelskammer in der Rue Henri-Poincaré oder das elegante Glasdach in der Schalterhalle der Bank Crédit Lyonnais in der Rue Saint-Georges.

Von Nancy könnte man immer weiter radeln. Richtung Vogesen. Ein neues Landschaftsfenster nach romantischen Weindörfern, aufgelassenen Industrieanlagen neben Kernkraftwerken und historischen, lebenswerten Städten, die von der deutsch-französischen Geschichte erzählen. Eine Radtour entlang der »Voie Bleue« ist einsam, vielfältig, grün und verkehrsarm.

EDITH KRESTA

Anfahrt Mit dem Zug erreicht man den französischen Teil der Mosel am besten über Koblenz, Trier bis Perl.

Die Voie Bleue Moselle-Saône ist ein französischer Radweg, der von Apach an der luxemburgischen Grenze bis nach Lyon führt. Die Route durchquert Frankreich von Norden nach Süden, sie ist ein wesentliches Bindeglied zwischen Nordeuropa und der Mittelmeerregion. Der Parcours schlängelt sich gemächlich an der Mosel entlang, folgt dem Vogesenkanal und begleitet schließlich die Saône bis in die Stadt der Lichter Lyon. Von dort aus geht es dann auf der ViaRhôna (EuroVelo 17) geradewegs zum Mittelmeer: https://de.lavoiebleue.com

DER JAKOBSWEG ALS ZIEL

Jakobswege gibt es überall in Europa. Der »Camino de Santiago« in Spanien bleibt jedoch die unterhaltsamste Pilgerstrecke.

Ein eiskalter Nordostwind presste uns noch die kleinste Träne aus den Augenwinkeln. Er fegte über die Meseta, die nordspanische Hochebene zwischen Burgos und León. Er trieb uns praktisch vor sich her. Wir waren in Richtung Westen unterwegs, immer den gelben Pfeilen des Camino de Santiago nach, die uns zum alten Pilgerziel Santiago de Compostela und dann noch bis ans Ende dieser alten Welt, nach Finisterre an den Atlantik führen würden.

Die Meseta ist berüchtigt für diesen Wind. Nirgends Wälder oder Hügel, die ihn bremsen könnten. Im Sommer, so wussten wir, herrscht hier Backofenhitze. Die wollten wir nicht. Also weiter, immer in Bewegung bleiben, denn wer hier stehen blieb, der fror. Vor uns lag noch fast der halbe Weg nach Santiago, der insgesamt rund 800 Kilometer ausmacht. Der Camino Francés beginnt auf der französischen Seite der Pyrenäen, in Saint-Jean-Pied-de-Port. Wer es geschafft hat, in Bewegung zu kommen und seinen Rhythmus zu finden, der geht fast automatisch. Auszusteigen ist mitunter schwieriger als immer weiterzugehen, selbst unter Schmerzen. Gehen kann wie Meditation sein, die Bewegung macht ruhig.

Damals, in den frühen Nullerjahren, waren wir Newcomer auf dem Camino. Dass wir auf etliche Wiederholer trafen, die diesen Weg schon zum zweiten oder dritten Mal gingen und manche sogar jedes Jahr hier unterwegs waren, überraschte uns. Alle, die von zu Hause in Deutschland oder Holland aus losgegangen waren und schon 1.000 Kilometer hinter sich hatten, bewunderten wir geradezu.

Abends in den Bars, in denen wir zusammentrafen, war es warm. Und gesellig. Abends rückten alle zusammen. Menschen, die sich nie zuvor begegnet waren und tagsüber eher aus dem Weg gingen, lernten sich gut kennen. Nur wenige Herbergen waren in der kalten Jahreszeit beheizt. Gegen

Am Ziel: die Kathedrale von Santiago de Compostela

klamme Matratzen und frostige Nächte half Alkohol, und der machte noch kommunikativer. Manchmal kochten wir gemeinsam in den Küchen der Herbergen. Manchmal fanden sich Gehgemeinschaften. Und Pärchen.

Und die vielen persönlicher Themen, die zum Gesprächsstoff wurden, machten deutlich, dass die Wanderung auf dem Camino für viele auch ein Psychotrip war. Ein Ineinanderfließen von Endorphinen und Gruppendynamik, das alles irgendwie leichter machte.

Rückblickend erlebte der Camino nach Santiago in diesen Jahren einen Boom. Seine Beliebtheit wuchs enorm. Die Zahl der Urkunden (Compostelas), die im Pilgerbüro von Santiago de Compostela anhand der nachgewiesenen Stempel im Pilgerpass ausgestellt wurden (man muss mindestens 100 Kilometer Fußmarsch nachweisen), belief sich Mitte der 1980er-Jahre auf jährlich rund 2.000. Im Jahr 2019 war es die unglaubliche Zahl von 347.587 Compostelas. Für Pilger aus aller Welt. Allen voran Spanier und Italiener, gefolgt von Deutschen, dann US-Amerikanern und an achter Stelle von Koreanern.

Vor allem Frauen hatten aufgeholt. Eigentlich ist es ein Männerding, mit dem Rucksack – und womöglich noch allein – auf eine wochenlange Wandertour zu gehen, aber der spanische Camino wurde allmählich zu einer Art geschützten Weges. Zumindest gefühlt. 2018 überholten Frauen zahlenmäßig erstmals die Männer.

Dann kam Corona. Und auf dem Camino ging nichts mehr. Aber war es das damit auch? War alles Geschichte?

23. März 2022: Ivar Rekve, Norweger in Santiago, Begründer und Verantwortlicher des größten englischsprachigen Pilgerforums, berichtet auf seinen regelmäßigen YouTube-Beiträgen erstmals von vielen Neuankömmlingen. Ostern 2022 dann steht Ivar Rekve außerhalb der Stadt vor schöner Landschaftskulisse und blendet Aufnahmen aus der Stadt ein, die jetzt wieder voller Besucher ist. Er berichtet von über 2.000 vergebenen Compostelas pro Tag während der Osterzeit. Aus den Statistiken des Pilgerbüros geht hervor, dass die Zahlen vom ersten Vierteljahr 2022 denen von 2019 entsprechen. Erleichterung.

Viele Leute hatten sich Sorgen gemacht. Auch in den Social Media in ganz Europa. Nicht nur wegen ihres eigenen Seelenheils. Vor allem wegen der Infrastruktur. Wegen der Existenz von Herbergen, Bars, kleinen Unternehmen wie etwa Gepäcktransporten und Veranstaltern, den vielen privaten und häufig ehrenamtlichen Initiativen, die im Zusammenhang mit dem Camino entstanden sind und vielen Menschen ein Auskommen gesichert haben, kurz: die ökonomische Seite.

Zwar ist der Camino de Santiago ein Pilgerweg, aber sein ökonomischer Erfolg war kalkuliert und verdankt sich nicht zuletzt der spanischen Tourismuspolitik, deren Ziel es seinerzeit war, jenseits des Strandtourismus die wirtschaftliche Entwicklung des Hinterlandes anzukurbeln. 1986 war Spanien der EU beigetreten, bereits 1987 kürte der Europarat in Straßburg die Wege der Jakobspilger zur ersten Europäischen Kulturroute. 1993 kam der werbeträchtige UNESCO-Welterbetitel für den Camino Francés hinzu.

Mit dem Camino wurde explizit eine kulturelle Identität Europas hervorgehoben. Das Schöne daran: Der Europarat beförderte eine sanfte, nachhaltige Form des Tourismus.

CHRISTEL BURGHOFF

Jakobswege Alle Routen führen nach Santiago de Compostela. Das vermutliche Grab des Jesus-Jüngers Jakobus des Älteren im äußersten Nordwesten Spaniens war im Mittelalter wichtigstes Pilgerziel des Christentums neben Jerusalem und Rom. Auf der spanischen Pilgerroute Camino de Santiago wurde in den letzten Jahrzehnten das Pilgerwesen neu begründet: Als ein Wanderweg, der rund 800 Kilometer lang ist, und Pilger, Wanderer und Sinnsucher aus aller Welt anlockt. Inzwischen wurden mehrere historische Jakobswege neu belebt, nicht nur auf der iberischen Halbinsel. Auch durch Frankreich führen Hauptrouten, sie münden auf den spanischen Camino Francés. Manche der Jakobswege beginnen weit im Norden und Osten Europas. Ein Netz zahlreicher Verbindungswege verknüpft sie miteinander, meistens sind sie markiert durch ein Muschelsymbol und werden von Jakobusgesellschaften betreut.

GPS-Tracks und Infos für Jakobswanderwege in Deutschland: www.deutsche-jakobswege.de für Europa einschließlich Spanien: Downloadbereich der niederländischen Seite www.santiago.nl und ergänzend www.camino-europe.eu
Infos und links zur Jakobuspilgerschaft und Jakobusgesellschaften auf der schon älteren privaten Homepage www.jakobus-info.de

Pilgerforum (neben Facebook-Gruppen): www.daspilgerforum.de
Ivar Rekve in Santiago (Forum, Store, YouTube-Channel u. a.): www.casaivar.com

App für spanische Jakobswege einschließlich Übernachtungen: Buen Camino

Wanderführer als Buch Reihe »Pilgern«, Conrad-Stein-Verlag

Literatur Klaus Herbers: »Jakobsweg – Geschichte und Kultur einer Pilgerfahrt« (Beck'sche Reihe), München 2011

DIE WILDEN GIPFEL
DES BALKANS

Wandern in den albanischen Alpen. Den Peaks of the Balkans Trail absolviert zu haben, zählt in der Szene inzwischen nicht weniger als eine Alpenüberschreitung.

Düster und mächtig verliert sich die Rugovaschlucht in den Wolken. Eine der klassischen Schluchten des Balkans und eine der tiefsten Europas dazu. Um hineinzukommen, braucht es keine Zauberformel, nur ein geländegängiges Fahrzeug und einen unerschrockenen kosovarischen Fahrer – weniger wegen der kühnen Straßenführung, das auch, aber vor allem wegen der anderen, noch unerschrockeneren kosovarischen Fahrer.

Oben auf der Höhe jedoch, wo ein Pass hinüber nach Montenegro führt, würde dann auch kein »Sesam öffne dich« mehr helfen. Seit dem Kosovokrieg endet die Straße dort von beiden Seiten und mit ihr auch die Welt. Zu Fuß aber gelangt man hinüber. Immer mehr ausländische Wanderer durchstreifen die Alpet Shqiptare, die Albanischen Alpen, wie das 2.700 Meter hohe Massiv gemeinhin genannt wird. Während ihr mitteleuropäisches Pendant touristisch längst ausgelutscht ist, blieben sie weitgehend unerschlossen. Weder Seilbahnen noch Skilifte durchkreuzen die Bergwelt. Keine Hotels, keine Ausflugslokale, kein Nachtleben und keine asphaltierten Straßen. Seit einigen Jahren führt ein Fernwanderweg in weiter Runde durch Kosovo, Montenegro und Nordalbanien: der Peaks of the Balkans Trail.

Wir wandern als Gruppe neun Tage lang am Stück, flankiert von ein paar weiteren Tagen mit Kulturprogramm. Zweihundert Kilometer Wegstrecke, mit strammen tausend Höhenmetern jeden Tag. Einst war das Kosovo die Kornkammer der Albaner. Maultiere schafften den Mais bis an die Küste und kehrten mit Salz beladen zurück. Doch die alten Karawanenwege, die Saumpfade und Schmugglerrouten – sie wucherten zu und waren kaum mehr kenntlich. Hinter dem Eisernen Vorhang fiel Albanien ins Dornrös-

Romantische Stimmung am See von Plav

chenkoma. Kaum erwacht, begann der Kosovokrieg. Die Bauern trieben ihr Vieh nicht mehr auf die Almen.

Doch nun scheint deren Beweidung wieder sinnvoll, weil die Hochtäler keine Sackgassen mehr sind, und weil immer mehr Wanderer für willkommene Abwechslung sorgen und für nicht minder willkommene Nebeneinnahmen. So auch für Mustafa und Fetija Nikci, die ihre Kate hoch droben in der Schlucht zum Gästehaus ausgebaut haben. Das Wohnzimmer dient als Speisesaal, jedes irgendwie verfügbare Zimmer als Schlafraum. Am Morgen führt Mustafa bei strömendem Regen seine Sammlung ausrangierter Sägen, Butterfässer und anderer Alltagsgeräte vor. Wie fast alle hier oben lebt er vom Wald. Was ihm zugutekam, als er für ein paar Jahre als Forstarbeiter in die Schweiz ging.

Regen hin oder her, wir laufen los über Hänge, die vor Himbeeren strotzen, und steile, üppig grüne Almen. Sonst ist kaum jemand unterwegs, nur ein Schäfer, der stoisch unter einem schwarzen Schirm über die Berge schreitet, umströmt von seiner wuscheligen Herde und einem tattrigen Hütehund. Ab und an geben die Wolken den Blick in die Täler frei. Ein Bild des Friedens, auch wenn die verfallenen Schuppen und die improvisierten Hütten ahnen lassen, dass hier der Krieg gewütet hat.

Nach zwei Tagen klart das Wetter auf. Ging es bisher durch eine grüne Mittelgebirgswelt etwa wie in den Vogesen, so zeigen die Berge sich hier karstig und kaum weniger schroff als die Dolomiten. Drüben in Montenegro gibt es auch einige Hütten, etwa die der Radnički, die seit 1945 vom Belgrader Bergsportverein betrieben wird.

Hüttenwirt Kanda ist Hausmeister und Auskunftsbüro in einem. Die Wälder seien voll von wilden Tieren, schwärmt er. Erst neulich hätten sie dort hinten vier Bären gesichtet. Aber noch nie hätte er von einem Angriff gehört. »Sie sind ja mehr oder weniger Vegetarier. Aber trotzdem – Bär bleibt Bär.« Dann amüsiert er sich noch über eine Besucherin aus der Stadt, die neulich wissen wollte, welche Teebeutel er so vorrätig habe. »Teebeutel? Wir sind von Tee umgeben! Hier wachsen doch die schönsten Kräuter!«

Wie ein schwarzgrüner Kelch umschließen die Berge den nahen See von Plav. Eine dünne Wolkenbank schwebt auf halber Höhe, und die Wasserfläche schimmert samten in der Abendsonne, eingefasst von rauschendem Schilf und flottierenden Seerosen. Am schönsten Uferabschnitt liegt unsere »Lodge«, die in einer merkwürdigen Art von Heimatstil gehalten ist, mit gewaltigen Steinbrocken und Holzbalken, von fast schon militanter Rustikalität.

Am Abend erläutert Wanderführer Ricardo Fahrig die Route auf der Karte. Er stammt aus Quedlinburg und lebt seit sechs Jahren in Albanien. Morgen steht die Königsetappe an. Wie fast jeden Tag führt auch sie über einen Pass. Die alten Hirtenpfade, diese Marschrouten der Transhumanz, gehorchen einer naturgegebenen Dramaturgie, einer rhythmischen Abfolge von Crescendo und Decrescendo, von Steilstücken und Plateauphasen. Man lässt die alte Welt schrittweise hinter sich, um oben einzutreten in ein neues Tal und mehrfach sogar in ein anderes Land. Bedauerlicherweise sind die Pässe nur geringfügig niedriger als die flankierenden Gipfel, sodass wir de facto Passbesteigungen unternehmen.

Am nächsten Vormittag erwarten uns drei Bauern, zwei Pferde und ein Maultier mit Packsätteln am vereinbarten Treffpunkt. Um vier Uhr früh sind sie drüben in Albanien aufgebrochen; nun geht es in Karawanenformation

Pferde und Maulesel transportieren das Gepäck.

zurück. Wir laufen hinein in ein breites, eiszeitliches Hochtal, das von silber-
grauen Felswänden gesäumt wird.

Eine Landschaft in Cinemascope: weit und heroisch, mit dem Arapi als
Magnetberg im Talschluss. Er ist wie ein Zuckerhut geformt – ein Zucker-
hut mit einer achthundert Meter hoch klaffenden Wand. »Für Gruppen tun
wir uns zusammen«, erklärt einer der Treiber, »jede Familie hat ja nur ein
Pferd.« Damit transportieren sie Feuerholz und schaffen Waren über die
Berge, wenn die Pisten unpassierbar sind. »Dass jetzt auch Wanderer unsere
Tiere anheuern, ist ein Segen. Und wir kommen dadurch weiter herum.«

Ein Teil der Gruppe erstürmt den Arapi, dann geht es in steilen Serpentinen hinab ins Tal von Thethi. Viele Albaner denken, dass dort ganzjährig Schnee liegt. Tatsächlich prangen oben sogar Gletscher – geografisch auf derselben Höhe wie Rom und nur 50 Kilometer von der Adria.

Einige Bewohner der Küstenebene zogen sich einst vor den türkischen Invasoren in die Berge zurück, und bis heute sind diese Täler katholisch geblieben. Oder es vielmehr wieder geworden, nachdem die Kommunisten versucht hatten, Albanien in ein »atheistisches Land« umzuformen. Roza Rupa hat hier ihre Kindheit verbracht. Ihrer Schulausbildung wegen zog die Familie dann nach Shkodra. Nun jedoch setzen sie das Haus im Tal wieder instand, auch als Quartier für zahlende Gäste. Für die der Besuch im nahen Kirchlein dann obligatorisch ist.

»In der Kommunismuszeit hat es als Ambulanz, Apotheke und Kindergarten gedient. Ich selbst bin hier zur Welt gekommen.« Die zweite Sehenswürdigkeit bildet einer der letzten Wehrtürme. Als Symbole der Feudalzeit wurden sie genauso geschleift wie die Sakralbauten. Selbst das Wort, erklärt Rupa, wurde in Orwell'scher Manier mit einem Bann belegt: »Die wollten alles, was früher war, vergessen machen.« Das Erdgeschoss diente für die Tiere, die beiden darüberliegenden für die Menschen. Oben gibt es einen Ausguck mit Schießscharten. Denn der Turm repräsentiert auch eine Tradition, für die Albanien ebenso berühmt wie berüchtigt ist: die Blutrache.

Die betroffenen Männer verbrachten hier eine Art Hausarrest, bis die Fehde beigelegt war. Was freilich oft nicht gelang. Heute schlendert die Internationale der Rucksackreisenden die Dorfstraße entlang und bevölkert die Vorgärten. Sie kommen aus Japan und Neuseeland, um dieses Shangri-La der Skipetaren zu entdecken.

Gemeinsam mit der GIZ und anderen Entwicklungsorganisationen hat der Deutsche Alpenverein hier Pionierarbeit geleistet. Hat Gästezimmer, Höhenwege, Campingmöglichkeiten geschaffen, Wanderführer ausgebildet und dafür plädiert, auch mal in Europa auf Trekkingtour zu gehen, mit Packtieren auf alten Pfaden. Den Peaks of the Balkans Trail absolviert zu haben, zählt in der Szene inzwischen nicht weniger als eine Alpenüberschreitung.

Ricardo Fahrig hat selbst einen Winter lang im Tal gelebt. »2006 eröffneten die ersten fünf Gästehäuser, da kamen 300 Besucher nach Thethi. Heute

Das Kirchlein von Thethi

sind es 30.000.« Zu dieser Erfolgsgeschichte hat auch die schier unbezähmbare Gastfreundschaft der Bewohner beigetragen. Gjergj und Age Haruscha etwa haben aus einem bescheidenen Häuschen mit viel Fleiß ein stattliches Anwesen geschaffen.

»Die jetzige Zeit«, meint der schlanke, hochgewachsene Bauer, »ist mit dem Kommunismus nicht zu vergleichen. Wir leben frei, wir können reisen und unsere eigenen Geschäfte tätigen. Der Unterschied ist so groß wie der zwischen Sonne und Mond!« Auch wenn als Verständigung nur heiteres Radebrechen möglich ist, bekennt die Hausherrin: »Ich widme mich unseren

Gästen wie Verwandten. Schon manches Mal hab ich geweint, wenn sie abgereist sind. Und sie haben dann auch geweint.«

Am nächsten Tag erkunden wir das langgestreckte Tal. Begegnen einem Ziegenhirten, der, trüge er nicht ein Fußballtrikot, einer antiken Vase entstammen könnte. Bestaunen Wasserfälle, die über die Wände stieben. Inspizieren die Küchen der Bauersleute, die uns mit Schmalzgebäck, geschmorter Paprika, zarten Aufläufen und kleinen, selbst geangelten Fischen verkösten. Und wir baden in den Gletschermühlen, runden Becken, die ein Sturzbach aus dem Fels herausziseliert hat. Das Wasser ist eisig – aber so herrlich klar und erfrischend, dass wir dann doch ein ums andere Mal hineinspringen.

Die folgende Tagesetappe hinüber nach Valbona ist inzwischen derart populär, dass sie als Coca-Cola-Highway apostrophiert wird. Entlang des Wegs harren einige zusammengezimmerte Kioske mit ein paar Plastikstühlen auf Kundschaft. Chipstüten und Kekse füllen die Bretter, und ein vorbeirauschender Bach kühlt die Getränkedosen – jede ein Euro. Begleitet von Packpferden und Treibern stellt sich bald wieder das Karawanengefühl ein, die Geborgenheit im Gleichmaß der Bewegung. Wir nähern uns dem archimedischen Punkt der Tour, an dem die drei Länder zusammentreffen.

Die Hänge sind mit Blaubeersträuchern regelrecht gepolstert; eifrige Sammler durchkämmen sie. Die Montenegriner meist auf der albanischen Seite und die Albaner auf der montenegrinischen. Beide schwören darauf, dass drüben die saftigeren Beeren wachsen.

Wie in ganz Albanien, lauern auch hier entlang der Grenze kleine, schildkrötenförmige Betonkuppeln. Insgesamt wurden mehrere Hunderttausend dieser Wachtbunker errichtet, oft an den schönsten Stellen, selbst auf Friedhöfen. Wohl auf ewig werden sie von Enver Hodschas Wahnsystem zeugen.

Kein Wunder, dass der Diktator einst erklärte: »Wir sind an Fremdenverkehr nicht interessiert.« Was ihm ausländische Gäste gar nicht genug danken können, begegnet man ihnen doch durchweg mit Höflichkeit und Hochschätzung. Grenznahe Almen wie Dobërdol durften nicht bewirtschaftet werden und verfielen. Heute aber steuern die Weitwanderer sie gerade wegen ihrer Abgeschiedenheit an.

So auch die Hütte jenes Mannes, der allgemein als »Baschkim, der Schäfer« bekannt ist, obwohl er die Schafe mittlerweile seiner neuen Leidenschaft geopfert hat – der, ein perfekter Gastgeber zu werden. »Die achtzig Tiere habe ich verkauft und verwende nun den Erlös darauf, unsere Behausung zu einer ordentlichen Herberge auszubauen.« Wie ein weltläufiger Hotelier betont er, dass er seine Standards kontinuierlich verbessern möchte. Eigentlich wollte er diese Saison auch noch den Stall versetzen und die zweite Badehütte fertigstellen. Auch einige seiner Nachbarn bauen nun an. Sie stammen alle aus demselben Dorf und sind teilweise verwandt miteinander.

Die Schwägerin melkt allabendlich ihre Schafe, während die wenigen Pferde und Kühe von selbst in den schützenden Bannkreis des Almdorfs zurückkehren. Rundum erstreckt sich eine bukolische Landschaft mit schütteren Wäldern, duftenden Wiesen und karstigen Felsen – das Reich des Pan. Wanderer, kommst du nach Dobërdol, du findest dort noch einen Abglanz von Arkadien.

STEFAN SCHOMANN

Anreise Wer nicht fliegen möchte, für den beginnt das Abenteuer schon auf dem Hinweg. Albanien ist nicht an das europäische Bahnnetz angeschlossen. Von mehreren deutschen Städten aus verkehren jedoch Busse nach Prizren im Kosovo und Shkodra in Albanien. Fahrtdauer ab 24 Stunden aufwärts. Möglich ist auch eine Kombination aus Bahn und Bus, bei der man mit dem Zug etwa bis Budapest, Zagreb oder Belgrad fährt und die Reise dann per Bus fortsetzt. Alternativ kann man mit der Bahn einen der italienischen Adriahäfen ansteuern, Ancona oder Bari etwa, von denen aus Fähren ins albanische Durrës verkehren.

Geführt wandern Der DAV Summit Club bietet diese neuntägige Wanderung an, inklusive dreitägigem Besichtigungsprogramm im Kosovo. Das Gepäck wird mit Trossfahrzeugen oder Packpferden transportiert. Preis ohne Flug ab 1.375 Euro: www.dav-summit-club.de

Individuell Im Prinzip kann man den Peaks of the Balkans Trail auch auf eigene Faust begehen; bei den Routen gibt es die verschiedensten Varianten. Allerdings muss man dann das komplette Gepäck schultern und auch längere Tagesetappen einplanen, da keine Transferfahrten organisiert sind.

Literatur Max Bosse/Kathrin Steinweg: »Peaks of the Balkans«, Wanderführer, Bergverlag Rother, Oberhaching 2016, 200 Seiten, 149 Farbabbildungen, 27 Karten, 14,90 Euro; Jan Dohren: »Peaks of the Balkans«, Conrad Stein Verlag, Welver 2015, 126 Seiten, 43 Farbabbildungen, 12 Karten, 10,90 Euro

DER FLOW AUF DEM E-PATH

In Europa gibt es zwölf Fernwanderwege, kurz: E-Wege oder E-paths.
Ideal für lange Auszeiten

Sie geht und geht und geht. Christine Thürmer, »meist gewanderte Frau der Welt«, im Wandermilieu gut bekannt als »German Tourist« (so ihr Trailname), ist das bekannteste Gesicht des Fernwanderns. Ihre langjährige Präsenz in den sozialen Medien, wo sie von unterwegs berichtet, aber vor allem drei Bestseller auf dem Buchmarkt haben sie bekannt gemacht. Seit 2007 hat sie rund 60.000 Kilometer Fernwanderwege hinter sich. Darunter den US-amerikanischen Pacific Crest Trail, den Continental Divide Trail, den Appalachian Trail. Europa durchwanderte sie von Süd nach Nord und von West nach Ost. Von Tarifa zum Nordkap und von Santiago de Compostela bis zum Schwarzen Meer waren es sechzehn Länder. Und, keine Frage: Damit ist es längst nicht genug. Der Lebensstil eines Thruhikers mache einen, so Christine Thürmer im Interview, »für die normale Welt inkompatibel«.

Im Universum der Fernwanderer gibt es kein Ende, sondern immer wieder spektakuläre Wege. Je länger, desto besser. Allein in Europa gibt es zwölf dieser Fernwanderwege, kurz: E-Wege oder E-paths. Alles Langstrecken, die Träume wecken, denn sie führen durch großartige Landschaften, durch Nationalparks und das Welterbe, sie durchmessen den europäischen Kontinent und lassen schlicht vergessen, dass dieser vergleichsweise kleine Kontinent eigentlich dicht besiedelt und von lärmigen Verkehrsadern durchzogen und hier alle Welt am Rasen ist. Aber Wanderer folgen Markierungen in Wald und Flur. Und zwar zu Fuß.

Dem E1 etwa. Er führt quasi lotrecht durch Europa. Er durchmisst alle europäischen Klimazonen. Wer am Polarkreis startet, erreicht auf halber Strecke auch Deutschland und den schon 1929 konzipierten Nordsee-Bodensee-Weg. Die Alpenüberquerung auf der Sankt-Gotthard-Route ist ein ewiger Hit unter Bergfreunden. Und mit Italien wird das ewige Sehnsuchtsland der Nordländer erreicht. Der lange Weg durch Italien endet auf Sizilien.

Wanderer am Höhenbach nahe Holzgau im Lechtal. Hier führt der Fernwanderweg E5 entlang.

Quer durch Europa führt der längste der E-Wege, der E4 (rund 11.000 Kilometer): Er schlägt einen großen südlichen Bogen von Portugal aus durch Andalusien/Spanien und Frankreich, die Schweiz und Österreich, und im Osten verläuft er durch Ungarn, Rumänien, Serbien, Bulgarien und nach Griechenland. Das Cabo San Vincente am äußersten südwestlichen Ende des Kontinents ist sein Ausgangspunkt, sein Ende sind die Inseln Kreta und Zypern im östlichen Mittelmeer. Er überquert die Pyrenäen und führt durch die alpinen Regionen Europas, er hat u. a. den historischen Jura-Höhenweg auf seiner Route und die berühmte Samaria-Schlucht auf Kreta.

Auch der berühmte spanische Pilgerweg Camino de Santiago ist Teilstück eines E-Weges, dem E3. Dieser E-Weg führt auch mitten durch Deutschland. Bei Bacharach überquert er den Rhein. Er endet am Kap Emine am Schwarzen Meer.

Schon die Idee für den Aufbau dieser Wege glich einem Traum. Er ging mehr oder weniger gut in Erfüllung. Und auch das war nicht selbstverständlich. Als sich 1969 die Europäische Wandervereinigung begründete, war eine »Europäische Union« noch Zukunftsmusik, Pass- und Zollschranken innerhalb Europas waren hoch und am Eisernen Vorhang schieden sich die Welten. Bei der Gründung gaben sich die Wanderfreunde dreisprachig als European Ramblers' Association (ERA) / Europäische Wandervereinigung (EWV) / Fédération Européenne de la Randonnée Pedestre (FERP). Es war – nach dem verheerenden Zweiten Weltkrieg – ein Projekt in der Hoffnung auf bessere Zeiten.

Wer heute auf E-Wegen wandert, hat auch die Historie von weit über 100 Jahren Wanderbewegung unter seinen Füßen. Egal, wo die unterschiedlichsten Gruppierungen politisch angesiedelt waren oder man sich in Gebirgs-, Naturfreunde- oder heimatlichen Wandervereinen organisiert hatte, allen ging es immer um Wegefreiheit und den freien Zugang zur Natur. Mit der Idee der grenzüberschreitenden Fernwanderwege ging es dann dezidiert um Völkerverständigung. Aber erst mit dem Fall des Eisernen Vorhangs 1989 wurde auch die Verbindung mit vielen mitgliederstarken Organisationen in Osteuropa möglich und mit der Ausweitung der E-Wege ging es flott voran. Die Dachorganisation zählt heute 66 Wanderorganisationen aus 35 europäischen Staaten und insgesamt drei Millionen Einzelmitglieder. Ihr Sitz ist immer noch Kassel, das Büro befindet sich in Prag, der jetzige Präsident kommt aus Serbien.

50 Jahre ist es jetzt her, dass die beiden ersten E-Wege eröffnet wurden. 2022 ist für die europäische Wanderbewegung ein Jubiläumsjahr, in dem 50 Jahre E-Wege mit zahlreichen Veranstaltungen gefeiert werden. Darüber hinaus wurde ein Programm gestartet, jährlich einen der E-Wege zu »besichtigen«, also zu begehen und öffentlichkeitswirksam zu begleiten. Der E1 macht den Anfang.

Zuletzt kam der E12 zum vorhandenen Wegenetz hinzu. Ein Küsten- bzw. Mittelmeerweg. Er startet im spanischen Tarifa und will die Küstenregionen Südeuropas untereinander verbinden. Perfekt ist noch nichts. Aber perfekt sind auch viele der alten Wege nicht, große Teilabschnitte in entfernten Regionen sind immer noch in Planung, sie sind weder endgültig ausgewiesen, geschweige denn markiert oder sogar zertifiziert. Ohnehin ist nicht jeder E-Weg durchgängig mit dem Europazeichen markiert. Sofern er auf großen nationalen Routen verläuft, gelten häufig die nationalen Markierungen. Vieles besteht nur auf dem Papier. Wer neueste Daten zu Wegeverläufen sucht, der

Der Fernwanderweg E4 am Strand von Elafonissi auf Kreta

solle besser ins Internet gehen, rät der Wanderverband in Kassel. Etwa auf die Websites von hiking.waymarkedtrails.org oder von traildino.com. Denn die Wegearbeit sei eigentlich ehrenamtlich und kaum zu bewältigen. Und den Vereinen, die die Wege betreuen, mangele es an Nachwuchs.

Der Buchmarkt bietet vor allem Highlights der Europawege, etwa unter »Legendäre Wanderrouten in Europa«, oder »Die schönsten ...« oder »Die besten ...« Es sind Anregungen für einen anspruchsvollen Erlebnisurlaub in spektakulärer Umgebung, die zum Lifestyle outdoorbegeisterter Normalmenschen passen. Eher selten macht man sich auf diese Wege allein auf, sondern zumeist in Gruppen mit Reiseveranstaltern.

Und wenn lange Wandertouren mit längeren persönlichen Auszeiten verknüpft werden, dann sind vor allem die spanischen und französischen Pilgerwege mit ihrer hervorragenden Infrastruktur und den kommunikativen Möglichkeiten gefragt. Ein vergleichsweise leichter und gut besuchter Weg, sei es unter Pilgern ans spanische Ende der Welt oder mit Bergfans über die europäischen Alpen, ein perfekt markiertes Wegenetz und ausreichende bzw. preiswerte Übernachtungsmöglichkeiten in Hütten, Jugendherbergen oder Pilgerherbergen machen einen Einstieg in lange Wanderungen leichter. Ohne diese guten Wege keine enthusiastischen Fernwanderer.

Dennoch träumen viele immer wieder den Traum, morgens die Haustür zu schließen und einfach drauf loszugehen. Oder einer Markierung im Wald zu folgen, die einen einfachen Fußweg zum nächsten Meer verspricht – auch wenn der versprochene Strand noch 1.000 Kilometer weit entfernt ist. Immer wieder lockt die Alternative. Aber jeder ahnt auch die Mühe und die Qualen, die einen bis dahin erwarten.

Denn Wandern ist »Blut, Schweiß und Tränen,« weiß Christine Thürmer, »man stelle sich nur vor, es geht einem schlecht – und dann eine Woche Dauerregen, Blasen an den Füßen, und das Essen ist scheiße ...« Vor allem muss man sich selbst gut riechen können nach vielen Tagen im Dreck ohne Waschmöglichkeiten oder frische Kleidung. Und sie rät allen, die losgehen, dabei bloß nicht »sich selbst suchen« zu wollen.

Auf die Frage, was sie süchtig nach Wandern mache, nannte Christine Thürmer einer Reporterin drei Gründe: erstens den »Flow« beim Wandern (das mache »grundglücklich«), zweitens den »Glücksflash«, den etwa eine warme Dusche auslösen könne, und drittens »alle Zeit der Welt« zu haben und darüber entscheiden zu können, »worüber ich abends in meinem Zelt nachdenken werde.«

So oder so ähnlich berichten alle überzeugten Fernwanderer. Ein berühmter Vorgänger der heutigen Langstreckenwanderer, Johann Gottfried Seume, der im Winter 1801/1802 von Grimma bei Leipzig nach Syrakus auf Sizilien ging, meinte schlicht, er habe das Bedürfnis, sich »das Zwerchfell auseinander zu wandeln«.

Gut zu wissen, dass es dafür die Wege gibt!

Christel Burghoff

Foren und Bloggs Wurden die ersten sechs E-Wege noch ausführlich von Publikationen im damaligen Wanderverlag begleitet, so ist heute die Website der Europäischen Wandervereinigung (www.era-ewv-ferp.org) die erste und umfänglichste Adresse. Unverzichtbar sind inzwischen auch die großen Outdoorforen, ebenso die Foren und Blogs von Ultralight-Trekkern. Hier kann jeder von Erfahrungen aus erster Hand profitieren.

AN UND ÜBER GRENZEN

In sieben Tagen mit dem Hund über Berge und Landesgrenzen.
Eine Wanderung vom Tegernsee bis Südtirol

Der frühe Hund fängt das Murmeltier – nun ja, beinahe. Wir – Cookie, mein Jack-Russell-Rüde, und ich – sind auf dem Weg zum Pfitscherjoch. Wir haben den ersten Bus in der Früh von Mayrhofen im österreichischen Zillertal hinauf zum Schlegeisspeicher genommen und knapp 500 Höhenmeter vor uns. Mit jedem Schritt werden die Landschaft und die Berge rechts und links karger. Zwei mächtige Schieferfelsen im Flussbett des Zamser Grunds, durch den wir Meter für Meter höher schreiten, sehen aus wie versteinerte Schiffswracks. Überall stürzt Wasser aus den Felswänden in das V-förmige Tal und in den Fluss mit dem steinigen Grund.

Das Rauschen des Wassers ist unser ständiger Begleiter, bis uns plötzlich ein Kreischen innehalten lässt. Cookie stellt Ohren und Rute auf und blickt auf einen weiteren großen Felsblock zu unserer Linken. Dort steht es auf den Hinterläufen, das Fell etwas dunkler als das Schiefergrau des Gesteins: ein Murmeltier. Und grüßt. Oder besser gesagt: Es warnt. Cookie, der schon zur Jagd auf das Fellknäuel ansetzt, überlegt es sich nach einem weiteren Warnschrei anders und dreht ab. Wir ziehen weiter, das Murmeltier blickt uns noch eine Weile hinterher.

Es ist der sechste und vorletzte Tag unserer Alpenüberquerung. Hier, auf inzwischen über 2.000 Metern und oberhalb der Baumgrenze, ist es heute bewölkt und frisch. Gewitter und Regen sind angesagt, doch noch ist es trocken und das Wolkenfeld an manchen Stellen noch licht. Wir sind allein mit dem Murmeltier. Die wenigen Menschen, die mit uns im Bus gesessen haben, sind entweder andere Wege gegangen oder hinter uns außer Sichtweite.

Überhaupt nur etwa 40 andere Menschen überqueren seit dem ersten Tag auf derselben Strecke wie wir die Alpen. Die Hälfte von ihnen tut das in einer geführten Gruppe, die anderen zumeist in Zweiergruppen. Mal treffen wir sie auf einer der Almhütten auf der Route, mal im Hotel, in dem wir zu

Abend essen und übernachten. Doch tagsüber sind wir seit dem zweiten Tag meist allein. Mit den Bergen, mit den Kühen, die hier oben weiden. Mit Ziegen, mit Berghühnern, allein mit Fauna und Flora der Alpen.

Das war am ersten Tag auf der Etappe über den Tegernseer Höhenweg und am Ufer des Tegernsees entlang bis nach Bad Wiessee noch ganz anders. 18 Kilometer durch eine der beliebtesten Urlaubsregionen Bayerns, vorbei an Touristen-Hotspots, bei 27 Grad mit 14 Kilo Gepäck auf dem Rücken. Abends im Bett schmerzen die Schultern und Hüftknochen ein wenig, zu meinen Füßen hat sich Cookie zusammengerollt und mag keine Pfote mehr vor die Tür setzen.

Auf dem Handy schaue ich alle Fotos an, die ich in den letzten Stunden gemacht habe. Ausblicke auf den in der Sonne glitzernden Tegernsee, auf die ersten Alpengipfel und Rottach-Egern, wo Entenscharen die Badebuchten belagern. Die meisten Touristen halten sich am oder auf dem Wasser auf. Dem russischen Oligarchen Alischer Usmanow, ein Putin-Vertrauter und wegen des Kriegs gegen die Ukraine sanktioniert, gehören vier herrschaftliche Villen direkt am See in Rottach-Egern. Klammheimlich hat er sie erst wenige Tage zuvor ausräumen lassen, denn beschlagnahmt sind sie noch nicht. Doch Krieg und Sanktionen sind an diesem Sommertag scheinbar weit weg. Alle hier sind in Urlaubsstimmung und ich gefühlt die einzige mit schwerem Gepäck und in Wanderstiefeln. Die stehen jetzt, am Ende des Tages, vorm Bett. Draußen entlädt sich ein Gewitter, krachend laut, ein Donnerschlag folgt ohne Pause auf jeden Blitz.

Die Regenwand ist so dicht, dass vom Hotelzimmer aus nicht einmal mehr die Straße zu sehen ist. Die Temperaturen fallen um 15 Grad. Für den nächsten Tag wird ab mittags das nächste Unwetter angekündigt. Ich beschließe, noch vor dem Frühstück um 7 Uhr aufzubrechen. Auf dem Programm stehen 17 Kilometer und 850 Höhenmeter über die Blaubergalm nach Achenkirch. Morgen früh wird der Rucksack um eine Dose Hundefutter leichter sein. Sage ich mir.

Mutterseelenallein machen wir uns am nächsten Tag auf den Weg. Die kühle Luft tut gut nach der Hitze vom Vortag. Nur der Steig hoch zur Blaubergalm bringt mich ins Schwitzen. Der Puls steigt mit, und das Gewicht auf meinem Rücken macht sich wieder bemerkbar. Während ich mich anstren-

Das Pfitscher-Joch-Haus vom östlichen Jochsee aus

gen, auf jeden Schritt achten muss, springt Cookie den schmalen Wanderweg leichtfüßig wie eine Bergziege hinauf. Nur die ersten Kühe versetzen ihn kurz in Panik, weil sie sich keinen Zentimeter vom Weg wegbewegen und wir zwischen ihnen durchmüssen.

Um 9:30 Uhr erreichen wir die Blaubergalm auf 1.560 Metern. Kurz zuvor haben wir die Landesgrenze nach Österreich passiert. Ein bunt beklebtes Schild an einem Baum weist auf die grüne Grenze hin. In der Alm-Küche köchelt schon eine Graukäsesuppe für die Wanderer, sie riecht sehr käsig. Grau ist heute auch der Blick auf die Blauberge. Es ist kalt und zugig und immer wieder ziehen dichte Wolkenbänder durch die Sicht.

In der Almhütte ist es warm. Auf einem Tisch strampelt unter einem kleinen Zeltdach der vier Monate alte Nachwuchs. Seit Mitte des 19. Jahrhunderts gibt es die Blaubergalm, seit drei Generationen ist sie im Besitz der Familie Sprenger. Heute sind Generation 2 und 3 gemeinsam am Schaffen. Die Frauen in der Küche, die Männer beim Vieh und in der Käserei, in die auch die junge Mutter verschwindet, nachdem wir mit Tee und Wasser versorgt sind. Sie sagt noch: »Manchmal kommen nur fünf Wanderer vorbei, an anderen Tagen sind es 100.« Abhängig ist der Familienbetrieb nicht von den Wandersleuten. Die Familie lebt von den hier oben produzierten Milchprodukten, Schnäpsen, Speck, Wurst, frischem Brot sowie Nudeln, die sie nicht nur auf der Alm, sondern auch unten im Tal in einem kleinen Bauernladen verkauft.

Ein Gang noch zum Plumpsklo, dann machen wir uns weiter auf den Weg. Heute liegt nur noch der Abstieg vor uns, in den kommenden Tagen weitere Aufstiege. So schnell lassen sich die Alpen nicht überqueren. Sieben Tage lang wandern und kraxeln wir immer wieder auf und ab, über weite Strecken durch die Zillertaler Alpen in Österreich. Und so wie sich die Gipfel der Alpen wie spitze Hüte oder mächtige Quader vor dem Blick, der nach oben geht, türmen, so zeigen die Wege dorthin mit dem Blick nach unten vor die Füße eine ähnliche Struktur im Kleinen. Schieferplatten ragen teils senkrecht aus dem Boden und wollen um- oder übergangen werden genauso wie kräftige Baumwurzeln und kleinere und größere Felsbrocken. Eine Alpenüberquerung ist kein Spaziergang. Es ist eine Herausforderung, die von unten betrachtet immer die Frage aufwirft: Wie komme ich da rauf? Oder etwas ungläubig: Da muss ich rauf? Man geht über Grenzen. Geografisch von Deutschland nach Österreich und von Österreich nach Italien. Und glaubt jeden Tag, über die eigenen Grenzen gehen zu müssen.

Noch vor Regen und Gewitter schaffen wir es von der Blaubergalm bis nach Achenkirch. Im Alpin-Hotel der Familie Gründler werden wir abends mit einem köstlichen Drei-Gänge-Menü versorgt – in diesem Fall nur ich, Cookie leert eine weitere Dose. Während manche Familien im Ort neben der Landwirtschaft Zimmer mit Vollpension oder Ferienwohnungen anbieten, setzen die Gründlers komplett auf Hotellerie und Kulinarik. Ihr Restaurant ist am Abend ausgebucht, auch mit Gästen aus anderen Ortschaften. Die ganze Familie muss mit ran, bis zur Oma, die in einem schicken Dirndl serviert.

Am nächsten Morgen ist sie es, die mich schon vorzeitig ans Frühstücksbuffet lässt. Draußen zeigt sich wieder die Sonne, es soll heiß werden und wir brechen deshalb erneut früh auf. Die dritte Etappe führt uns zunächst oberhalb entlang des türkisblauen Achensees. In den frühen Morgenstunden haben wir den schmalen Pfad bis nach Pertisau für uns allein. Vom Regen ist er nass und auf manchen Abschnitten rutschig, die steilen Felswände rechter Hand sind teils klitschnass und funkeln in der noch tiefstehenden Morgensonne genauso wie der See. Auch jetzt geht es stetig rauf und wieder runter, aber insgesamt sind es nur 200 Höhenmeter, die bewältigt werden müssen. Fast ein Spaziergang im Vergleich zum Vortag.

Von Pertisau geht es nahezu auf einer Höhe bis ans andere Ende des Sees nach Maurach. Und wo viel See, viel Wasser ist, sind auch wieder viele Touristen. Die meisten sind auf Fahrrädern unterwegs oder warten an den Anlegestellen auf die Dampfer, die den See mehrmals am Tag passieren. Sie sind auch für die Alpenüberquerer eine Alternative, wenn sie die Etappe verkürzen wollen. Die Temperaturen sind inzwischen wieder auf 27 Grad hinaufgeklettert. Bis sie um 14 Uhr die 30 Grad erreichen, haben wir mit dem Bus und der Zillertalbahn Fügen erreicht, den Ort, in dem wir heute übernachten.

Da in den nächsten drei Tagen Etappen mit vielen Höhenmetern anstehen, ruhen wir uns einfach in unserem Hotelzimmer aus bis zum Abendessen. Cookie ist es draußen viel zu warm, alle Viere von sich gestreckt liegt er auf dem kühlen Dielenboden und schläft. Selbst das Dorffest, das mit original Zillertaler Volksmusik zur angelehnten Balkontür hereinschwappt, bringt ihn nicht aus der Ruhe. Das Volk hält bis in die frühen Morgenstunden durch.

Wir nehmen um 9 Uhr die erste Bergbahn zum Spieljoch hinauf auf 1.900 Meter, der Himmel ist blau bei angenehmen 18 Grad. In einer Tour geht es heute auf und ab mit überwältigenden Ausblicken auf das Karwendel, das Rofangebirge und den Wilden Kaiser. Es ist aber auch egal, wie all die Bergrücken und Gipfel heißen. Es ist das Naturschauspiel, das sie geben, die karge, aber mächtige Welt oberhalb der Baumgrenze, die nichts zu erschüttern scheint. Obwohl die Berge nicht ungefährlich sind, fühle ich mich sicher hier oben.

Und dann der Duft. Überall riecht es nach Wiesenkräutern, Meisterwurz, wildem Majoran, Giersch, Spitzwegerich, Huflattich, Scharfgarbe und mehr. Auch Cookie muss an allen schnüffeln. Blumen stehen in voller Blüte. Eine Almwiese ist schlicht umwerfend schön und berauschend, eine natürliche Droge, deren Anblick allein euphorisiert und beruhigt zugleich.

An einer der Wiesen, an der ich mich nicht sattsehen und -riechen kann, sprechen mich Alex (54) und Manu (57) an. Wir stellen fest, dass wir dieselben Strecken hinter und dasselbe Ziel vor uns haben: die Alpen in sieben Tagen zu überqueren. Beide seien eigentlich nicht die typischen Wanderer, sagen sie, aber das wollten sie einmal schaffen. »Wir haben es immer wieder vor uns hergeschoben«, sagt Alex, bis sie einen Bericht im Fernsehen über diese Route gesehen hätten. »Da haben wir uns gesagt, jetzt müssen wir das machen. Wer weiß, wie lange wir das noch schaffen, wir werden ja nicht jünger«, sagt Manu.

Bis nach Hochfügen, unserem Tagesziel für heute, laufen wir zusammen weiter. Manu findet großen Gefallen daran, Cookie zu seinem Vergnügen kleine Steinchen zu werfen. In Hochfügen, eine einzige Ansammlung von Hotels, die sich hauptsächlich in der Wintersaison füllen, verabschieden wir uns bis zum nächsten Tag. Sie gehen ins Berghotel, wir in den Almhof, uns trennt allein ein riesiger, nahezu leerer Parkplatz.

Für den nächsten Tag ist ab dem Mittag wieder schlechtes Wetter vorausgesagt. Gleich nach dem Frühstück um 7:30 Uhr machen wir uns auf dem Weg. Mit 2.127 Metern erreichen wir heute am Sidanjoch den höchsten Punkt der Überquerung. Die Familie der Pfundsalm, die wir vor dem letzten

Kühe auf der Blaubergalm

steilen Steig zum Joch passieren, muss zu sechst ausrücken und einen Ochsen wieder einfangen, der sich auf und davon gemacht hat. Aus der Tiefe einer Senke müssen sie ihn wieder hochtreiben. Er bockt, aber fügt sich schließlich. Cookie scheint seine Laune zu spüren und macht einen weiten Bogen um ihn herum, als er unseren Weg kreuzt.

Oben am Sidanjoch weht ein kalter Wind und es beginnt sich zuzuziehen. In der Rastkogelhütte wärme ich mich mit Tee auf, nach und nach tauchen nun auch die anderen Alpenüberquerer auf, auch Alex und Manu, die Cookie freudig begrüßt. Auf dem Abstieg beginnt es zu regnen, die Ausblicke verschwinden hinter Wolken und den Tropfen auf meinen Brillengläsern. Bis zum Melchboden geht es teils steil und rutschig bergab, nicht nur auf dem schmalen Steig, sondern auch immer wieder rechts und links. Cookie hält das nicht davon ab, jeder Fährte auf den Grund zu gehen.

Am Melchboden endet die fünfte Etappe, in Mayrhofen, das wir mit dem Bus ansteuern und wo wir übernachten, ist es wieder viel zu warm. In den Nachrichten ist vom Gletscherabbruch in den Dolomiten und den toten und vermissten Bergsteigern die Rede. Am nächsten Morgen am Schlegeisspeicher sind wir weit entfernt vom gleichnamigen Gletscher am anderen Ende des Speichersees. Hinter einem Wolkenband ist schneeweiß seine Spitze zu sehen.

Wir haben es nun so gut wie geschafft. Noch einmal geht es auf knapp 2.280 Meter hinauf zum Pfitscherjoch, vorbei am Murmeltier und mit Rast auf der Lavitzalm, die von einer jungen Südtiroler Familie mit zwei kleinen Kindern betrieben wird. Unter vielem anderen gibt es bei ihnen köstlichen selbstgemachten Joghurt mit Obst aus eigenem Anbau und hausgemachter Marmelade. Oben am Joch passieren wir die nächste Grenze. Wir haben Italien, Südtirol erreicht und die Alpen überquert.

Wieder fegt uns ein eisiger Wind um die Ohren, bis runter ins Pfitschertal hört es nicht mehr auf zu regnen. Sonne begleitet uns am siebten Tag auf unserer letzten Etappe nach Sterzing, die nördlichste Stadt Italiens. Knapp 120 Kilometer und über 3.300 Höhenmeter haben wir zurückgelegt. Wir sind über Landesgrenzen gegangen und auch mal über eigene Grenzen. Aber alles fühlt sich gut an.

PETRA WELZEL

Anreise Mit dem Zug von München nach Mayrhofen. Vor Ort Verbindung mit Busen.

Die Alpenüberquerung Die Strecke von Gmund am Tegernsee bis nach Sterzing in Südtirol ist vom Frühjahr bis in den Herbst hinein machbar. Im Prinzip kann man auf eigene Faust losziehen. Anzuraten ist, vorab Zimmer zu buchen. Etwas bequemer ist es, die Tour mit der Agentur Feuer & Eis zu organisieren. Sie bucht alle Unterkünfte, transportiert bei Bedarf Gepäck und bietet verschiedene geführte Wanderungen an in Gruppen, aber auch für Einzelpersonen. Mit einem Grundpreis ab 850 Euro pro Person für Unterkünfte, Frühstück und Abendessen. Für Hunde bezahlt man jeweils in den Hotels zwischen vier und 25 Euro pro Übernachtung: feuer-eis-touristik.de/alpenueberquerung-tegernsee-sterzing

GEGEN DIE WINTERSCHWERE

Die kanarische Insel Teneriffa eignet sich besonders gut zum Wandern.
Eine Tour durch Nebelwälder und Mondlandschaft

Das El Refugio liegt hoch oben auf 940 Metern. Mit Blick auf den Atlantik im Süden der Insel, im Rücken der Teide, Teneriffas höchster Berg. Auf der Nachbarinsel La Palma spuckt der Vulkan Cumbre Vieja gerade seine letzte Lava aus. 85 Tage lang hatte er die Bewohner*innen der Insel in Atem gehalten. Seine Rauchschwaden sind manchmal zu sehen. Auch der Teide könnte irgendwann wieder aktiv und ungemütlich werden.

Alexander von Humboldt hat 1799 auf seiner Fahrt nach Südamerika den Teide bestiegen, diesen höchsten Gipfel Spaniens neu vermessen und en passant die endemischen Pflanzen vor Ort bestimmt. Humboldt, das fleißige Genie. Nur sieben Tage war er auf der Vulkaninsel Teneriffa, aber er hat seine Spuren hinterlassen. Und die Insel hat ihm gefallen: »Kein Ort der Welt scheint mir geeigneter, die Schwermut zu bannen und einem schmerzlich ergriffenen Gemüte den Frieden wiederzugeben, als Teneriffa ...«, schreibt er.

Auch wir, eine Gruppe von zehn Leuten, wollen der Winterschwere entfliehen und auf Teneriffa wandern. Die Besitzer des El Refugio, Andreas und Carmen, bieten in Zusammenarbeit mit dem Grazer Veranstalter Weltweitwandern geführte Wanderungen an. Christian Hlade, der Gründer von Weltweitwandern, ist auch dabei. Der passionierte Wanderer, der eigentlich Architekt ist, hat seine Leidenschaft zum Beruf gemacht. Auf dieser Reise will er seine Vorurteile gegenüber Teneriffa abbauen, das er als Kind mit seinen Eltern als Retortenurlaubsort erlebt hat. Es wird gelingen.

El Refugio liegt mitten im Wandergebiet, einige Wanderungen starten direkt vor der Haustür. Carmen ist nicht nur eine sportliche Wanderführerin, sie betreut ihre Gruppen charmant, humorvoll und mit sozialer Kompetenz. Da bleibt keiner zurück. Etwa bei der Wanderung oberhalb der Masca-Schlucht. Der Aufstieg hier ist beachtlich, die Blicke aufs Meer und die hier im Nordwesten der Insel üppig grüne Vegetation auch. Buschlandschaften wechseln sich mit ausgedehnten Pinienwaldgebieten ab, und immer wieder ein Lorbeerbaum, ein Wilder Ölbaum, ab und zu ein Drachenbaum, das Wahrzeichen der Kanaren.

Die beliebte Wanderung durch die Masca-Schlucht ist inzwischen für Touristen begrenzt. Drei Jahre lang war sie für Wanderer ganz gesperrt. Ungefähr 1,2 Millionen Euro soll die kanarische Regierung in die Sanierung der Wanderroute investiert haben. Seit dem 27. März 2021 ist die Schlucht wieder zugänglich. »Im Vergleich zu früher gibt es für Wanderer jedoch einige Regeln. Die wichtigste Änderung sind die festen Zugangszeiten, die vorab gebucht werden müssen«, sagt Carmen.

Das Wandern in geführten Gruppen hat nicht nur den unschlagbaren Vorteil, dass man durch unbekannte Gegenden sicher und kompetent geführt wird. Es ist – vorausgesetzt, die Gruppe ist harmonisch und kein Selbstdarsteller oder Alphatier hindert den Gruppenprozess – auch äußerst entspannend und anregend zugleich. Man kann meditierend allein vor sich hinwandern oder aber sich mit den Mitwanderern austauschen, in andere Lebensgeschichten und Ansichten eintauchen oder sich einfach nur amüsieren. Unsere Gruppe jedenfalls fühlt sich sichtlich wohl miteinander.

Beim gemeinsamen Abendessen im El Refugio herrscht angeregter Austausch. Andreas, der Koch, serviert jeden Abend kreative Mahlzeiten mit großer Geschmacksvielfalt. Seine Gerichte sind regional, international und mediterran zugleich. Immer lecker: Gemüse, Obst, fangfrischer Fisch, regionaler Wein und Ziegenkäse. Das gute Leben.

Carmen und Andreas lernten sich Anfang der 1990er-Jahre in der Türkei kennen. Beide arbeiteten in einer großen Ferienanlage. Andreas führte die Hotelküche und Carmen, die Sport studiert hat, leitete die Aktivprogramme. Gemeinsam zogen die beiden 1996 auf die Kanaren, um sich mit ihrer Vorstellung von einem qualitativen Tourismus selbstständig zu machen. Sie erkundeten die kanarischen Inseln. Ihre Wahl fiel auf Teneriffa, wo auch ihr Sohn Luca aufwächst. Die Halbnomaden mit ihrem selbstbestimmten Lebensstil bauen sich das Nature Retreat abseits der touristischen Hoch-

Der Teide mit den Roques de Garcia im Vordergrund

burgen auf. Aus dem hauseigenen Permakulturgarten holt Andreas frisches Obst und Gemüse für die Küche. Das gesamte Schmutzwasser wird mit einer Pflanzenkläranlage gereinigt und zur Bewässerung der Pflanzen verwendet. Der Strom kommt aus der hauseigenen Solaranlage. Ab 2022 soll damit auch der eigene elektrobetriebene Bus aufgetankt werden, der für alle Insel-Transfers verwendet wird.

Halbnomaden sind sie trotzdem geblieben. Im Winter Teneriffa. Im Sommer leben sie in der Provence. Seit 2012 betreiben Carmen und Andreas dort ihren zweiten Standort: eine Pension inklusive Wanderreisen in der Provence.

Unsere Wanderungen sind abwechslungsreich. Die Insel gleicht einem Minikontinent, auf engstem Raum finden sich Vegetations- und Klimazonen, die anderswo Tausende Kilometer auseinander liegen. Wir wandern durch die Königsschlucht »Barranco del Rey«, die vor der Haustür startet, vorbei an riesigen Feigenbäumen, Edelkastanien, Sukkulenten und Kakteen. Weiter oben kommen wir durch duftende Kiefernwälder. Eine Rundwanderung am Teide führt durch die vulkanische Mondlandschaft. Wir starten am

Wanderer in der Masca-Schlucht

dortigen Parador und wandern über steinige Lavafelder bis zu beeindruckenden, vom Lavastrom geformten roten Felsgebirgen.

Im Jahre 1954 wurden der Teide und die ihn umschließende Caldera als
Nationalpark ausgewiesen. 2007 wurde das Gebiet UNESCO-Weltnatur-
erbe. Es ist einer der meistbesuchten Nationalparks der EU. Seit Ende der
1990er-Jahre wird die Einhaltung des Naturschutzes durch die permanente
Anwesenheit von Wildhütern verschärft kontrolliert. Wandern abseits der
vorgegebenen Wege wird nicht geduldet. Wir sind mit den vorgegebenen
Wegen ohnehin zufrieden. Wir haben uns als Gruppe auf den Rhythmus von

Carmen, ihre Geschichten über Teneriffa und ihre Erklärungen am Wegesrand eingelaufen. Teneriffa gefällt uns ausnehmend gut.

Auch den Touristenrummel von Los Christanos – der touristische Süden unterhalb unserer Unterkunft – überstehen wir prächtig. Hier legen die Fähren zu der kanarischen Nachbarinsel La Gomera ab. Bemerkenswert: Los Christianos ist ein barrierefreier Urlaubsort. Am Strand findet man Rollstühle, mit denen die Besucher auf ausgebauten Holzstegen bis zum Meeressaum rollen können. Die Strände, auch Duschen und Toiletten sind für Menschen mit einer körperlichen Behinderung ausgebaut.

Teneriffa ist ohnehin eine gute Wahl für Urlauber, die im Rollstuhl sitzen oder andere Einschränkungen haben. Ein Erfolg der Sociedad Insular de Promoción de las Personas con Discapacidad (zu Deutsch: Gesellschaft zur Förderung von behinderten Personen auf der Insel). Sie setzt sich dafür ein, Teneriffa so behindertenfreundlich wie möglich zu gestalten.

Hier an der Küste ist es einige Grad wärmer als oben im El Refugio. Das Bad im Meer erfrischt. Teneriffa in seiner ganzen Vielfalt eben.

EDITH KRESTA

Anfahrt Mit dem Zug müsste man bis nach Cadiz fahren. Und von dort mit der Fähre nach Teneriffa. Dauer: mindestens drei Tage.

Weltweitwandern »Also ich sehe bei den Menschen eine riesengroße Sehnsucht nach Rausgehen in die Natur. Draußen sein. Berge und Wälder genießen. Außerdem gibt es ein ganz ganz großes Bedürfnis nach Gemeinsamkeit«, sagt Christian Hlade, der Gründer von Weltweitwandern. Marokko, Madeira, in den Himalaya oder nach Sri Lanka, der Veranstalter bietet qualitative Wanderreisen weltweit. Die meisten Guides kommen aus der Region, die Wanderungen sind kompetent gewählt: www.weltweitwandern.at

El Refugio Von hier aus starten die Wanderreisen von Weltweitwandern mit den Gastgebern Carmen und Andreas: www.el-refugio.com

DURCH ZIVILISIERTE WILDHEIT

In Manchester und Newcastle rauchten die Schlote, als die ersten Sozialreformer den Lake District als Refugium auch für Arbeiter entdeckten.

Mirehouse im nordenglischen Keswick ist ein englisches Herrenhaus »at its best«. Ein immer noch familiengeführtes Anwesen. Claire Spredding, die Besitzerin, sieht aus wie eine etwas jüngere, bescheidenere Kopie der Queen: beiger Kaschmirpullover, knielanger, karierter beiger Faltenrock, eine Queen-Frisur, bleicher Teint, der elaborierte englische Akzent. Sie führt durch das untere Stockwerk des Hauses, die oberen Stockwerke bewohnt die Familie bis heute selbst. Das Mirehouse und sein großes Anwesen am See wurde für Touristen geöffnet, »um die Kosten der aufwendigen Instandhaltung zu erwirtschaften«, sagt die freundliche Claire Spredding.

Das Haus mit seinen knarrenden Dielen ist perfekt ausgestattet für historische Streifen wie »Stolz und Vorurteil«: Kaminfeuer, abgetretene edle Teppiche, schwere Holztische, teures Porzellan, eine Bibliothek mit ledergebundenen Ausgaben und überall koloniale Souvenirs wie die Sammlung von Spazierstöcken mit Schlangenmuster und Tigerköpfen auf dem goldenen Knauf. Im Salon gleich neben dem Steinway-Flügel steht bis heute die gut gefüllte Hausbar, der Zigarrenschneider liegt auf dem Tisch. Hier traf sich die viktorianische Gesellschaft in einer »zivilisierten Wildheit, gegen Lärm und Schmutz«, wie der Poet David Wright schreibt, mitten im Lake District, »mit Bergen, die im See verwurzelt sind«.

Weite Täler, grüne Wiesen, Trockenmauern, die die Landschaft parzellieren, einsame Landcottages mit Steinmauern und großen Hecken. Die rustikale Landschaft des Lake District ist bei Urlaubern beliebt. Hier gibt es nicht nur Englands größten natürlichen See, Lake Windermere, den tiefsten See, Wast Water, es gibt auch die höchsten Berge. Der Lake District ist Altersruhesitz für Betuchte und Reiseziel für Familien und Aktivurlauber. Überall

Beatrix Potter züchtete im Lake District Herdwickschafe.

werden Bücher mit Wanderrouten oder Mountainbike-Touren durch den Nationalpark angeboten. Das Herrenhaus Monk Coniston Farm ist heute ein Ferienhof. Es wurde originalgetreu im gotischen Stil restauriert. Selbstverständlich werden der Five o'Clock Tea und die warmen Scones im Kaminzimmer serviert. Aus tiefen Polstern lässt sich durch bodentiefe Fenster die Gartenanlage mit ihren exotischen Riesenbäumen studieren.

»Der erste Hausherr, James Garth Marshall, brachte diese im 19. Jahrhundert von seinen Reisen in die Kolonien mit. Oder er ließ sie mitbringen«, erzählt Helen Croxford, die Hausherrin und Gartenchefin. Die ehemalige PR-Frau aus London betreibt heute Monk Coniston gemeinsam mit ihrem Mann John Croxton für den National Trust.

Ab dem 18. Jahrhundert war es in England modern, Pflanzen aus aller Welt zu sammeln und im eigenen Garten anzupflanzen. Ein Statussymbol. »Sogenannte Plant Hunters, Pflanzenjäger, brachten Pflanzen aus allen Kontinenten mit«, sagt Helen. Sie zeigt auf die riesige amerikanische Roteiche, die neuseeländischen Kauribäume und die Edeltannen im Park. Die Pflanzenjäger brachten aber auch Zylinderputzer, Rhododendren und den Winterjasmin mit. Sammelleidenschaft im Zuge kolonialer Entdeckerherrlichkeit: Schon auf seiner ersten Weltumsegelung wurde Captain James Cook von den Botanikern Joseph Banks und Daniel Solander begleitet. Die deutschen Naturforscher Johann Reinhold Forster und sein Sohn Georg begleiteten Cook auf seiner zweiten Weltumsegelung nach Südafrika, Neuseeland und in die Südsee. Die Berichte von diesen Reisen wurden zu einer beliebten Lektüre. Das Botanisieren war geschätzter Zeitvertreib der oberen Gesellschaftsschichten besonders im viktorianischen England. Schon Mitte des 18. Jahrhunderts war die »Englisch Garden Tour« eine Institution.

Der Natur, ihren Schafen und dem Lake District galt auch das Engagement der Kinderbuchautorin Beatrix Potter. Die Seenlandschaft war ihr Refugium gegen den Lärm und Schmutz der Industrialisierung in den Städten. Sie wohnte hier auf Monk Coniston und erwarb im Lake District umfangreichen Landbesitz, nachdem ihre Kinderbücher (u. a. »Die Geschichte von Peter Hase«) ein Vermögen einbrachten. Erfolgreich war Beatrix Potter auch als Züchterin von Herdwickschafen, eine alte britische Rasse, die fast ausschließlich im Lake District gehalten wird.

Beatrix Potter sympathisierte mit den ersten Sozialreformern und engagierte sich nachhaltig für den Erhalt der Landschaft des Lake District. Im Winter 1911 begann sie eine Kampagne gegen Wasserflugzeuge auf Windermere, dem größten natürlichen See des Lake District, und gegen den Bau einer Flugzeugfabrik am Ufer von Cockshott Point. Aus Sicht von Potter waren die Wasserflugzeuge eine Gefahr für den Bootsverkehr und für den Fischfang, und mit ihrem infernalischen Lärm schränkten sie genau das ein, was das Leben im Lake Distrikt auszeichnete: Abgeschiedenheit und Ruhe.

Die Protestbewegung hatte Erfolg. Die kinderlose Beatrix war mit Hardwicke Rawnsley befreundet, einem Mitgründer des National Trust. Als sie 1943 starb, vererbte sie ihren immer weiter angewachsenen Landbesitz von etwa 16 Quadratkilometern dem National Trust, dem heute auch Monk Coniston gehört. Sie legte damit den Grundstock für den Nationalpark.

Der 1895 gegründete National Trust for Places of Historic Interest or Natural Beauty ist eine gemeinnützige Organisation, die Objekte der Denkmalpflege und des Naturschutzes in England, Wales und Nordirland betreut. Präsident ist König Charles III. In den Vereinsstatuten ist festgeschrieben,

In Rydal Mount lebte William Wordsworth von 1813 bis zu seinem Tod 1850.

dass einmal erworbene Grundstücke oder Gebäude vom Trust nicht wieder verkauft werden dürfen.

Nach dem Zweiten Weltkrieg haben zahlreiche britische Adlige, um hohe Erbschaftssteuern zu umgehen, ihre Herrenhäuser dem Staat übergeben, der sie anschließend dem National Trust überließ. Der Trust hat in England mit vier Millionen Menschen mehr Mitglieder als alle Parteien zusammen. 62.000 Freiwillige und 5.300 Angestellte kümmern sich um mehr als 350 Herrenhäuser, Kirchen, Pubs, weite Teile der wichtigsten Nationalparks.

Auch das Dove Cottage in Grasmere gehört dazu. Der Dichter William Wordsworth lebte von 1799 bis 1808 in dem geduckten dunklen Landhaus. Lisa O'Brian führt durch Wordsworths Wohnhaus und das danebenstehende Wordsworth Museum. Die studierte Sportlehrerin aus Dublin wartet auf eine Anstellung und sucht derweil beim Freiwilligendienst Erfahrungen, die auch bei der Jobsuche helfen könnten: Wanderwege müssen gesichert, Gärten gepflegt und Touristen begleitet werden.

Grobe Felsstufen weisen den Weg, der von schroffem Gestein gesäumt wird. »Es macht Spaß«, sagt Lisa auf der Wanderung nach Rydal Mount. »Bei der Arbeit lernt man Leute aus Europa, Amerika und Australien kennen und die Pubs in der Region sind gesellig, kommunikativ. Man findet schnell Kontakt.« Führungen scheinen Lisa besonderen Spaß zu machen: Mit Hingabe und irischem Akzent rezitiert sie unterwegs Gedichte von William Wordsworth.

Im Gästehaus von Derwent Bank sind sie anzutreffen, die Wanderer und Outdoor-Fans. Derwent Bank ist ein Hotel von HF Holidays, Holiday Fellowship: ein gemeinnütziger Non-Profit-Verein.

Das erwirtschaftete Geld geht in den Erhalt der Häuser, der Wanderwege, die Arbeit im Nationalpark und die Jugendarbeit. HF Holidays organisiert begleitete Touren im Lake District und in anderen Regionen.

Die Touren werden von freiwilligen Wanderführern geleitet. Übernachtet wird in standardisierten Hotels, einige gehören dem National Trust, andere HF Holidays. Es sind meist respektable Herrenhäuser wie Derwent Bank oder Monk Coniston, wo Freiwillige als gute Geister mitarbeiten.

An den großen runden Tischen im Speisesaal frühstücken Sam, der Ingenieur aus London, Pierre, der IT-Spezialist aus Lyon und François, Flugzeugtechniker aus Lyon. Sie machen hier jedes Jahr ein Woche Wanderurlaub. Das üppige, gute Frühstück ist ausreichend für eine Tageswanderung: Porridge, Cake, Käse, Obst, aber auch Black Pudding (Blutwurst) oder Bohnen mit Bratkartoffeln können bestellt werden. Für die Wanderung kann man zusätzlich ein Essenspaket mitnehmen. Abends trifft man sich wieder zu Bridge oder einem Gin an der Bar, wenn das dreigängige Menü – drei verschiedene stehen zur Auswahl – nicht die Restenergie raubt.

Die Häuser von HF Holidays sind gut gewählte Orte der Begegnung, mit einem hohen, überall gleichen Standard beim Essen, Wohnen und Feiern. HF Holidays kann auf eine über 100 Jahre alte Tradition zurückblicken. Thomas Arthur Leonard, Anhänger der Sozialreformer, ist die Schlüsselfigur der englischen Naturbewegung. Schon Ende des 19. Jahrhunderts organisierte er Wanderferien für englische Arbeiter. Sie sollten in Gesellschaft und an der frischen Luft dem Dreck von Manchester und Newcastle entkommen. Man liebte die Natur und lebte in einfachen Unterkünften.

HF Holidays entstand 1913, und Leonhard war bis 1934 ihr Generalsekretär. In den 1930er-Jahren war er auch Mitgründer der Jugendherbergen und der Organisation Freunde des Lake District. Heute genügen die Unterkünfte von HF Holidays auch den Anspruchsvollen. »Nach einem Jahrhundert des Wandels sind der Anspruch und der Inhalt unserer Ferien trotz alledem die gleichen geblieben: wunderschöne Orte, gute Führer, und angenehme, kommunikative Abende in gemeinschaftlicher Unterhaltung«, behauptet die Broschüre von HF Holidays. Und in der Tat: Vom einstigen Sozialreformprojekt für Arbeiter ist bis heute ein geselliger, anspruchsvoller, erschwinglicher Natururlaub geblieben. Der trägt darüber hinaus dazu bei, den viktorianischen Überfluss an Gütern und Grundbesitz sinnvoll zu verwalten.

EDITH KRESTA

Anreise Mit dem Zug nach Brüssel und von dort Zug nach London. Von London dauert es etwa vier Stunden nach Keswick.

HF Holidays Der größte und älteste Wander- und Outdoorspezialist in England mit einer sozialen und ökologischen Tradition. Hoher Qualitätsstandard, erschwinglich, kommunikativ: https://hfholidays.co.uk

Boundless Der Veranstalter bietet Reisen nach England an, auch in den Lake District. Boundless arbeitet als einziger deutscher Veranstalter mit HF Holidays zusammen, nutzt deren Häuser vor Ort und organisiert Wanderungen gemeinsam mit HF Holidays. Das bringt internationale Begegnung und Know-how. Das Naturerlebnis steht bei den meisten Reisen im Zentrum: www.boundless-reisen.de

National Trust Historische Ferienhäuser vermietet der Trust überall in England – auch ohne Arbeitseinsatz. Viele Anwesen liegen inmitten von Nationalparks oder in den Parks und Gärten der Herrenhäuser, die der Trust betreut. Buchungen unter: www.nationaltrustcottages.co.uk; www.nationtrust.org.uk

Weitere Informationen www.visitbritain.com/de

AUF DEM GROSSEN FLUSS

Mit dem Kanu unterwegs auf dem Guadalquivir. Touren durch Stadt und Land, mit viel Kultur und Geschichte oder durch nie endende Olivenhaine

Irgendwo sind die schnellen Melodien einer Flamenco-Gitarre zu hören. Irgendjemand klatscht rhythmisch dazu. Gelächter und angeregte Gespräche kommen aus den kleinen Restaurants mit ihren Terrassen hin zum Fluss. Auf der Brücke von der Altstadt Sevillas hinüber nach Triana schieben sich die Besuchermassen. An der Uferpromenade sitzen die Menschen und schauen aufs Wasser.

Von hier unten auf dem Fluss, wie die Sevillanos den seit 100 Jahren zum Schutz vor Überschwemmungen von seinem natürlichen Zufluss im Norden der andalusischen Metropole abgetrennten Mäander des Guadalquivir noch immer nennen, erreicht uns die Geräuschkulisse wie aus einer anderen, fernen Welt. Unser Kanadier gleitet sanft durch das Wasser der Dársena, wie der alte Flusslauf von Sevilla eigentlich heißt. Es ist der alte Hafen der Stadt. Hier legten einst die Schiffe an, die voll beladen aus dem neu entdeckten Amerika kamen. Namen wie Muelle de la Sal (Salzkai) oder die alte Tabakfabrik zeugen bis heute davon.

1992 zur Weltausstellung, der Expo, wurde der alte Hafen mit einem weiteren Mäander – dem von San Jeronimo – verbunden. Was so entstand, ist eine urbane Flusslandschaft mit Promenade, Parks und Kneipen hin zum Wasser. Der eigentliche Fluss fließt nach wie vor weiter östlich an der Stadt vorbei. Die beiden Ufer der Dársena dienen den Menschen der andalusischen Hauptstadt zum Vergnügen und zur Erholung. Eine Uferpromenade lädt zum Flanieren und Radfahren ein. Auf dem Fluss selbst trainieren Ruderer und verkehren Ausflugsschiffe.

Es ist Mittagszeit im Herbst, und dennoch ist es in der Sonne angenehm warm. Begonnen hat unsere Paddeltour etwas mehr als eine Stunde zuvor kurz vor dem nördlichen Ende der Dársena, an der einem Segel ähnelnden Brücke, die zum Alamillo-Park auf der rechten Seite des Wassers führt. Für

Der im 13. Jahrhundert errichtete Torre del Oro in Sevilla

das emblematische Bauwerk zeichnet der Stararchitekt Santiago Calatrava verantwortlich. Dort auf der Isla de la Cartuja, die eigentlich eine Halbinsel ist und 1992 die Expo in Sevilla beherbergte, befinden sich ein Parkplatz und zwei Anleger für Kanus und Kajaks. Vorbei am Andalusischen Trainingszentrum für Hochleistungssportler und mehreren Ruder- und Kajakclubs geht es gegen Süden. Am linken Ufer tauchen die charakteristischen Gebäude auf, die einst verschiedenen Ländern als Ausstellungshallen bei der Weltausstellung dienten.

Nach einer langgezogenen Kurve erreichen wir die Altstadt auf der einen und den Stadtteil Triana auf der anderen Seite. Vom Wasser aus bietet sich eine Kulisse, die so nicht nur in Spanien kaum zu überbieten ist. Die Türme der Kathedrale, die Stierkampfarena Real Maestranza und der Goldene Turm – Torre del Oro –, ein arabisches Bauwerk aus dem 13. Jahrhundert, bestimmen den Blick auf die Altstadt auf der rechten Seite. Auf der anderen Seite liegt Triana, der wohl am meisten besungene Stadtteil in ganz Andalusien. Denn die Heimat einfacher Leute ist auch Heimat des Flamencos.

Wer in Triana lebt, pflegt seine eigene Identität. Sevilla ist für die Bewohner Trianas nur eine Stadt auf der anderen Seite des Wassers, die erst seit 160 Jahren per Brücke zu erreichen ist. Von dort, wo unsere Fahrt begann, sind es ungefähr sieben Kilometer vorbei an Altstadt und Triana bis zur Delicias-Brücke. Bis hierher ist der alte Fluss für Wassersportler frei. Danach beginnt der moderne Hafen und damit ein absolutes Fahrverbot für muskelbetriebene Wasserfahrzeuge.

Wer die Ozeandampfer sieht, die vom rund 90 Kilometer entfernten Atlantik den Guadalquivir heraufkommen, weiß, warum. Der Guadalquivir ist der fünftgrößte Fluss Spaniens und mit seinen 657 Kilometer Länge der größte Andalusiens. Er entspringt in den Bergen von Cazorla im Norden der südspanischen Region und mündet, nachdem er Sevilla und die Feuchtgebiete des Nationalparks Doñana hinter sich gelassen hat, bei Sanlúcar de Barrameda ins Meer.

Der Name Guadalquivir klingt auch für Spanisch sprechende Menschen ungewohnt. Er stammt aus dem Arabischen. Oued al-Kebir, Großer Fluss, nannten die muslimischen Herrscher von Al-Andalus den Strom, der schon im Römischen Reich den Transport von Gütern ermöglichte und half, weite Landstriche zu bewässern. Als die Christen Andalusien im 15. Jahrhundert endgültig zurückeroberten, behielten sie den Namen bei, auch wenn die Schreibweise unter den neuen Herrschern deutlich litt.

Wer Lust auf Natur hat, ist auf dem Guadalquivir ebenfalls richtig. Einer der unzähligen Abschnitte seines Mittellaufes, die zum ruhigen Paddeln einladen, ist bei Villafranca, zehn Autominuten flussauf von Córdoba, der zweitgrößten Stadt am Guadalquivir.

Seit arabischen Zeiten ist der Fluss immer wieder von Staudämmen unterbrochen. Die beruhigen das Gewässer und machen es möglich, sowohl mit als auch gegen den Strom zu paddeln. Manche Staudämme wurden ausgebaut und dienen heute der Elektrizitätsgewinnung.

Auch in Villafranca beginnt die Tour an einem Anleger unterhalb der Brücke. Nach wenigen Hundert Metern ist der Straßenlärm kaum noch zu hören. Der leichte Frühnebel mischt sich mit dem Dampf aus einer nahe gelegenen Presse für Speiseöl. Andalusien riecht hier tatsächlich nach Oliven. Im tiefgrünen Wasser spiegeln sich die Trauerweiden und das Schilf am

Landschaft am Guadalquivir

Ufer. Fischreiher verlassen laut protestierend ihre Beobachtungspunkte auf alten Stämmen und Ästen, die aus dem Wasser ragen, sobald wir uns ihnen nähern. Immer wieder springen Fische aus dem Wasser. Pferde grasen zwischen den Bäumen. Kleine, aus Brettern zusammengezimmerte Hütten dienen Anglern als Unterstände. Ab und an ist ein Hämmern und ein Traktor zu hören. Ein Zeichen dafür, dass nur wenige Meter entfernt, hinter der dichten Ufervegetation das normale Leben weitergeht.

Landwirtschaft und Viehzucht bestimmen die Wirtschaft entlang des Flusses. Und nicht nur hier, sondern im gesamten Einzugsgebiet des Stromes. Das Becken des Guadalquivir ist ein einziges großes Mosaik aus Nebenflüssen, Stauseen, Hügeln und Olivenhainen. Oder besser gesagt einem einzigen, riesigen, nicht enden wollenden Olivenhain. Über 170 Millionen Olivenbäume wachsen in Spaniens bevölkerungsreichster Region Andalusien.

Viele dieser Stauseen laden ebenfalls zum Paddeln ein. Einer davon ist La Breña, unweit von Almodóvar del Río, westlich von Córdoba. Der künstliche See wird von zwei Nebenflüssen des Guadalquivir, dem Cabrilla und dem

Der Stausee von La Breña ist ein Mekka für Wassersportfans.

Guadiato, gespeist. Sie kommen aus den Bergen der Sierra Morena, die den Horizont bestimmen. La Breña liegt – wie könnte es anders sein – inmitten von Olivenbäumen.

Der Bevölkerung von Córdoba, einem der heißesten Orte Spaniens, dient der Stausee als Ersatz für das viel zu weit entfernte Meer. Sie baden hier, fahren Wasserski oder segeln. Außerhalb der Saison jedoch ist es ruhig. Und die gemäßigten Temperaturen lassen einen in der Sommerhitze unmöglichen Paddelausflug zu. Wer den See vom Campingplatz unweit der Staumauer bis an den nördlichsten Punkt, wo die beiden Flüsse Cabrilla und Guadiato in La Breña münden, abfahren will, hat einen langen Tag vor sich.

Neben Sevilla mit seinem Hafen und Andujar mit seiner Keramik ist die einstige Hauptstadt von Al-Andalus Córdoba eine der drei Städte am Guadalquivir, die unter den arabischen Herrschern zur Blüte gelangten. Die riesige Moschee, in deren Zentrum die christlichen Eroberer eine Kathedrale errichten ließen, zeugt ebenso von der Wichtigkeit des arabischen Córdoba wie die alte Universität. Zu Zeiten des europäischen Mittelalters regierte hier Toleranz statt christlichem Fundamentalismus. Die Hochschule von Córdoba war eines der wichtigsten Zentren für Wissenschaft, Medizin, Sprache und Kultur der damals bekannten Welt.

Nach einem langen Tag im Kajak ist die Altstadt von Córdoba kein schlechter Ort, um die Kräfte zu stärken. Die verwinkelten Gässchen mit ihren arabischen Bädern und ihren jahrhundertealten Häusern und Palästen laden zum Spaziergang ein, der fast immer damit endet, dass man sich verlaufen hat – bis plötzlich wieder der Guadalquivir auftaucht und einem den Weg weist.

REINER WANDLER

Anfahrt Sevilla erreicht man mit dem Zug beispielsweise über die Schnellverbindung von Frankfurt nach Marseille. Von Marseille geht es nach Barcelona und von dort direkt nach Sevilla. Man sollte für die Fahrt drei Tage einplanen, da es keine Nachtzüge gibt.

Dársena in Sevilla Die Tour auf dem alten Flusslauf in Sevilla beginnt und endet direkt neben der Alamillo-Brücke, an dem der Stadt abgewandten Ufer. Dort befindet sich ein Parkplatz, der zum Alamillo-Park gehört. Am Ende dieses Parkplatzes führt ein Pfad hinab zu den beiden Bootsanlegern. Bis zur Delicias-Brücke darf gepaddelt werden, danach beginnt der Hafen.

Guadalquivir bei Villafranca de Córdoba Eingesetzt wird hier am linken Flussufer neben der Remedios-Brücke am Orteingang von Villafranca de Córdoba. Ein Feldweg – Via de servicio – führt zum Platz unterhalb der alten Brücke, wo auch geparkt werden kann. Der Flussabschnitt zwischen dem nächsten Damm flussab und dem nächsten flussauf ist rund 15 Kilometer lang. Dank der Dämme kann in beiden Richtungen gepaddelt werden.

La Breña, der Strand von Córdoba Übernachten und einsetzen kann man auf dem Campingplatz unweit der Staumauer. Infos: https://campinglabrena.negocio.site

Genehmigungen Für die Touren auf dem Guadalquivir und dem Stausee La Breña ist eine Genehmigung des Wasseramtes notwendig. Diese kostet 35 Euro für ein Jahr und ist für das gesamte Einzugsgebiet des Guadalquivir gültig. Antragstellung im Internet

UNTERHALTSAM & KLUG
Städte, Feste und Kultur

Das Museum der Zivilisationen Europas und des Mittelmeers
im Alten Hafen von Marseille wurde 2013 eröffnet.

UNSERE HOOD

Eine andere Form von Tourismus in Marseille. Mitglieder einer Kooperative zeigen bei Touren die Kultur und Natur in den rauen Vierteln der Stadt.

Marseille ist keine Stadt, in der es sich ruhig flanieren lässt; zu bergig, zu viel Müll, zu windig, zu wimmelig. Aber immer findet sich ein Plätzchen, um sich für einen Kaffee niederzulassen, eine Straße, die plötzlich den Blick aufs Meer oder die Berge freigibt.

Marseilles Innenleben ist rau, die Innenstadt hat dank jahrzehntelanger Misswirtschaft, Leerstand und Immobilienspekulation eine marode Bausubstanz. Als im November 2018 im Stadtteil Noailles drei Häuser einstürzten, starben acht Menschen. In der Folge lebten die »Wutmärsche« wieder auf, die Menschen besannen sich auf eine andere Form des sich Bewegens durch die Stadt und auf eine alte Form des Protests, die in Marseille Tradition hat: das Marschieren. Im Französischen bedeutet das Wort »marcher« einerseits das eher militaristische Marschieren des Soldatenbataillons, das 1792 von Marseille nach Paris zog und das Lied der Revolution, *La Marseillaise*, durchs Land trug – heute die Nationalhymne. Das Marschieren begegnet auch bei der von Präsident Emmanuel Macron gegründeten Bewegung »La République En Marche«, die vorgab, etwas in Bewegung setzen zu wollen. Es meint aber auch schlicht: laufen, gehen, und mit »Les Excursionnistes«, 1897 gegründet, besitzt Marseille den ältesten Wanderklub Frankreichs. 1983 waren es dann die »Beurs«, die zweite Generation der Immigranten aus dem Maghreb, die in Marseille den »Marsch für Gleichheit und gegen Rassismus« initiierten. Viele kamen aus dem Norden Marseilles, wo in den 1960er-Jahren Hochhaussiedlungen für die Arbeitskräfte aus den Ex-Kolonien entstanden waren.

Heute sind Cités wie La Castellane, Le Castellas oder Les Aygalades Hochburgen des Drogenhandels. Die Quartiers nord sind abgehängt, abgewertet und durch falsche Stadtplanung und fehlende Verkehrsanbindungen abgestraft. Doch wer meint, in den Norden Marseilles könne man keinen Fuß setzen, der irrt. 2011 gründete sich die Kooperative Hôtel du Nord. Dahinter steht die Idee, das kulturelle und historische Erbe der Quartiers nord zu vermitteln. Denn im 13., 14., 15. und 16. Arrondissement gibt es nicht nur die Cités mit all ihren sozialen und ökonomischen Problemen, sondern auch Einsprengsel alter Fischerdörfer, kleinbürgerliche Wohngegenden, Handwerkerviertel, Siedlungshäuser, Industrieruinen und -brachen. Der Kooperative geht es um eine Wiederaneignung des Territoriums, der eigenen Geschichte – und darum, den dort lebenden Menschen eine Stimme zu geben. Die Mitglieder organisieren thematische Führungen, vertreiben lokale Produkte wie Seife oder Honig. »Wir sind weder ein Hotel noch ein Museum«, versucht Julie de Muer, eine der Gründerinnen, den Charakter der Kooperative zu erklären. Doch auch wer nur eine Übernachtungsmöglichkeit sucht, wird auf ihrer Webseite fündig.

Julie de Muer sitzt an einem Märzabend in der Küche ihrer Mutter im Viertel L'Estaque, einem von italienischen Einwanderern geprägten Vorort am Meer im Norden Marseilles. In L'Estaque mietete sich Ende des 19. Jahrhunderts der Maler Paul Cézanne ein, als es noch ein Fischerdorf war, hier entstanden Anfang des 20. Jahrhunderts viele Ziegeleien, und nach dem Krieg zog ein petrochemisches Werk die ganze Gegend in Mitleidenschaft. In Verduron, rund 100 Meter den Hang hoch, wurden um die Jahrtausendwende bei Ausgrabungsarbeiten Überreste eines auf einem Felsvorsprung erbauten gallischen Dorfes gefunden.

Die Gallier waren bekanntlich schlau: Von hier aus hat man einen großartigen Blick auf den Hafen Marseilles, die zurückgekehrten Kreuzfahrtschiffe, die Hochhausriegel der Cités, die im Dunstschleier sich erhebenden Berge über dem Meer.

Im Jahr 2013 wurde Marseille Europäische Kulturhauptstadt. Damals flossen Mittel in kulturelle Großprojekte wie das MuCEM, das Museum der Zivilisationen Europas und des Mittelmeers, das in das alte Fort Saint-Jean am Hafen hineingebaut wurde; das Viertel Panier wurde aufgehübscht.

Damals entstand auch der GR 2013, ein Fernwander- oder Rundweg, der durch Marseille und zahlreiche Kommunen der Provence führt. Er verbindet Stadt und Land, Beton und Natur, Meer, Hafen und Industrieruinen, Bäche, Müllhalden und Kiesgruben.

»Ohne die Planungen für die Kulturhauptstadt wäre alles nicht so schnell in Gang gekommen«, sagt Julie de Muer. »Das gab uns die Möglichkeit, unser Konzept an den Tourismus zu koppeln.« Die Touren, die Hôtel du Nord organisiert, finden sich wie das Bureau de Guides für den GR 2013 auf der offiziellen Tourismusseite von Marseille wieder, manche werden auf Englisch angeboten.

Marschieren, gehen, laufen, die eigene Umgebung erkunden, sich die Geschichte wieder aneignen: Darum geht es Hôtel du Nord, aber auch den assoziierten Künstlerkollektiven, Stadtteilgruppen, die es leid waren, dass ihnen ihre Stadt schlicht nicht gehört. Sie erobern sie sich zurück, erkunden sie Meter für Meter, Stein für Stein. Und wer von auswärts zu Besuch ist, darf mit ihnen mit – laufen, marschieren. Ein touristisches Konzept, das auf Teilhabe, auf Austausch und nicht auf Konsum oder Einseitigkeit beruht. Und das Schöne ist: Sie machen es für sich.

An einem sonnigen Samstagmorgen Ende März treffen sich etwa 25 Menschen auf dem Gelände einer ehemaligen Seifenfabrik, die heute der freien Szene Ateliers und Probestätten bietet. Auch Projekte mit den Kids aus der nahen Cité Les Aygalades finden hier statt, ein auf die Seite gekippter Bus ragt als Monument in die Luft. Stéphane Brisset und Dalila Ladjal vom Künstlerkollektiv Safi gehören zu »Artistes-Marcheurs«, den »Künstler-Wanderern«, die den Rundweg des GR 2013 mitkonzipiert haben. Sie begrüßen die Gruppe, zu der an diesem Tag mehr Einheimische als Auswärtige zählen. Sie erweitern das Konzept des Laufens um die Dimensionen: schmecken, hören, riechen, forschen. Jeder bekommt ein Heftchen in die Hand gedrückt, in dem man während der Exkursion Blüten und Pollen sammeln kann.

Pollen verbinden Pflanzen- und Tierwelt, und die Exkursion verbindet das Schöne mit dem Nützlichen: Im Rahmen des von der EU geförderten Life-Programms wird die Gruppe ein ausgewiesenes Biosphärengebiet ablaufen, seine Bodenbeschaffenheit und Pflanzenvielfalt prüfen. Stéphane Brisset breitet auf dem Boden eine Karte aus, in die er Notizen eintragen kann. Sein Handwerkszeug trägt er in einem hölzernen Koffer auf dem Rücken.

Die heutige Tour führt durch felsiges Terrain an einem Wasserfall des kleinen Flusses Aygalades vorbei zum Kanal von Marseille, der die Stadt mit Trinkwasser versorgt. Als er im 19. Jahrhundert angelegt wurde, überließ

Blick über den Stadtteil L'Estaques

man den Fluss der Industrie mit ihren Abfällen und Giften. Erst seitdem die industrielle Produktion eingestellt oder verlagert worden ist, erobert sich die Natur Terrain zurück. »In Paris spürt man den Bezug zur Natur nicht«, erzählt Dalila Djabal im Gehen. Das sei in Marseille anders. Hier seien Wind, Wasser, Berge und sich wild aussäende Pflanzen stets präsent.

Was man auf der Tour durch den Norden noch entdeckt: eine Gartenlaubenkolonie der ehemaligen Eisenbahner, einen Steinbruch, Heidelandschaft, einen Bürgerpark gegenüber der Cité Les Aygalades, Ende März grün und nicht sonnengebleicht.

Die Cité liegt scheintot da. Die soziale Distanz zu überbrücken wird nicht einfach sein. Wo die Schulen schlecht ausgestattet sind, Armut, Arbeitslosigkeit und Kriminalität den Alltag bestimmen, steht den meisten nicht der Sinn nach Exkursionen, Spaziergängen. Doch wenn es darum geht, die Umgebung zu verschönern, Flächen oder Ecken zu säubern, dann beteiligen sich auch Bewohner*innen der Cités.

Seit sie bei Hôtel du Nord aktiv sei, habe sie ein sozial viel gemischteres Umfeld, sagt Julie de Muer, und man glaubt ihr, dass sie es als Gewinn empfindet. »Früher dachten wir, man muss in die Cités hineingehen, um etwas zu bewirken. Aber es hat sich gezeigt, dass es viel besser ist, wenn die Bewohner*innen herauskommen und sich den Zwängen des Lebens in der Cité entziehen können.« Oft sind es Frauen und Kinder.

Das Laufen ist eine Kulturtechnik der Armen, schreibt die einstige Stadtkonservatorin Christine Breton, die daraus eine Soziologie des Spaziergangs, das Konzept der Gastfreundschaft und der »Geschichtenfabrik« entwickelt hat, Ideen, die bei Hôtel du Nord eingeflossen sind. Kulturerbe als lebendige Geschichte, als Wechselbeziehung zwischen den Menschen, die dort leben, und denen, die zu Besuch kommen.

Hôtel du Nord hat die Faro-Konvention des Europarats unterzeichnet, die jedem das Recht zuspricht, am Kultur- und Naturerbe teilzuhaben und es auf seine Weise zu erforschen. Dann ist nicht mehr nur die Frage: Wem gehört die Stadt? Sondern: Wer läuft mit?

SABINE SEIFERT

Anreise Ab Köln mit dem Thalys nach Paris Gare du Nord und von Paris Gare de Lyon weiter mit dem TGV nach Marseille. Achtung: Es gilt den Bahnhof zu wechseln. Mit der RER Linie D geht dies einfach und schnell. Oder mit dem ICE nach Mannheim und dort in den TGV direkt nach Marseille umsteigen.

Vor Ort Wohnen und Leben im Norden: https://www.hoteldunord.coop

Routen und Führungen in und um Marseille: https://bureaudesguides-gr2013.fr/en/home

KULTUR AUF DEM WEG

Pilger, Soldaten, Händler oder Seeleute: Alle bahnten sich ihre eigenen Wege durch Europa. Die Kulturrouten folgen den historischen Pfaden.

Gleich die erste vom Europarat proklamierte Europäische Kulturroute war ein Erfolg. Es war der spanische Jakobsweg Camino de Santiago. Im Jahr 1987, als die Kulturrouten ins Leben gerufen wurden, kannte kaum jemand diesen mittelalterlichen Weg. Noch keine 3.000 Pilger und Wanderwillige mit Rucksack kamen seinerzeit in Santiago an und holten sich ihren Pilgernachweis, die Compostela. 2019, dem letzten Jahr vor der Covid-19-Pandemie, die alles lahmlegte, waren es genau 347.578 Menschen. Und es waren Menschen aus aller Welt.

Eher unvermutet war der Europarat in einen Boom von Bedürfnissen nach Spiritualität und Authentizität und einem anderen Reisen gestolpert, die diesen alten Sehnsuchtsweg bis ans Ende der damaligen Welt wiederbelebten. Aus alter Religiosität wurde moderner Kult. Bereits 1993 kürte die UNESCO den Camino de Santiago zum Weltkulturerbe.

Der Europarat setzte vielmehr auf die Idee Europa und europäische Ideale und hielt den Camino de Santiago deshalb für beispielhaft, weil er (so die Deklaration) »höchst symbolisch für den europäischen Entwicklungsprozess« und eine »kulturelle Identität« stehe, die »seit eh und je aus der Existenz eines europäischen Raumes voller gemeinsamer Erinnerungen und durchzogen von Wegen, die die Entfernungen, die Grenzen und die Sprachbarrieren überwinden«, entstanden sei. Er sollte den Referenzpunkt für weitere Aktivitäten bilden.

Ein Weg wie der Camino brachte Menschen zusammen. Schon im frühen Mittelalter. Sieht man sich das Netzwerk der Jakobswege an, die heute wieder ausgewiesen und auf Landkarten zu finden sind, so wirkt es wie ein großes, europaweites Geflecht aus Adern, das hinter Pamplona zu einer dicken Arterie wird. Als führten alle Wege nach Santiago – und nicht etwa nach Rom.

Den Weg säumen zahllose kulturhistorische Denkmäler, und er ist mythenträchtig. Das moderne Europa sei auf der Pilgerschaft entstanden, soll Johann Wolfgang von Goethe gesagt haben. Es gibt auch Meinungen, die in der »Entdeckung« dieses Apostelgrabes im 9. Jahrhundert einen ersten abendländischen Reflex auf die damalige Eroberung und Islamisierung Spaniens vermuten, einen Reflex, der die Entwicklung einer europäischen Identität ankündigte.

Doch Kulturrouten bedeuten nicht bloß Pilgerwege. Auch wenn weitere folgten, etwa die Via Francigena (Canterbury-Rom, 1994), der Sankt-Olavs-Weg (Nordeuropa, 2010), die Via Romea Germanica (Stade-Rom, 2020). Die zweite Kulturroute von 1991 setzte ganz andere Akzente: Sie stellte die Geschichte des freien Handels, der Koexistenz und des Bürgerschutzes der seehandeltreibenden Länder Nordeuropas in den Fokus: die Hanse. Diese Kulturroute, vor allem entlang der Ostsee, erinnert an den Bund der seefahrenden Kaufleute zwischen dem 13. und 17. Jahrhundert, dem zeitweise 225 Städte angehörten. Eine Art »mittelalterliches Europa«. An dem heutigen Kulturroutennetzwerk (Sitz ist Lübeck) sind sechs Länder und zahlreiche Institutionen beteiligt, die unter anderem den alljährlichen Hansetag mit vielen kulturellen Events organisieren.

Ein anderes Mammutprojekt ist die Europäische Route der Industriekultur (Kulturroute seit 2019). Das Netzwerk zählt 26 Mitgliedsländer, die auf je unterschiedliche Weise Besuchern und Interessenten einen Zugang zu den Zeugnissen von 200 Jahren europäischer Industrialisierung bieten. Wer hier etwa an den Ruhrpott und an Industriedenkmäler denkt, zu denen ehemalige Kohlezechen umgewidmet wurden, liegt richtig. Diese wiederum wurden durch spezielle kleinere Routen und Kultur- und Bildungsprogramme erschlossen, die ganz wunderbar als touristische Angebote funktionieren.

Auch die Kunst und Malerei wurde mehrfach Thema für Kulturrouten. Selbst die Anfänge der Prähistorie, für die es – vor allem in Frankreich und Spanien – zahlreiche spektakuläre Zeugnisse in Höhlen gibt. Diese Steinzeitmalereien sind vielfach Besucherhits, auch wegen angegliederter moderner Museen und Höhlennachbauten, die nötig wurden, um die Originalkunst zu schützen. Die Wege der prähistorischen Steinkunst (2010) führen aber auch nach Norwegen und Finnland und nach Georgien und Aserbaidschan. Oder

Der Iron Curtain Trail gehört seit 2019 zu den Kulturrouten des Europarates.

die Route der Phönizier: Sie bezieht sich auf die Verbindung der wichtigen Seewege, die von den Phöniziern für den Handel und den kulturellen Austausch im Mittelmeerraum benutzt wurden.

Die Kulturrouten des Europarates sind das vielleicht schönste Programm im langen und mühsamen Prozess einer europäischen Einigung nach dem Zweiten Weltkrieg. Damals galt es, die Scherben wegzuräumen. Der Europarat war ein Grundelement, er traf die entscheidenden Festlegungen hinsichtlich Rechtsstaatlichkeit und Demokratie, der Menschenrechte, der Transnationalität, er stand also für die Maßstäbe der Gestaltung eines künftigen Europas.

Ihm angegliedert ist der europäische Gerichtshof für Menschenrechte. Sitz ist Straßburg. Gegründet wurde der Europarat im Mai 1949 von zehn nord- und westeuropäischen Staaten (1951 trat die damalige BRD bei) noch vor anderen europäischen Einrichtungen, er ist nicht identisch mit der wirtschaftlich ausgerichteten EU. Mit einer »Rahmenkonvention über den Wert des Kulturerbes in der Gesellschaft« (Faro-Deklaration) wurde im Jahr 2005 die Bedeutung des kulturellen Erbes als einer Ressource für sozialen

Fortschritt und eine nachhaltige Entwicklung besonders betont und festgeschrieben. Und so ist eine Fokussierung des Europarats auf grenzüberschreitenden Kulturtourismus nur folgerichtig.

Um »Reisen durch Zeit und Raum« möglich zu machen und »Orte und Menschen« zusammenzubringen, können im Rahmen der themenbezogenen Kulturrouten die unterschiedlichsten Initiativen, wissenschaftlichen Institute und kulturellen Projekte national wie international verknüpft werden. Was nicht nur für kulturaffine Touristen, sondern auch für sogenannte strukturschwache Regionen interessant ist. Gibt es doch im Rahmen verschiedener EU-Programme hier auch Fördermöglichkeiten. Aktuell gibt es 45 europäische Kulturrouten. Allein fünf neue kamen im Frühjahr 2021 hinzu.

Eine großartige Veränderung brachte seinerzeit das Ende des Ost-West-Konflikts. Europa konnte danach wieder anders gedacht werden, Beispiel Via Regia (2005): Sie beschreibt die älteste und längste Landverbindung zwischen Ost- und Westeuropa zwischen Kiew, Krakau, Leipzig, Frankfurt, Paris, Bordeaux und reicht bis nach Santiago de Compostela. Ein schönes Ergebnis der Initiativen war die Broschüre »Erlebnisradweg Via Regia – Kulturstraße des Europarates«. Der Via Regia folgt auch der ökumenische Pilgerweg Görlitz–Vacha an der Werra.

Und es entstand die Route des Eisernen Vorhangs selbst, der Iron Curtain Trail: rund 10.000 Kilometer Radwanderweg entlang der ehemaligen Grenze des Warschauer Pakts, 2019 zur Kulturroute erklärt und von der EU kofinanziert, erdacht und auf den Weg gebracht von dem ehemaligen grünen Europaabgeordneten Michael Cramer. Eine Idee, die, so Cramer, einen Vorläufer in dem von ihm initiierten Berliner Mauerweg hatte. Er hält das Fahrrad für das »ideale Verkehrsmittel«. So radelte er auch selbst von der Barentssee bis zum Schwarzen Meer.

Im Unterschied zur EU mit ihren jetzt 27 Mitgliedern zählt der Europarat 46 Mitgliedsstaaten. Damit vergrößern sich auch die Möglichkeiten, Themenschwerpunkte über die EU-Grenzen hinaus zu setzen, etwa mit der Europäischen Route des jüdischen Erbes. Hier sind 18 Länder beteiligt einschließlich östlicher Länder wie Georgien und Aserbaidschan.

Auch andere Routen dehnen die bekannten Grenzen oder führen darüber hinaus. In der Warteschleife befindet sich beispielsweise die Via Eu-

Auf den 2010 zertifizierten Wegen der prähistorischen Steinkunst kann man den steinzeitlichen Petroglyphen im Nationalpark Qobustan in Aserbaidschan begegnen.

rasia. Ihre Initiatoren planen eine kulturelle Fern- und Wanderroute, die eine Reihe historischer Routen verbindet, vorzugsweise wichtige römische Straßen, die über Italien hinaus über den Balkan und Griechenland bis in die Türkei führten. Der Lykische Weg in der südlichen Türkei soll der letzte der Wege sein. Vorerst. Vermutlich geht es mit dieser Wanderlust irgendwann weiter.

CHRISTEL BURGHOFF

Kulturrouten Ideen für nachhaltiges Reisen in Europa: www.coe.int/de/web/cultural-routes

WELTKLASSEARTISTEN AUF DER STRASSE

Die Festivals in der schottischen Stadt Edinburgh sind ein kultureller Anschlag auf die Sinne. Beim alternativen Festival Fringe sind der Kreativität keine Grenzen gesetzt.

Poppy, Isabelle und Sophie amüsieren sich köstlich an der Bar des Venue 13 in Lochend Close. Die Location mit verschiedenen Bühnen ist eines der Veranstaltungszentren des Festival Fringe in Edinburgh. Die jungen Frauen trinken Real Ale und Cider und diskutieren heftig über das Theaterstück »Probably Still Drunk«, das sie gerade gesehen haben. Sie kämen jedes Jahr für mindestens eine Woche zum Fringe-Festival nach Edinburgh, erzählt Poppy, die eine rosa Schleife im blonden Haar zur schwarzen Smokingjacke über getigerter Röhrenhose in pinkfarbenen Regenstiefeln trägt. Glasgow-Style, denn von dort kommen die drei.

Poppy, Isabelle und Sophie sind einer der zahlreichen Frauentrupps, die das Straßenbild der Stadt aufpeppen: körperbetont, aufgeplüscht, aufgekratzt. Die drei Frauen besuchen »mindestens zwei Shows täglich«, erzählen sie. Die Tickets für das Fringe-Festival kosten meist nur ein paar Pfund, die ersten Vorstellungen beginnen frühmorgens, die letzten enden spätabends und dauern selten länger als eine Stunde.

Im August kommen Hunderttausende aus der ganzen Welt, aber vor allem aus den Commonwealth-Ländern nach Edinburgh. Sie besuchen dann die alljährlich im August stattfindenden Kunst-, Literatur- und Theaterfestivals. Überall in der Stadt, die zum UNESCO-Weltkulturerbe gehört, findet nun Kabarett, Zirkus, Zauberei oder Oper statt. Straßenmusiker, Maskenbildner, Haarflechter, Handleser tummeln sich in den Straßen. Männer, Frauen, junge und alte Paare, Student*innen und Familien – ein internationaler und sozialer Schmelztiegel streift durch Edinburgh. Bunt, vielfältig, populär und garantiert unterhaltsam. Claire und Paul aus Frankreich haben sich vor 40 Jahren hier kennengelernt. Nun ist das Ehepaar wieder dabei. »Es ist im-

Der Straßenkünstler Reidiculous performt im Rahmen des Edinburgh Festival auf der Royal Mile.

mer wieder großartig«, sagt Claire, die Englischlehrerin aus Lille. Auf dem internationalen Festival haben sie gestern »Blak Whyte Gray«, eine Tanztheater-Performance aus London, gesehen. »Einfach brillant!«, kommentiert Paul.

Gedrängel auf der High Street, dem Campus, an der Waverley Station. Der touristische Hotspot platzt aus allen Nähten. Und die Edinburgher*innen mischen munter mit: 84 Prozent, sagen die Umfragen, gehen zu den Festivals.

Alles begann 1947: Das International Festival als Plattform für Kunst und Kultur sollte die Zusammengehörigkeit Europas nach der Zerstörung des Kriegs betonen. Darum gehe es auch heute noch, auch und erst recht nach dem Brexit-Votum, sagt Fergus Linehan, bis 2022 der Direktor des Internationalen Festivals. »In einer Zeit, in der unser Land dabei ist, sich aus dem großen europäischen Projekt zu lösen, ist es schon etwas Besonderes, für eine Institution zu arbeiten, deren Fundament gewissermaßen die genau gegensätzliche Idee ist.« Linehan hofft wie viele hier, dass der Abschied aus der EU es nicht erschwert, in den kommenden Jahren Künstler*innen vom Konti-

Der Royal Military Tattoo vor dem Edinburgh Castle

nent zu diesem Festival nach Schottland zu locken und, falls nötig, Visa für sie zu erhalten.

Die Hotels von Edinburgh sind im August ausgebucht. Die vielen Pubs mit und ohne Livemusik sind nicht nur am Abend voll, in vielen Restaurants muss reserviert werden. Aber eigentlich haben die Festivalbesucher*innen nur ein Problem: die Qual der Wahl unter täglich 1.000 Shows und 25.000 Künstlern aus aller Welt.

Die Festivals sind ökonomisch bedeutsam für die Stadt, sie bringen mehr als 313 Millionen Pfund und schaffen 6.210 Vollzeitstellen. Und fördern die internationale Reputation von Schottland und Edinburgh. Identitätsstiftend. Um dieser Tatsache den würdigen Rahmen zu geben, marschiert jeden Abend zur Festivalzeit im August das Royal Regiment of Scotland durch den riesigen Schlosshof: Bis zu 8.000 Zuschauer*innen finden sich dann Abend für Abend auf den großen Tribünen ein, um die Royal Military Tattoo zu sehen.

Sie kommen zu Fuß oder werden in Bussen herangekarrt. Zu den nicht enden wollenden Klängen von »Amazing Grace« gibt es Militärparaden in

Schottenröcken und mit Dudelsack. Historische militärische Großtaten werden mit Tanzeinlagen demonstriert. Schottische Tradition als geschäftstüchtiger, kultureller Mainstream im Strudel des großen internationalen Festivalspektakels mit täglichem Feuerwerk. Es ist unbedingt ratsam, das Schloss ab 20 Uhr weiträumig zu umgehen.

EDITH KRESTA

Anfahrt Von Köln nach London mit dem Zug über Brüssel. Von dort mit dem Bus nach Edinburgh

Events Der August ist der Festivalmonat im schottischen Edinburgh. Im Jahr 1947 wurde das International Festival für Kunst und Kultur gegründet, gleichzeitig entstanden das alternativere Festival Fringe und das Film Festival. Jedes Jahr im August findet dort auch das International Book Festival mit mehr als 800 Teilnehmern aus 55 Ländern rund um den Globus statt. Hinzu kommen: International Science Festival, Jazz & Blues Festival, Art Festival, International Children's Festival. www.edinburghfestivalcity.com

Übernachtung Übernachtungsmöglichkeiten für den Monat August müssen rechtzeitig gebucht werden! Günstig und zentral: Ibis Hotel oder Bed and Breakfast in der Nähe des Hauptbahnhofs und des Flughafens, nahe dem Grassmarket mit seinen zahlreichen Geschäften und Bars sowie unweit der Royal Mile, die hinauf zum berühmten Castle führt

Empfehlenswert Kleine Apartments wie im Eden Locke in der zentral gelegenen George Street sind mit kleiner Küche sehr gut ausgestattet. Das Eden Locke liegt gleich neben dem International Book Festival. www.lockeliving.com/eden-locke

GEMISCHTE BILANZ

Der Titel Kulturhauptstadt ist begehrt. Die bulgarische Stadt Plowdiw trug ihn 2019 und gewann an Beliebtheit. Doch nicht alle Viertel profitierten.

Plowdiw, Bulgarien. Streunende Hunde und Katzen suchen im Müll auf den Brachflächen zwischen verfallenden Wohnblocks nach Fressbarem. Dazwischen spielen Kinder. An der löchrigen Durchgangsstraße der Roma-Siedlung Stolipinowo am Stadtrand von Plowdiw stehen Männer hinter Bergen von Hausrat, den sie hier verkaufen wollen. Die Geschäfte laufen schlecht. Das Angebot an billigen Klamotten, alten Waschmaschinen, Putz- und Waschmitteln ist größer als die Nachfrage.

2019 trug Bulgariens zweitgrößte Stadt Plowdiw als erste im Land den Titel »Europäische Kulturhauptstadt«. Die Stadt ließ ihr historisches Zentrum herausputzen, die Altstadt aus osmanischer Zeit ist ebenso renoviert wie die antike Arena und die Reste einer römischen Wagenrennbahn.

Auch die Menschen in Stolipinowo, dem größten Romaviertel auf dem Balkan, sollten vom Kulturhauptstadtprogramm profitieren. Ein deutscher Architekt plante eine Brücke über das Flüsschen am Rande des Viertels, um die Bewohnerinnen und Bewohner mit der Stadt zu verbinden. »90 Prozent der Plowdiwer*innen waren noch nie in Stolipinowo«, schätzte 2019 der Schriftsteller und politische Aktivist Manol Peykov. Wie viele in seiner Heimatstadt freute er sich über den Kulturhauptstadttitel, warnte aber vor hohen Erwartungen.

Inzwischen hat zumindest die Veranstalterin des Kulturhauptstadtjahrs, die Stiftung Plowdiw 2019, eine positive Bilanz gezogen. Im Kulturhauptstadtjahr sei die Zahl der ausländischen Besucher*innen der Stadt um 27 Prozent gestiegen. Aus Bulgarien seien dreimal so viele Gäste gekommen wie 2017. Allein mit diesen hätten Unternehmen der Stadt 2019 einen Umsatz von 400 Millionen Lewa (rund 204 Millionen Euro) erwirtschaftet. Plowdiw habe sich 2019 mit 320 Projekten und etwa 900 Veranstaltungen »auf die europäische Kultur-Landkarte gesetzt«. Auch in der Stadt selbst kam das Programm überwiegend gut an.

»Together« lautete das Motto des Kulturhauptstadtjahres 2019 in Plowdiw.

92 Prozent der Plowdiwer*innen gaben in einer Umfrage nach dem Kulturhauptstadtjahr an, sie seien »stolz auf ihre Stadt« und 43,3 Prozent verstünden sich als »Bürger*innen Europas«. Die Zahl der Unternehmen im Kreativsektor ist nach Angaben der Plowdiw 2019-Stiftung um ein Viertel gestiegen, die Zahl ihrer Angestellten um 16 Prozent.

Vor allem das kreative Innenstadtviertel Kapana boomt. 2012 hatte die Stadt beschlossen, das verfallene und fast verlassene ehemalige Handwerkerviertel am Rande der Innenstadt wieder zu beleben. Sie begann, leerstehende Läden in den zwei- und dreistöckigen Häusern für ein Jahr kostenlos an Unternehmensgründer zu vergeben. Viele renovierten selbst, eröffneten Kneipen, Clubs, Restaurants, Imbisse, Designerläden, Boutiquen oder Geschäfte für ausgefallene Souvenirs. Das Konzept ging auf. An den Wochenenden ist die Kapana voll. Die Leute kommen bis aus Sofia zum Einkaufen, Feiern, Entspannen, Musikhören und wegen der Kunst. Valizar zum Beispiel hat zusammen mit seinen Eltern eine Bar aufgemacht und den Kellerraum zur Galerie umgebaut. Viele Ausstellungen kuratiert er bewusst nicht. Gezeigt wird, was die Künstler bringen.

Neben der Kunst lockt die Musik Besucher in die Kapana. Gleich am Eingang des Kreativquartiers hat sich Asiya ihren Traum erfüllt: Die begeisterte Swingtänzerin kündigte ihren gut bezahlten Job als Anwältin in Sofia, um hier die erste Swingbar des Landes zu eröffnen. In dem stylish-modernen Raum mit viel Holz und Stahl serviert ihre Mannschaft Cocktails nach den Originalrezepten aus den USA. Asiya organisiert das jährliche Swingfestival mit zuletzt mehr als 800 Gästen, das nun Teil des offiziellen Kulturhauptstadt-Programms ist. Jeden Donnerstag lädt sie zur Swing Dance Night in ihre Bar. »Die Leute sind oft so begeistert, dass sie auf der Straße weiter tanzen«, erzählt die Gründerin.

Plowdiw habe sich seit der Wahl zur Europäischen Kulturhauptstadt zum Positiven verändert: »Die Leute renovieren und dekorieren ihre Häuser«, schwärmt die Frau mit den langen dunklen Haaren und den knallrot geschminkten Lippen. »Überall eröffneten Kneipen und Läden.« Es gebe immer mehr Kulturveranstaltungen und die Einheimischen hätten enorm an Selbstvertrauen gewonnen. Damit erfüllt zumindest die Kapana in Plowdiw die Ziele einer Europäischen Kulturhauptstadt: Bürger*innenbeteiligung, Demokratisierung, Selbstermächtigung und Vernetzung europäischer Kulturräume.

Seit 1985 verleiht die Europäische Kommission Städten und inzwischen auch Regionen für jeweils ein Jahr den Titel »Kulturhauptstadt Europas«. Die Initiative soll den »Reichtum und die Vielfalt der Kulturen in Europa« zeigen. Außerdem soll das »Wir«-Gefühl in der EU gestärkt und die Entwicklung von Städten unterstützt werden. 2025 wird Chemnitz für Deutschland Kulturhauptstadt Europas. Magdeburg, Hannover, Hildesheim und Nürnberg sind 2020 in der Endauswahl gescheitert.

Die Städte stecken viel Geld in ihre Bewerbungsschreiben, die sogenannten Bid Books. Sie hoffen durch den Titel auf einen Imagegewinn, internationale Aufmerksamkeit und Touristen, die Einnahmen bringen. In Liverpool, Linz, dem Ruhrgebiet und vielen weiteren Städten und Regionen ist die Rechnung aufgegangen.

Auch für Plowdiw hat sich die europäische Initiative gelohnt, findet die PR-Beraterin für Kulturprojekte und freie Mitarbeiterin der deutsch-bulgarischen Handelskammer Marina Tscholakowa. Die Kulturschaffenden träten heute selbstbewusster auf. Von der schwerfälligen Politik im Land und in der Region ließen sie sich nicht mehr so schnell abwimmeln. Die Kluft zwischen Politik und engagierten Bürger*innen sei kleiner geworden, das Interesse an bürgerschaftlichem Engagement gewachsen. Geholfen habe dabei auch die Vernetzung der lokalen Kulturszene mit Aktiven in anderen europäischen Ländern. Auch das Interesse an Kulturveranstaltungen sei gestiegen, Konzerte und andere Events anders als früher schnell ausverkauft. Marina Tscholakowa setzt sich in einer Bürgerinitiative für den Bau des seit Langem geplanten neuen Opernhauses in Plowdiw ein.

Doch der Schwung der Kulturhauptstadt ist längst nicht überall angekommen. Im Roma-Stadtteil Stolipinowo haben sich die Lebensbedingungen kaum verändert. Nach wie vor leben Menschen dort in verfallenden Wohnblocks aus den frühen 1970er-Jahren, manche davon ohne Fenster. Aus einem Abflussrohr läuft das Abwasser in den Keller, wo es sich stinkend staut. »Kaputt, alles kaputt«, schimpft einer der Bewohner in gebrochenem Deutsch. Er hat wie viele hier eine Zeit lang auf Baustellen im Ruhrgebiet gearbeitet. Niemand kümmere sich um die Häuser, obwohl sie doch der Stadt gehörten.

Die meisten bulgarischen Roma verstehen sich als Teil der türkischen Minderheit im Land. Sie sprechen einen eigenen türkischen Dialekt und schauen vor allem türkisches Fernsehen.

Marina Tscholakowa sieht die Versäumnisse der Stadt und die Ausgrenzung der Roma. Viele in Plowdiw wollen mit den »Zigeunern« nichts zu tun haben. Ihre Bürgerinitiative versucht, wie andere Projekte »Anstöße« für die Integration der Minderheit zu geben. Da sei »einiges passiert, aber nicht mit dem erwarteten Erfolg«. Vieles scheitere auch an der fehlenden Bildung. Viele Roma-Kinder gehen nicht zur Schule. Zahlreiche Eltern verheiraten ihre Töchter mit 13, 14 oder 15 Jahren. Gründe gibt es viele: mangelnde Einsicht in den Nutzen von Bildung, Mobbing und Diskriminierung in der Schule oder Lehrkräfte, die Roma-Kinder abwerten und benachteiligen, autoritäre Strukturen in Familien. »Um sich als Subjekt zu begreifen, braucht man selbstkritisches Denken, und das erfordert Bildung«, sagt Tscholakowa. Bei der Roma-Minderheit werde dieser Prozess »noch Generationen« dauern. Daran kann auch ein Kulturhauptstadtjahr wenig ändern.

ROBERT B. FISHMAN

Anreise Die Fahrt mit der Bahn ins bulgarische Plowdiw ist langwierig: etwa 46 Stunden von Berlin über Wien, Budapest, Craiova (RO), Vidin und Sofia

Kulturhauptstädte Seit 1985 ernennt die EU Kulturhauptstädte Europas. War es anfangs nur eine pro Jahr, sind es seit dem Beitritt der ost- und mitteleuropäischen Länder jeweils zwei, eine aus den »alten« und eine aus den »neuen« Mitgliedstaaten. In manchen Jahren kommen noch Kulturhauptstädte aus Beitrittskandidaten-Ländern hinzu, 2022 zum Beispiel Serbiens zweitgrößte Stadt Novi Sad. Bis 2033 hat die EU die Reihenfolge der Länder festgelegt, die jeweils eine Europäische Kulturhauptstadt stellen dürfen.

Deutschland ist nach 1999 und 2010 wieder im Jahr 2025 an der Reihe. Dann wird Chemnitz den begehrten Titel tragen. Die Bundesregierung nannte die Kulturhauptstädte Europas im Januar »eine der profiliertesten Kulturinitiativen Europas«. Die Städte werden auf der Grundlage eines Kulturprogramms ausgewählt, das eine deutliche europäische Dimension aufweisen muss. Außerdem muss es die Mitwirkung und aktive Teilnahme der Bürgerinnen und Bürger, Gemeinschaften und verschiedenen Akteure der Stadt fördern. Darüber hinaus soll das Programm zur langfristigen Entwicklung der Stadt und ihrer Region beitragen.

Finanzierung Die EU zahlt den Kulturhauptstädten einen Zuschuss von jeweils 1,5 Millionen Euro. Den Rest müssen die Städte, Länder und Staaten selbst aufbringen. Die Budgets der bisherigen Kulturhauptstädte variieren je nach ihrer Finanzkraft zwischen unter zehn bis zu fast 100 Millionen. Kosten, die viele von ihnen über die Ausgaben der Besucher und nachfolgende Investitionen Dritter locker wieder eingespielt haben.

FINNLAND TANZT DIE NATIONALMUSIK

Beim jährlichen Tangofestival im finnischen Seinäjoki treffen sich die Finnen und tanzen auf der Straße. Die größten Helden des Festivals in Seinäjoki sind jedoch die Sänger*innen. Hier werden Stars gekürt.

Seinäjoki ist völlig unspektakulär. Zumindest 51 Wochen im Jahr. Hauptstraße, Tankstelle, Bank, Einkaufsladen und Alko-Geschäft. Doch eine Woche im Jahr, meist im Juli, wird es neben Buenos Aires zur Welthauptstadt des finnischen Tangos. 100.000 bis 150.000 Besucher vor allem aus Finnland strömen dann in den Ort mit seinen rund 64.000 Einwohnern. Seinäjoki tanzt den Tango, denn »der ist nun mal unsere Nationalmusik«, sagt der finnische Regisseur Aki Kaurismäki.

Die Hauptverkehrsstraße von Seinäjoki ist zum Tangofestival selbstverständlich gesperrt. Sie dient als öffentlicher Tanzboden. Auf der großen Bühne und auf kleinen Plätzen spielen die unterschiedlichsten Kapellen zum Tanz auf. Matti schiebt Päivi durch die tanzende Menge. Der Bauarbeiter aus Tampere hat sich für den Auftritt herausgeputzt: weiße Turnschuhe, hellblaue Socken, graue Shorts und blaues Hemd. Den Geschmack seiner Frau hat er offensichtlich getroffen. Zu ihren weißen Gesundheitssandalen, gelben Shorts und blauer Bluse trägt sie einen roten Filzhut mit aufreizenden blauen Stoffblumen. Matti und Päivi gehören – wie die meisten hier – zur Generation 45 plus. Gut, dass der finnische Tango keine wilden Ausfallschritte hat, denn dafür fehlt hier in der Menge der Platz. Wange an Wange verlieren sich Matti und Päivi unter den tanzenden Paaren.

Wer beim Tangofestival von Seinäjoki an geschlitzte Abendkleider, rote Pumps oder Frack denkt, liegt völlig falsch: Kurze Hosen, flache Sandalen mit Socken oder gleich die finnische Nationaltracht, der Trainingsanzug, sind die offizielle Kleiderordnung. Erotik, Eleganz und Passion kommen hier allenfalls innerlich zum Ausdruck. Auch im Tanzstil auf der Straße sucht man die argentinische Leidenschaft vergebens – getanzt wird im Stil des unkomplizierten Schiebers der 1920er-Jahre, den man bevorzugt zu Marschmusik tanzte. Die Schrittfolge ist einfach und keine Frage der Technik. Doch auch bei dieser Art, den Tango zu tanzen, kommt man sich näher. Und die schüchternen, schweigsamen Finnen zeigen mit gefühlsgetränktem rhythmischem Hüftschwung emotionale Schwingungen.

Ulla und Olavi sind Vortänzer. Sie bieten kurze Anleitungen für die Straßentänzer zur Verfeinerung der lange eingeübten, manchmal auch festgefahrenen Schrittfolge. Beide nehmen aber auch an den nationalen Meisterschaften teil. Diese werden während des Festivals in Seinäjoki ausgetragen. Bei diesen Profis in der großen Festhalle am Ortsrand wird nicht nur geschoben, sondern gedreht, mit Ausfallschritt und schwierigen Figuren. Hier findet man sie, die eleganten Pumps und die geschlitzten Kleider. Hier wird der Kunst des Tangotanzens gefrönt: vor, vor, Wiegeschritt, rück, Seit, Schluss.

Die größten Helden des Festivals in Seinäjoki sind jedoch nicht die Tänzer*innen, sondern die Sänger*innen. In einem landesweit ausgestrahlten Wettbewerb werden jedes Jahr beim Tangofestival in Seinäjoki eine Tangokönigin oder ein Tangokönig gesucht. Im Ausland wird man von ihnen nie hören, in Finnland sind sie Volkshelden. Ihre Namen bleiben für lange Zeit im Gedächtnis haften. Gar nicht zu reden von den rasant steigenden Umsätzen, den ihre Platten machen.

Der Tango ist traurig, schwermütig. Mag sein, dass er deshalb die Finnen so berührt, die gemeinhin als verschlossen und schweigsam gelten. Die meisten Texte handeln vom Ende: vom Ende einer Liebe, des Sommers oder gar des Lebens. Glück kommt allenfalls im Rückblick auf eine verflossene Liebe vor. Der Tango als Ventil für Gefühlsstau und ungelebtes Leben? Auf den Straßen von Seinäjoki geht es jedenfalls ausgelassen zu.

Tango gibt es in Finnland erst seit knapp 100 Jahren. Musikwissenschaftler haben sogar das genaue Datum herausgefunden, an dem er nach Finnland kam – es war der Sommer 1913. Damals trat ein dänisches Tanzpaar in einem populären Helsinkier Restaurant auf und betörte mit einem verführerischen und bis dahin unbekannten Tanz das Publikum. Den Finnen gefiel dieser Tanz so gut, dass die beiden Dänen von da an viele Jahre lang jeden Sommer in Helsinki gastierten. Zunächst aber blieb der Tango ein Tanz der

Im Sommer bevölkern begeisterte Tangotänzer die Straßen von Seinäjoki.

Oberschicht und der Intellektuellen. Für den Mann auf der Straße war der südamerikanische Tanz zu verrucht.

Erst in den 1930er-Jahren begannen sich auch die »einfachen Leute« für die fremde Musik zu interessieren. Den endgültigen Durchbruch feierte der Tango aber erst im Zweiten Weltkrieg. Viele der Tangokomponisten dienten damals in der Armee und schrieben ihre Stücke in den Schützengräben an der Front. In dieser Umgebung veränderte der Tango seinen musikalischen Charakter; beeinflusst von russischen Romanzen und deutscher Marschmusik, wurde er »trauriger«.

Die frühen 1960er-Jahre bedeuteten den Durchbruch vor allem für den Komponisten und Musiker Unto Mononen. Sein »Satumaa« (Märchenland), interpretiert von Reijo Taipale, ist fast zur Nationalhymne Finnlands geworden. Viele noch heute berühmte Sänger begannen ihre Karriere als Tangosänger, so zum Beispiel der »Evergreen« Eino Grön und viele andere. Der Star Unto Mononen lebte übrigens ein echtes Tangoschicksal. Nach einem langen Kampf gegen den Alkohol nahm er sich 1968 das Leben.

Nach einer kleinen Krise in den Siebzigern erfreut sich der Tango seit Mitte der 1980er-Jahre wieder großer Popularität. Im Sommer 1985 veranstaltete die Gemeinde Seinäjoki erstmals ein Tangofestival. Das größte Festival Finnlands ist auch eine Partnerbörse. Der dabei konsumierte Alkohol erleichtert die Begegnung. Kleine Gruppen von Frauen und Männern stehen am Straßenrand in Seinäjoki. Bereit zur Kontaktaufnahme. Kontakt zunächst nur für zwei Tanzrunden. Denn die finnische Tanztradition verlangt, dass man danach den Partner wechselt. Aber keiner verbietet es, im Laufe eines Tages immer wieder dieselbe Person zum Tanz zu bitten.

EDITH KRESTA

Anfahrt Nach Helsinki dauert es mit der Fähre von Travemünde ungefähr 29 Stunden: www.misterferry.de. Von Helsinki nach Seinäjoki mit dem Zug (312 km) sind es rund drei Stunden: Fahrplan und Information zur Zugverbindung: https://rail.cc/de

Tangomarkkinat (Tangofestival in Seinäjoki), Torikatu 15, FIN-60100 Seinäjoki, Tel. +358 6 420 11 11, Fax +358 6 420 11 50, info@tangomarikkinat.fi, www.tangomarikkinat.fi

Buchtipp M. A. Numminen: »Tango ist meine Leidenschaft«. Gerd Haffmans bei Zweitausendeins, Frankfurt am Main 2003.

1995 wurde in Seinäjoki das Tangomuseum Olavi Virta eröffnet. Es ist nach einem der beliebtesten Tangosänger Finnlands benannt.

UNTERHALTSAM & KLUG

IM TAL DER PFERDE

Die französischen Départements Corrèze, Dordogne und Lot bilden ein Eldorado für Wanderreiter. Dort findet man auch die ersten Pferdemalereien. Ein Ballungsraum der Vorgeschichte

Das Périgord würde zu den abgeschiedensten Landstrichen Europas zählen, wäre es nicht in zwei Disziplinen Weltspitze: in der Prähistorie und in der Gastronomie. Zwischen beiden besteht durchaus Verbindung, gibt doch klassische Jäger- und Sammlerbeute der Küche Kolorit: Nieder- und Federwild, Trüffel, Pilze, Nüsse und Waldfrüchte. Auch Pferde werden vielfach noch verschmaust, gleichberechtigt neben Rind- und Schweinefleisch.

Von Norden kommend, scheuerte die Vézère sich hier durch ein Massiv aus Sandstein und schuf ein Labyrinth aus Siphonkurven, Steilufern und schroffen Höhen. Ein Ballungsraum der Vorgeschichte: Entlang eines 30 Kilometer langen Flussabschnitts finden sich etwa 60 prähistorische Stätten, darunter die berühmte Höhle von Lascaux. Der virtuose Nachbau (»Lascaux IV«) verbindet die Magie der Vorzeit mit den multimedialen Möglichkeiten der Gegenwart: Anima, Animal, Animation.

Stolz bezeichnet die Region sich als »das Tal des Menschen«. Doch sie könnte sich ebenso gut als »das Tal der Pferde« titulieren, waren sie doch das mit Abstand populärste Wild. In Lascaux stehen sie für 60 Prozent aller Tierdarstellungen. Auch etliche andere Fundstätten sind diesem Kulttier gewidmet. Etwa der monumentale Fries von Cap Blanc oder die blauen Pferde von Villars, deren Farbe von Yves Klein zu stammen scheint, in Wahrheit jedoch von hauchdünnen Kalkspatausfällungen herrührt.

Ganz in der Nähe betreibt Laurence Perceval eine Araberzucht; darüber hinaus nutzt sie die Tiere für die therapeutische Arbeit. »Schon C. G. Jung wusste: Pferde bringen uns ins Hier und Jetzt. Zugleich spiegeln sie unsere Emotionen, unsere Blockaden, unsere Ängste.« In ihren Workshops bringt sie auch die spirituellen Qualitäten der Felsbilder zur Sprache. »Sie zeigen, dass diese Menschen nicht nur mit dem Überleben beschäftigt wa-

Seit 1979 zählt die Höhle von Lascaux zum UNESCO-Kulturerbe.

ren, sondern dass sie auch geträumt haben. Pferde hatten etwas Fesselndes, ja Weihevolles für sie.« Sie ist davon überzeugt, dass damals noch andere Kommunikationskanäle genutzt wurden. »Tiere können direkte Botschaften an unser Gehirn senden. Etwas Ähnliches haben die Urmenschen vielleicht mit ihren Bildern versucht.« Bis heute ist die Region Pferdeland geblieben. Die kargen Böden lassen sich nur schwer bewirtschaften, doch als Weideland eignen sie sich gut. Die Départements Corrèze, Dordogne und Lot bilden ein Eldorado für Wanderreiter. Allein Lot verfügt über 1.000 Kilometer Reitwege. Von seinem Pferdehof bei Pech Merle aus bietet Pascal Gaudebert Ritte durch die alte Landschaft des Quercy an. Durch lichten Eichen- und Pinienwald, durch stille Dörfer und wildromantische Wallfahrtsorte wie Rocamadour. Wobei Pascals Hof selbst an einer Art Wallfahrtsziel liegt, der Höhle von Pech Merle. Sie birgt die berühmten »Tigerpferde«. Gab es etwa auch gescheckte Spielarten des Urpferds? Die Höhle gibt die Antwort. Pascals Großvater hat sie 1922 entdeckt. Bewehrt mit drei Taschenlampen und einem zehn Meter langen Seil, gelangte er mit ein paar Spielgefährten in eine der prächtigsten Tropfsteinhöhlen weit und breit, die seit Jahrtausenden niemand mehr betreten hatte. Heute führen Metallstufen 40 Meter in die Tiefe. Unten öffnet sich eine in den Boden hineinversenkte Kathedrale.

Zwischen den Tropfsteinen prangen überall Malereien an der Wand wie unterirdische Ikonen. Manche sind unübersehbar mit Handabdrücken signiert. Der Größe und den Proportionen nach zu urteilen, dürften es Frauenhände gewesen sein. Die Pigmente leuchten an den feuchten Wänden, als wären die Malerinnen nur kurz rausgegangen, um frische Luft zu schnappen.

In den 1950er-Jahren sorgte André Breton während einer Führung für einen Eklat, als er mit dem Daumen an einem Mammut rubbelte, angeblich, weil er die Echtheit der Malereien bezweifelte, in jedem Fall aber, um sich wichtig zu machen. Es entbehrt nicht der Ironie, dass ausgerechnet der Begründer des Surrealismus handgreiflich wurde, als er sich mit diesen meisterhaften Manifestationen des kollektiven Unbewussten konfrontiert sah.

Den Höhepunkt des Rundgangs bildet der Pferdefries, mit 29.000 Jahren das älteste Motiv der Höhle. Die beiden Pferde stehen leicht versetzt im Nichts. Bei den vermeintlichen Tigertupfen handelt es sich um Punktsymbole, die sich auf dem Fell der Tiere finden, aber auch rundherum. Eingefasst wird die Szene von drei linken und drei rechten Händen. Sie scheinen die Pferde berühren oder zumindest lenken zu wollen. Gebieterisch setzen sie der Natur ihren Willen entgegen. Meinte Laurence Perceval diese Macht der Bilder, als sie von telepathischen Kräften sprach? Die Künstler der Eiszeit waren die Ersten, die sich der Herausforderung Pferd stellten. Einer Herausforderung, die bis heute anhält, wo Menschen sich bezaubern lassen von ihrer Schönheit. Ihrer Neugier. Ihrer Schüchternheit. Ihrem Elan. Ihrer Ruhe. Ihrer Stärke. Ihrer Verletzlichkeit. Ihrer Anmut. Ihrer Hoheit.

Doch bereits die prähistorischen Darstellungen bekunden fühlbar Nostalgie. Sie zeugen von einem Unbehagen in der Natur, der ihre Schöpfer nicht länger gänzlich angehörten. Der Weg zum Menschen gelangte mit diesen bewusst und ein für alle Mal gesetzten Zeichen in eine neue Ära: zu sich selbst. Die Souveränität, mit der dies geschah, wird die Nachwelt bis ans Ende der Zeiten in Verwunderung versetzen. »Es scheint«, staunte John Berger in Lascaux, »als wäre die Kunst auf die Welt gekommen wie ein Fohlen, das von Geburt an auf eigenen Beinen stehen kann.«

STEFAN SCHOMANN

Gepunktete Pferde in der Höhle von Pech Merle

Anreise Die nächstgelegenen größeren Bahnhöfe sind Périgueux für Lascaux und das Tal der Vézère sowie Cahors für Pech Merle. Dort nimmt man sich dann am besten einen Mietwagen.

Museen Lascaux IV: Avenue de Lascaux, 24290 Montignac, www.lascaux.fr/de; Musée national de Préhistoire, 1, rue du musée, 24620 Les Eyzies, https://musee-prehistoire-eyzies.fr/de; Centre de préhistoire du Pech Merle: Pech Merle, 46330 Cabrerets, www.pechmerle.com

Pferdehöfe Laurence Perceval, Les deux Abesses en vert, Malignac, 24340 Mareuil-sur-Belle, Tel. 0033-676-828510, https://lesdeuxabbessesenvert.com
Pascal Gaudebert, Ferme équestre du Pech Merle, 46330 Cabrerets, Tel. 0033-6-11932523, www.pechmerle.fr
Guy und Olivier Segol, Ferme équestre de Mialaret, 19430 Camps St. Mathurin, Tel. 0033-5-55285009, www.fermemialaret.com

Auskunft Comité Départemental du Tourisme de la Dordogne, 25 rue Wilson, 24000 Périgueux. Tel. 0033-5-53355024, https://www.dordogne-perigord-tourisme.fr

KRÄFTIGE KERLE, GLITZERNDE KUGELN

Die Geschichte der Glasmanufakturen in Nordböhmen erzählt auch die Geschichte der Region und ihrer Erneuerung. Glas ist in Tschechien Teil der Identität.

Prag ist beliebt, laut, voll. Durch die verwinkelten Gassen trotten Besucher meist in Großgruppen. Sie lassen sich auf der Karlsbrücke mit Blick auf die Moldau malen, sie lauschen den unzähligen Straßenmusikern, wenn sie sich nicht vor den auf dem Gehsteig vorbeirollenden Segwaytruppen in Sicherheit bringen.

Und sie kommen unausweichlich am »Bohemia Cristal« vorbei: Glaskreationen glitzern in unzähligen Auslagen: grün, blau, orange, violett strahlende Gläser, Vasen, Kronleuchter. Und Glasperlen in allen Formen, Farben und Variationen. Verführerisch, knallig bis zum Überdruss. Ob am Wenzelsplatz oder auf dem Weg zum Hradschin, dem historischen Viertel auf dem Burgberg, böhmisches Glas ist das Souvenir aus Tschechien.

Das glitzernde Überangebot trübt leicht den Blick. So manche ausladende Vase, so manches verspielte Glas möchte man dann doch lieber nicht vererbt bekommen. Mit Jiří & Jiří, Landeskennern der besonderen Art, besuche ich Glashütten in Karlsbad, Lindava, Světlá nad Sázavou, Nový Bor, Šenov und Horní Dubenky, wo die gläserne Pracht nach traditioneller Handwerkskunst entsteht.

In der Glasgalerie Minea im Kurhaus von Karlsbad bekommen wir einen Vorgeschmack auf modernes Design. Die Galerie steht für Kunst am Glas, elegant und modern. Radek Stehlik, Glasproduzent und Glasschneidemeister, erklärt uns die Besonderheiten des tschechischen Glases: »Es geht um hochwertiges Glas, in der Regel mit einem hohen Anteil an Bleioxid, mindestens 24 Prozent. Daher wird es Bleikristall genannt. Diese Substanz und spezielle Herstellungsmethoden verleihen dem Glas besondere Härte, sodass es sich gut zum Feinschleifen und zum Gravieren eignet.«

Und es glitzert. Das einfallende Licht wird so gebrochen, dass regenbogenartige Farben entstehen. Eignet es sich in seiner ganzen Pracht auch zum Rotweintrinken ohne Bleivergiftung? »Klar«, sagt Stehlik schmunzelnd. »Da passiert nichts. Aber in Tschechien wird ohnehin mehr Bier getrunken.«

Es ist heiß und laut in der Fabrikhalle. Aus dem Radio schmettert Hard Rock, überall stehen Wasserflaschen herum, aber auch Bier ist in diesem schweißtreibenden Ambiente erlaubt.

Radek Stehlik bezeichnet sich selbst als begeisterten Glasmeister. Die Arbeit mit Glas scheint – nicht nur für ihn – eine nationale Berufung. »Glashütten entstanden in waldreichen Gegenden. Für die Produktion brauchte man Holz als Energie und Pottasche. Waldglas wurde dieses durch Eisenoxide grünlich gefärbte Pottascheglas genannt«, erzählt Radek Stehlik.

Das böhmische Kristallglas wird traditionell seit dem 16. Jahrhundert hergestellt, hauptsächlich in Nord- und Westböhmen. Seitdem schmücken böhmische Kristalllüster, geschliffene Glasprodukte wie Wein- und Schnapsgläser und Vasen europäische Paläste. Das erste kristallklare Glas wurde Mitte des 15. Jahrhunderts in Venedig geschmolzen, das in der Folge mit Murano-Glas als Glasmetropole Karriere machte.

»Die mitteleuropäischen Feudalherren ahmten mit einheimischem Material das künstlerische Niveau und den Komfort der italienischen Renaissance nach«, behauptet Stehlik. »In der Barockzeit wurde das böhmische Glas beliebt und bekannt: Es konnte geschliffen, geschnitten und somit noch facettenreicher bearbeitet werden.«

Weltstars und Prominente schmücken die Galerie des modern grauschwarz-weiß gestalteten Cafés in der Karlsbader Glashütte Moser: Claudia Cardinale, Gina Lollobrigida, Whoopi Goldberg, Ornella Muti, Gérard Depardieu, Robert Redford. Auch der Papst und das spanische Königspaar waren hier. Moser Glas steht für edlen Luxus.

Moser Glas ist bleifrei. Trotzdem weist es eine besondere mechanische Härte auf. Die Moser-Kunst steckt im Handschliff, in der künstlerischen Gravierung. Im Museum können wir die schönsten Exponate bewundern: beispielsweise das Hochzeitsgeschenk an die Prinzessin Elisabeth aus der Edition Splendid, den typischen Goldrandgläsern. Moser-Produkte sind bis heute offizielles tschechisches Staatsgeschenk.

Glasbläser in der Glashütte Moser in Karlsbad

Videoprojektionen erzählen die Geschichte der Glasmanufaktur. Die Brüche in der Firmengeschichte sind typisch auch für andere Glashersteller: 1893 eröffnet Ludwig Moser seine eigene Glashütte, die bald die ganze Österreichisch-Ungarische Monarchie belieferte. Schon damals gab es Moser-Niederlassungen in New York, London, Paris, Sankt Petersburg. Mit dem Einmarsch der Deutschen in die Tschechoslowakei wurde die Fabrik »arisiert« und in Glasmanufaktur Karlsbad AG umbenannt.

1945 wurde der Betrieb verstaatlicht. 1991, nach der Wende, wurde eine Aktiengesellschaft daraus. Heute ist es für Moser ein großer Erfolg, dass Amerika und Russland zu den Hauptabnehmern gehören und auch Thailand, Japan und Südkorea die Gläser mit Gravuren schätzen. Groß im Kommen sind der arabische Markt und China.

Schon seit dem 11. Jahrhundert soll es in Böhmen Glashütten gegeben haben. An der Produktion des handgearbeiteten Glases in der Luxusmanufaktur Moser scheint sich bis heute nicht allzu viel verändert zu haben. Ein bulliger Kerl in kurzen Hosen, verschwitztem T-Shirt, mit verkohltem Gesicht wuchtet das glühende Glas mit dem Hefteisen, der Stahlstange für die

Glasentnahme, aus dem Schmelzofen. Der Zweite bläst es mit der Blaspfeife, und der Glasmeister bringt es dann in die endgültige Form. 350 Arbeiter sind hier an sieben Tagen in der Woche tätig, auch feiertags, rund um die Uhr.

Lindava ist ein kleines Nest östlich von Nový Bor mit sozialistischem Plattenbau und alten böhmischen Holzhäusern. Auf dem platten Land liegt die Glasmanufaktur Ajeto. Auch diese Werkstatt kann besichtigt werden. Sie ist klein und überschaubar. Die Prozedur am Schmelzofen ist überall die gleiche. Vasen und Schüsseln werden hier in traditioneller Handarbeit hergestellt. Im kleinen Museum kann das Ajeto Art Glass bewundert werden: eine Sammlung von Gebrauchskunst, Kunsthandwerk und modernem Glas.

Touristengruppen kommen im Restaurant der Glaserei, einer restaurierten Scheune, auf ihre Kosten. Die regionalen Spezialitäten, die Knödel, das Kraut, vor allem das regional gebraute Bier, lohnen sich. Regionalbewusstsein, regionalen Konsum, regionale Wanderwege und damit regionale Entwicklung hält man auch in Tschechien hoch.

Die Firma Preciosa, auch bekannt für ihren Schmuck, stellt in Nový Šenov vor allem Kronleuchter her, vorwiegend klassisch, auch modern. Hotels, Theater, arabische Scheichs, russische Oligarchen lassen mit den traditionell produzierten glitzernden Lampen das Interieur veredeln. Schon 1743 schufen tschechische Handwerker einen imposanten Kronleuchter für Maria Theresia.

Die Entwicklung der prosperierenden Schmuck- und Glasunternehmen in Nordböhmen wurde durch den Zweiten Weltkrieg unterbrochen. 1945 schlossen sich sieben Kristallmanufakturen und achtzehn kleinere Firmen zur Preciosa Gesellschaft zusammen. Preciosa in Nový Šenov ist eine Tochtergesellschaft dieser Gruppe. Eine Studie der Universität in Liberec/Reichenberg bestätigt: »Die böhmische Glasindustrie ist nach schweren Einbrüchen wieder im Aufwind. Die Konkurrenz durch Billigimporte aus Asien sowie die Wirtschaftskrise trafen den Industriezweig hart. Die Herstellung von industriell produziertem Glas, Flachglas, Verpackungsglas und Glasfaser, auch für die Škoda-Werke in Mladá Boleslav, steigerte die Produktion. Aber auch das qualitativ hohe Glashandwerk wurde gefördert und vermarktet. Exporte und Gewinne stiegen. Im 19. Jahrhundert wurde die Glasherstellung mithilfe diverser Erfindungen industrialisiert. Doch konn-

Die von Jiří Trtík erfundenen Schleif- und Poliermaschinen der Firma Bomma

ten das Filigrane und Reine der handgearbeiteten Gläser erst nach vielen Erfindungen erzielt werden.

Für eine weitere Industrialisierung der hochwertigen Glasproduktion steht die Firma Bomma in Světlá nad Sázavou. Der Ingenieur Jiří Trtík, Besitzer der Firma, will die langen Tradition des Glascutting in einer neuen Ära fortsetzen. In Světlá nad Sázavou, der Wiege der tschechischen Glasschleiferei, wird mundgeblasenes Glas durch maschinellen Schliff veredelt. »Es ist eine industrielle Evolution«, behauptet Trtík. Die Maschine dafür, Bohemia Machine, hat er selbst erfunden. »Wir behalten die Qualität handwerklicher Arbeit, produzieren aber moderner, avantgardistisch und mit den besten tschechischen Designern«, sagt Trtík. In dem kleinen Laden der Fabrik können wir das überprüfen. Jiří, der Begleiter und Glasliebhaber, kann nicht widerstehen. Bomma-Weingläser, behauptet er, seien schön, modern und trotzdem alltagstauglich und praktisch.

Mit Design punktet auch der Hersteller Brokis in Horní Dubenky. Er fertigt anspruchsvolle Leuchten. In der Produktionshalle ist es brütend heiß, wenn aus unförmigen Klumpen von Glasmasse durchscheinende Glasballons entstehen. Hier werden Leuchten produziert, die aussehen wie Luftballons, wie die Kollektion Balloons von Lucie Koldova und Yan Effet, die Glas mit Metall vereint.

Von der Inszenierung à la Kristallwelten Swarowski in der Erlebnisdestination Tirol, die allein zwischen Mai und Oktober 2015 über 500.000 Gäste aus 60 Nationen anzog, ist man in den unspektakulären Glasmanufakturen in Lindava, Nový Šenov oder Horní Dubenky meilenweit entfernt. Hier sieht man ungeschönt die Produktion der schönen Gläser. Und der riesige bunte Scherbenhaufen auf dem Firmengelände von Brokis zeigt, wie schwierig die Herstellung von Glas eigentlich ist.

EDITH KRESTA

Anreise Mit dem Zug nach Prag und Karlsbad. Ansonsten empfiehlt sich für die kleineren Orte ein Mietwagen.

Moser In dem Werk in Karlsbad gibt es täglich Führungen durch die Produktion und das Glasmuseum: www.moser-glass.com; www.karlovyvary.cz/de

Ajeto Führungen durch das Glaswerk in Lindava inklusive Produktionsbesichtigung müssen angemeldet werden: www.ajetoglass.com

Preciosa Das Werk und die Kronleuchter des Herstellers in Nový Šenov können besichtigt werden. Seit 2015 stellt Preciosa auch den Tour-de-France-Pokal her: www.preciosalighting.com

Bomma Eine der modernsten Glasereien Europas befindet sich in Světlá nad Sázavou. Kann nach Anmeldung besucht werden: www.bomma.cz

Brokis Der Designerleuchten-Hersteller empfängt Besucher im großen neuen Schauraum in Horní Dubenky: www.brokis.cz

Liberec Die Hauptstadt Nordböhmens ist umgeben vom Isergebirge. Mit einer Kabinenseilbahn kann man von hier auf den Berg Jeschken/Ještěd fahren. Der Besuch dort, auch die Übernachtung im 70er-Jahre-Hotel auf dem Jeschken, lohnt sich: jested.cz; www.visitliberec.eu/de

Weitere Informationen Tschechische Zentrale für Tourismus: www.czechtourism.com

STEINERNE MONUMENTE

Griechenland gräbt seine antiken Theater wieder aus. Die wiederentdeckten Kulturstätten sollen ein neues Highlight für Touristen werden.

Am Anfang des Spiels war der Wein. Bevor der Mensch Komödien oder Tragödien schrieb, bevor Sophokles seine Antigone den Konflikt zwischen Gesetz und Gewissen ausloten ließ, soff der Mensch. Aus den religiösen Feierlichkeiten zu Ehren des Weingottes Dionysos entstand wohl das Schauspiel. Am Ende standen riesige Theater mit bis zu 20.000 Plätzen; Flugmaschinen, mit denen Götter am Kran auf die Bühne schwebten; Heldentum, zig innerfamiliäre Morde, und die Geburt des europäischen Theaters. Und an einem kleinen Teil dieses Ganzen steht Vangelis Pavlidis und sagt: »Wir hoffen, in ein paar Jahren werden wir fertig sein.«

Pavlidis, deutsch-griechischer Archäologe aus Unterfranken, klettert geübt voran über antiken Stein. Es ist heiß in der nordgriechischen Provinz Epirus. Um ihn herum ragt ein verstorbenes Monstrum auf, ein imposantes Gerippe, das auf brauner Erde ruht. Das antike Theater von Nikopolis. Octavian, der spätere Kaiser Augustus, ließ die Stadt und das Theater bauen – als Machtdemonstration. Die griechische Vorherrschaft im Mittelmeerraum war lange vorbei, aber nicht das Theater. Vom Theater wollte der Mensch nicht lassen.

Die Sonne brennt hoch am Himmel, ein Sonnensegel aus Leinentuch spannt sich über den Zuschauerrängen. So könnte es damals ausgesehen haben. Tausende drängen sich auf den steinernen Sitzen des Theaters von Nikopolis: Männer der weniger privilegierten Schichten im mittleren Teil, Frauen und Kinder vermutlich ganz oben. Komödien dürfen Frauen nicht besuchen, der Sexwitzchen wegen; Tragödien und Sport dürfen sie wohl sehen. Auf den vorderen Plätzen sitzen Seite an Seite die Männer aus der Oberschicht. Ihre Namen sind in den Stein ihres Stammplatzes eingraviert. Als Snack gibt es vielleicht Muscheln; unten, auf der Spielfläche, ist ein Teil der gigantischen Spiele von Actium angesetzt: Boxen, Laufwettbewerbe, Kämpfe, Kanurennen, und draußen, auf dem Golf von Amvrakikos, steht gleich eine nach-gestellte Seeschlacht auf dem Programm.

»Man kann es sich vorstellen wie Olympia«, sagt Pavlidis enthusiastisch. Seit 2012 haben die Forscher*innen das Ungetüm zurück ins Leben geholt. Alte Fotos zeigen eine gigantische Fläche von Grün; das Theater war fast völlig unter Buschwerk verschwunden. Einzelne Steine ragten heraus wie Überreste eines Wracks in einem grünen Meer. Heute steht das Halbrund wieder frei in der kargen Landschaft. Die roten Ziegel, von Anwohner*innen einst freudig als günstiges Baumaterial genutzt, deuten bis heute die runden Bögen an, die elegant das Theater umgaben. In ihrem Schoß liegen wie zerbrochene Knochen die Zuschauerränge. Und in der Ferne schimmert türkisfarben der Golf von Amvrakikos. Es ist sehr still. Die Vergangenheit ist zurück.

»Monumente brauchen Menschen, um zu überleben«, schreibt die Organisation Diazoma, die sich für den Erhalt griechischer Theater einsetzt. »Unseren Monumenten fehlt es heute an Menschen.« Diazoma, gegründet 2008, ist ein Krisenkind. Einen tiefen Graben habe es damals gegeben zwischen den Archäologen, den lokalen Parlamenten und der Bevölkerung vor Ort. Und natürlich gab es eine andere griechische Tragödie, die noch sehr jung ist: die Wirtschaftskrise. Wenn es aber um Theater geht, ist kein Bittsteller am Rande Europas. Sondern Pionier.

Griechenland also gräbt aus. Von rund 125 antiken Theatern wurden nach Angaben von Diazoma allein zwischen 2008 und 2018 etwa 55 ausgegraben oder erforscht. Insgesamt rund 25 Millionen Euro EU-Gelder flossen in die Projekte. Allein 37 Millionen Euro soll die neue Kulturroute zwischen fünf Theatern in Epirus kosten, zu denen auch das Theater von Nikopolis gehört. Restaurants und lokale Angebote sollen von der Kulturroute profitieren.

»Monumente müssen ein Herzstück nachhaltiger Entwicklung in sein«, so Diazoma. Eine genuine Bürger*innenbewegung ist das hier nicht: Initiator ist der ehemalige griechische Kulturminister Stavros Benos. Eine neue, bürgernahe Archäologie erträumt er sich, von der die Kommunen profitieren. Es gibt symbolische Adoptionen von Theatern, transparente Finanzen, Auflistung der Fortschritte, Crowdfunding. Und Hoffnung.

Ein leichter Nebel liegt in der Luft, der die Farben milchig werden lässt. Das Meer, die Berge, alles ist etwas blass. Die Landschaft ist rau hier in der

Das antike römische Theater von Nikopolis

nordwestlichen Region Epirus: Karge Berge ragen im Landesinneren empor, an deren Hänge sich dichte, niedrige Kiefern- und Tannenwälder drücken. Im Flachland wachsen Olivenbäume und Zypressen, und manchmal ist die Luft erfüllt vom Geruch frischen Rosmarins. Es ist eine wilde, einsame Ecke mit pittoresken Dörfern, steilen Höhen, Marschlandschaften voller Flamingos und Pelikane und mit Gipfeln, die eher an den Balkan erinnern als an den Mittelmeerraum. Und es ist auch eine zurückgebliebene. Die Arbeitslosenquote lag 2019 bei 21 Prozent, Epirus ist eine der ärmsten Gegenden des Landes. Ausgerechnet alte Steine sollen Geld bringen.

Schon lange haben die Steine die Menschen angezogen. Die ersten europäischen Touristen besuchten ab dem 17. und 18. Jahrhundert die Überreste griechischer Theater. Manche ritzten wie pubertierende Schüler ihre Namen in die Gemäuer. Die eindrucksvolle Ästhetik des Verfalls ist geblieben, aber die Konkurrenz touristischer Attraktionen ins Unendliche gewachsen. Die Instagrammer, die für diese Tour geladen wurden, seufzen unisono leise, alte Theater wolle ihre Kundschaft eigentlich nicht sehen. Auch viele der eingeladenen Journalist*innen finden, man könne der Leserschaft unmöglich

Der Marktplatz von Kassope

nur Steine vermarkten. Antike griechische Stätten werden ihr Senior*innen-Image nur schwer los.

»Je offener eine archäologische Stätte für die Öffentlichkeit ist, desto mehr wird sie geschützt«, schreibt der Komponist Giorgos Kouroupos, der Diazoma mit bewirbt. Es ist ein mutiger Weg, aber eine Gratwanderung: Pompeji, Machu Picchu oder die Cheops-Pyramide zeigen, dass Offenheit nicht immer schützt. Sie kann auch schaden. Andererseits: Was niemand kennt, ist niemandem den Schutz wert. Und inmitten greller Dinge der Moderne sind antike Monumente auch eine Ode an die Vorstellungskraft, an die Macht der Fantasie. Aus ein paar Brocken entsteht im Geiste ein Haus, ein Theater. Und manchmal eine ganze Stadt.

Dimitra Drosou, Archäologin und Tourführerin, weist den Weg durch Kassope. Ihre Stadt, eigentlich nur eine Ansammlung von Steinfundamenten auf einem Bergplateau. Kassope war ein blühender Ort, bevor die Römer es zerstörten. Die Sonne geht am Rande des Bergplateaus unter. Und die steinernen Fundamente von Kassope sind so detailliert, dass sie die Stadt zurück ins Leben bringen. Hier der Marktplatz mit den Läden, gesäumt von Statuen der wichtigen lokalen Familien. Rechts die Bänke, auf denen die Bürger*innen dem Treiben zusahen. Vorne der Altar des Zeus. Auch die Hauptstraße ist noch erhalten, die eine Hälfte gepflastert für Fußgänger, die andere ungepflastert für Fuhrwerke und Vieh. Und ganz am Ende am Hang liegt das große Theater mit 6.000 Plätzen.

Trotz vieler Forschungen ist letztlich wenig bekannt über das Theater außerhalb von Athen. Auch über dessen Werke. »Man schätzt, dass von der antiken griechischen Literatur ein Prozent überliefert ist«, sagt der in Griechenland basierte Archäologe Heinrich Hall. »Und fast alles stammt von Männern der Athener Oberschicht.« Wie genau gespielt wurde, ob es Eintritt kostete und wie bekannt Schauspieler werden konnten, all das lässt sich nur mutmaßen.

Manchmal aber helfen Details weiter. Hall berichtet von einer Vase, die einen griechischen Schauspieler mit Namen zeigt. Sie wurde in einem sizilianischen Grab gefunden. »Das zeigt, dass Schauspieler im ganzen Mittelmeerraum berühmt werden konnten.« Archäologin Dimitra Drosou, selbst Amateurschauspielerin, steht in der Mitte des Theaters und ruft laut über die Ränge. »Ich wünsche mir, dass wir es eines Tages wieder für Aufführungen herrichten können.« Mancherorts gibt es das.

Das Odeon des antiken Nikopolis sieht aus wie aus einem Katalog. Keine zerbröselten Sitzbänke, keine von Erde verschütteten Reihen, keine fehlende Hälfte. Ein nahezu perfekt erhaltenes Theater; mit viel menschlicher Nachhilfe. Das Theater wurde offensiv restauriert: Die Sitzreihen sind erneuert und glatt poliert, eine neue Bühne ist aufgestellt. Wie viel Mensch verträgt die Archäologie?

Den Instagrammern gefällt es. Und waren die Theater nicht immer ein Prozess, an dem jeder etwas hinzufügte, die frühen Griechen, die späteren Griechen, die Römer? Im Sommer gibt es jetzt im Odeon wieder Theaterstücke. Bei der lokalen Bevölkerung kommt das gut an, wenn auch offenbar mit Geschmacksdifferenzen. »Die Leute würden am liebsten nur Folklorestücke sehen«, sagt müde lächelnd Vangelis Pavlidis, der Unterfranke. »Aber wir achten schon darauf, dass das hier einen gewissen Anspruch hat.« Vergangenheit ist vergänglich: Im Odeon von Athen spielten schon die Foo Fighters.

Alina Schwermer

Die Anreise von Deutschland nach Epirus mit öffentlichen Verkehrsmitteln ist auf zwei Routen möglich. Von Dresden aus fährt das bulgarische Fernbusunternehmen Union Ivkoni ohne Umstieg nach Thessaloniki, unter anderem über Prag, Bratislava und Sofia. Das lässt sich wunderbar mit einem osteuropäischen Städtetrip verbinden für alle, die die happigen 27 Stunden Fahrt nicht an einem Stück zurücklegen möchten. Von Thessaloniki geht es dann gute zweieinhalb Stunden mit dem Zug nach Palaeofarsalos und weiter nach Kalambaka. Das letzte Stück zur Provinzhauptstadt Ioannina fährt ein Bus in etwas über zwei Stunden.

Die zweite Route Diese sehr schöne Route führt über Italien. Von Deutschland aus lässt sich mit dem Zug sehr angenehm in etwa 15–20 Stunden nach Bari in Süditalien fahren, zumeist über die Schweiz. Knotenpunkte zu Umstiegen sind etwa Basel, Zürich, Mailand und Bologna. Auf einem Teil der Strecke verkehren auch Nachtzüge (Achtung: Schlafabteil buchen – sonst gibt es nur einen Sitzplatz). Sowohl von Bari als auch von Brindisi aus existiert ein zügiger und unkomplizierter Fährverkehr nach Igoumenitsa, wo die Kulturroute beginnt. Eine Überfahrt dauert acht bis zehn Stunden und kostet 80 Euro.

Die Kulturroute Die Theater von Epirus und die Kulturroute, die sie verbindet, sind bei der Organisation Diazoma verzeichnet, auf www.diazoma.gr; die Seite bietet Infos auch auf Englisch und auf Französisch. Die Route verbindet die antiken Stätten Dodona, Gitana, Amvrakia, Kassope sowie das Römische Theater von Nikopolis und formt einen 344 Kilometer langen Kreis, der von der imposanten Bergwelt bis zur lieblichen Küste und zurück führt. Achtung: Es gibt keinen ausgeschilderten Wanderweg. Wer die Theater zu Fuß erwandern möchte, muss sich die Route mit Google Maps und netten einheimischen Ratschlägen selbst zusammenstellen.

DIE GANZE GESCHICHTE ERZÄHLEN

Welche neuen, nachhaltigen und reflektierten Initiativen gibt es im Städtetourismus?
Ein Rundgang durch Amsterdam mit Tours That Matter

Der Ort ist wie geschaffen, um einen Joint zu rauchen. Ein schattiger Innenhof zwischen Wohnhäusern, lauschig, doch weitläufig genug, um wie ein kleiner Park zu wirken. Hohe Bäume, Bänke, ein wenig abseits vom Trubel entlang der Grachten – doch was, bitte, ist das? Rot umrandete Verbotsschilder untersagen nicht nur, wie überall im Zentrum der Stadt, den Konsum alkoholischer Getränke, sondern auch von Cannabis. Und das in Amsterdam? Ausgerechnet?

Genau hier setzt Tourguide Berber Hidma zu ihren Ausführungen an, wie in den Niederlanden ab Mitte der 1970er Haschisch und Marihuana entkriminalisiert wurden. Nicht vollständig, aber genug, um zu einem der Ausgangspunkte des *hippie trail* zu machen und dann zum Mekka von THC-Liebhabern aus aller Welt. »Von überall kamen Menschen, um hier Freiheit zu erfahren«, sagt sie und ergänzt das allseits bekannte Klischee der niederländischen Hauptstadt: »Mit Freiheit geht auch Verantwortung einher. Du kannst nicht einfach tun und lassen, was du willst, nur weil du in bist. Hier wohnen auch Menschen!«

Zwei Stunden vorher: Berber und die Gruppe, die sie heute durch die Stadt führt, treffen sich im Foyer des Student Hotel am Rand des Zentrums: sechs Austauschstudent*innen, die meisten sind erst seit einigen Tage in den Niederlanden, alle um die 20. Drei von ihnen kommen aus Dänemark, die anderen aus der Ukraine, Belarus und der Slowakei.

»City of Freedom« heißt die Tour, zu der sie sich angemeldet haben. »Wir werden euch die wirkliche Geschichte erzählen«, kündigt sie an, bevor die Gruppe sich auf ihre Leihfahrräder schwingt und entlang der Amstel in die Innenstadt rollt.

Wir, das ist in diesem Fall Tours That Matter, ein junges, äußerst agiles Unternehmen, das in der überlaufenen niederländischen Hauptstadt am Gesicht des zukünftigen Tourismus feilt. Berber und ihre Kolleginnen Anouschka und Katjalisa arbeiteten einst bei einem großen kommerziellen Anbieter in Amsterdam. Unzufrieden mit Inhalten und Ansatz, kündigten sie und gründeten vor einigen Jahren TTM. Das Motto: »Touren als Mittel zur Veränderung«. Was unter dieser ambitionierten Ansage zu verstehen ist, sollen die nächsten Stunden zeigen.

»Was wisst ihr über Amsterdam?« Mit dieser Frage bricht Berber, die Jura studierte, eine Theaterschule besuchte und als Storyteller auftritt, nicht nur das Eis. Gleich beim ersten Stopp, vor dem Stadthaus an der Amstel, das auch die Oper beherbergt, übergibt sie damit der Gruppe das Steuer und signalisiert: Ihr seid nicht nur hier, um zuzuhören, sondern um euch auszutauschen, aktiv einzutauchen in die Umgebung, in der ihr ein oder mehrere Semester leben werdet.

Die Antworten liefern reichlich Anknüpfungspunkte: »Freiheit, homofreundlich, Gras, mehr Fahrräder als Leute, regnerisch, vom Meeresspiegel bedroht.« Berber weist auf das Rathaus und spricht von der weltweit ersten Homo-Ehe, die hier 2001 geschlossen wurde. Und sie erzählt von der Kolonialgeschichte.

»Wir entdeckten Australien und Neuseeland, Brasilien und Surinam, kolonisierten Indonesien und begingen dort furchtbare Verbrechen. Und wir hatten eine nordamerikanische Kolonie – weiß es jemand? New York! So viel zum Einfluss von Amsterdam!« Es deutet sich an dieser Stelle schon an, dass die Website von TTM nicht nur schöne Worte beinhaltet. »Die Geschichte verstehen, um sich die Gegenwart zu eigen zu machen und eine positive Zukunft zu schaffen«, heißt es dort.

In Zeiten wie diesen ist so etwas natürlich auch anschlussfähig für einen von Bewusstsein säuselnden Spätkapitalismus. Doch nicht mit Berber, die diesen Ansatz »mein geistiges Kind« nennt. »Da steckt sehr viel Liebe drin«, sagt sie ohne jedes Pathos und betont: »Ich hatte dabei keine Marktlücke im Auge!« An einer Gracht mit Sicht auf den Universitätscampus berichtet sie, wie das Reisen ihren eigenen Blick weitete und gesellschaftliches Bewusstsein, etwa durch Arbeit mit Geflüchteten, darin mehr Raum einnahm. Mehr

Auch in Amsterdam ist nicht überall der Konsum von Cannabis erlaubt.

und mehr prägte das auch die Inhalte, die sie auf ihren Führungen vermitteln wollte.

Inzwischen hat sie dafür allen Raum: Im Uni-Gebäude, berichtet sie, war einst das Hauptquartier der Ostindien-Kompanie VOC. Der Gruppe sagt das wenig, nur eine Teilnehmerin hat darüber mal etwas gehört. »Auf der anderen Seite der Gracht wurde quasi der Aktionärskapitalismus geboren. Die Amsterdamer investierten in die VOC, und wie die ihre Profite machte, mit Sklavenhandel und Ausbeutung, interessierte hier niemanden.« Immer nuancierter wird das Bild, das sie von ihrer Stadt entwirft: Auf der einen

Blick ins berühmt-berüchtigte Rotlichtviertel

Seite stehen Kolonialismus und Unterdrückung, auf der anderen Toleranz und Religionsfreiheit. Es ist nicht so, dass diese Gegensätze nun noch vertieft werden. »Man muss je nach Gruppe ein bisschen fühlen, wie weit man geht«, so Berber unterwegs zwischen zwei Stopps. TTM bietet durchaus Touren zu sehr spezifischen Themen an: Fair Trade, Gegenkultur, urbane Landwirtschaft oder Migration. Die heutige ist eine Art Übersicht, ein erstes Beschnuppern der neuen Stadt für Menschen, die hier einige Monate oder Jahre verbringen werden.

Im Laufe des mehrstündigen Rundgangs durch die Innenstadt nimmt die Interaktion mit den Student*innen zu. Vor allem, als es um das Rotlichtviertel geht, eines dieser durchaus ambivalenten Symbole Amsterdamer Freiheiten. Die Gruppe bleibt außerhalb stehen, denn Führungen sind nicht mehr erlaubt, seit die Kommune den touristischen Ansturm im Zentrum beschränken will. »Wart ihr schon mal dort?«, will Berber wissen. »Wie fandet ihr es?« Einer der Däninnen waren die Schaufenster-Bordelle ein wenig zu offensiv. Dascha, die aus Minsk kommt, landete zufällig mit ihrer Mutter dort, als diese sie besuchte.

Nach drei Stunden endet die Tour vor der Centraal Station – genau dort, wo so viele Besucher*innen mit Rollkoffern und oft stereotypen Vorstellungen von Amsterdam täglich ankommen. Anna-Maria aus Bratislava sagt zum Abschied, dass es ihr gefallen hat, in einer so touristischen Stadt nicht nur die Standardattraktionen zu besuchen. Dascha ergänzt: »Wir haben nicht nur Gebäude gesehen, sondern auch etwas über ihren Kontext erfahren.« Helena, einer der Kopenhagenerinnen, hat sich besonders die Verbindung zwischen Uni und VOC eingeprägt. Allgemein bleibt der Tenor, nun auf eigene Faust losziehen und erkunden zu wollen.

Auch Berber ist zufrieden. »Für Austausch-Student*innen ist es wichtig, dass sie nicht nur in ihrer Blase hängenbleiben, sondern eine Beziehung zu dieser Stadt aufbauen können.« Womit sie beim Thema ist: Genau diese Beziehung ist das, was Tours That Matter meinen, wenn sie von »positiven Auswirkungen« auf das touristische Ziel sprechen: ein Bewusstsein wecken für die sozialen, politischen, ökologischen Begebenheiten vor Ort. »Man verhält sich anders in einer Stadt, wenn man weiß, dass Menschen mit einer Geschichte dort wohnen. Beim Entwerfen einer Tour achten wir darauf, dass die Stadt einen Vorteil davon hat.«

Den verschiedensten Zielgruppen haben Berber und ihre Kolleginnen diesen Ansatz inzwischen nahegebracht: Anwälten aus dem Geschäftsviertel, einer jordanischen Handelsmission, internationalen Tourismusforscher*innen, Student*innen aus In- oder Ausland. Berber ist von ihrem Konzept überzeugt wie eh und je: »Jede Tour, die wir machen, ist Pionierarbeit. Aber es funktioniert auch, denn bei einem bin ich mir ganz sicher: Niemand besucht doch einen Ort, um einen schlechten Einfluss auf ihn zu haben?«

TOBIAS MÜLLER

Anreise Direkte ICE fahren von Frankfurt über Köln und Düsseldorf sowie Berlin. Wer billiger reisen will: mit Regionalzügen von Düsseldorf nach Venlo oder Arnhem, dort weiter mit der niederländischen Bahn. Es gibt auch eine, allerdings zeitintensive, Verbindung von Bremen über Ostfriesland und Groningen. Außerdem Flixbus-Verbindungen in viele deutsche Städte.

Tours That Matter https://www.toursthatmatter.com

ÖKOLOGISCH & GUT
Regionen, Projekte und Ideen

Der Poulnabrone-Dolmen im irischen Burren

EIN EUROPÄISCHER WANDERKORRIDOR

Friedenssymbol und ausgezeichnetes Biotop: Das »Grüne Band« entlang des ehemaligen Eisernen Vorhangs soll weiter wachsen.

In der Mitte Europas: An der Grenze zu Tschechien, wo einst das Salz von Bayern nach Böhmen transportiert wurde, präsentiert der BUND sein Projekt »Quervernetzung Grünes Band«. Im Freilichtmuseum von Finsterau wird dieses BUND-Projekt vom Bundesumweltministerium (BMUV) und vom Bundesamt für Naturschutz (BfN) als eines der drei besten Best-Practice-Projekte der UN-Dekade zur Wiederherstellung von Ökosystemen in Deutschland ausgezeichnet.

Hier bei Finsterau im Bayerischen Wald verlief der »Goldene Steig«, ein Handelsweg, der Böhmen mit der Donau verband. Dabei mussten auf dem Weg nach Passau der Mittelgebirgszug des Bayerischen Waldes und auf dem Weg nach Linz der Mittelgebirgszug des Böhmerwaldes, tschechisch Šumava, überquert werden. Der »Goldsteig« ist heute ein vom Deutschen Wanderverband ausgezeichneter Qualitätswanderweg. Er gehört zu den Top Trails of Germany und zieht sich von Marktredwitz bis Passau.

Lange Jahre war der Grenzgang nach Tschechien bei Todesstrafe verboten. Der Eiserne Vorhang hatte jahrhundertealte Verbindungen dieser einst belebten Region gekappt. Genau hier an diesem Grenzstreifen beginnt das Grüne Band Europa. Seit 2003 arbeiten 24 Länder daran.

Das Grüne Band wurde auf Initiative des BUND Naturschutz in Bayern e. V. kurz nach dem Mauerfall 1989 zunächst für Deutschland ins Leben gerufen. Es bezeichnet den Geländestreifen zwischen ehemaliger innerdeutscher Grenze und den Grenzanlagen auf östlicher Seite. Der 1.393 Kilometer lange Geländestreifen ist nur 50 bis 200 Meter breit. Er soll als Grüngürtel erhalten bleiben. Von oben betrachtet, schlängelt sich dieser schmale Streifen an manchen Stellen wie ein grüner Wurm durch die angrenzenden Felder

Ein Schild weist in der Nähe des thüringischen Geismar auf das »Grüne Band« entlang der ehemaligen Grenze hin.

intensiver Landwirtschaft. Doch es ist der größte Biotopverbund Deutschlands. Auf seinen Flächen mit den dazugehörigen über 150 Naturschutzgebieten kommen mehr als 1.200 in Deutschland bedrohte Tier- und Pflanzenarten vor. Balzende Moorfrösche, Warzenbeißer, Kiebitze.

Nach dem Projektstart Quervernetzung Grünes Band 2020 wurden deutschlandweit rund 500.000 Quadratmeter Fläche durch Ankauf oder langjährige Pacht gesichert. »Die Idee ist, das Grüne Band mit der umgebenden Landschaft zu verbinden. Das Grüne Band als Rückgrat und davon ausgehend naturbelassene Rippen«, sagt Tobias Windmaißer, Projektmanager vor Ort. Hier im Grenzgebirge mit seinen Wäldern, Mooren, Bergbächen und einstigen Hochweiden ist die Quervernetzung zum Nationalpark vielversprechend. Dieser ist ohnehin ein Biodiversitäts-Hotspot.

Der Biologe Windmaißer führt angereiste Naturschützer und Gäste der Preisverleihung zu einem vom BUND gepachteten Landschaftsstreifen hinter Finsterau. Dort wurden Arnika und Teufelskralle angepflanzt, Reptilienriegel für Kreuzotter und Bergeidechse angelegt. Fichten wurden gefällt. Die alte Kulturlandschaft, beweidete Flächen, soll wiederhergestellt werden und ein Biotopverbund für die genetische Vielfalt der Waldbirkenmaus.

Die Flächen sind kleinteilig: manchmal steil, manchmal nass. »Man braucht oft Spezialmaschinen, um diese zu bewirtschaften. Und dafür muss man erst einmal jemand finden, der die Bewirtschaftung übernimmt und nicht allzu weit weg wohnt«, sagt Windmaißer: »Sonst wird es teuer.« Viele kleine Betriebe mit geeigneten Maschinen hätten aufgehört. »Wir versuchen, möglichst viele Landwirte einzubinden und ihnen Aufträge zu geben, damit sie mit der Bewirtschaftung weitermachen. Wir wollen Landwirte und Landschaftspflege vernetzen. So passiert etwas in der Region.«

In der Nachkriegszeit dämmerte die Grenzregion abgeschieden zwischen Ost und West dahin. Bis 1970 eine Pionierleistung den Bayerischen Wald zu einem neuen Thema machte: Es entstand der erste deutsche Nationalpark. Ausgetüftelt und propagiert hatten diese Idee der bekannte Frankfurter Zoodirektor Bernhard Grzimek und Hubert Weinzierl, damals Vorsitzender des Bundes Naturschutz (BUND) in Bayern. Erster Leiter des Nationalparks wurde Hans Bibelriether, der sich engagiert der Verwirklichung internationaler Schutzziele verschrieb.

Nachdem der Eiserne Vorhang gefallen war, erklärte Tschechien 1991 den angrenzenden östlichen Teil des Waldes zum noch viel größeren Nationalpark Šumava: ein Ansporn für Bayern, ab 1997 auch seinen Nationalpark flächenmäßig zu verdoppeln. Gemeinsam ist dieses Gebiet heute das größte zusammenhängende Waldgebiet Mitteleuropas. Hinzu kam, dass mit dem Niedergang der Holzwirtschaft und der Glaswarenindustrie, die hier mit Marken wie Schott Zwiesel oder Nachtmann heimisch ist, der Tourismus als neuer Wirtschaftsfaktor einspringen konnte.

Im Sommer sind es nun die Wanderwege, im Winter die Loipen, die dieses steinalte Gebirge im Dreiländereck von Deutschland, Tschechien und Österreich verbinden. Langlauf ist eine Domäne des Bayerischen Waldes. In den Statistiken hängen die hiesigen Dörfer die Alpengemeinden regelmäßig ab, sowohl bei den kältesten Temperaturen als auch bei der Dauer der Schneebedeckung.

Der Nationalpark wirkt als Modernisierungsschub. Wie auch das Thema Wellness: Wo der Luchs wieder jagt, mag man sich auch mit natürlicher

Ein ehemaliger Wachturm im Grenzmuseum Sorge am Rande eines Kolonnenwegs aus Lochplatten direkt am »Grünen Band« Sachsen-Anhalt.

Kräuterkosmetik und entspannter Massage im guten Hotel verwöhnen lassen. Hotels, die auf Wellness setzen, können sich über immer mehr Besucher freuen.

Liana Geidezis ist seit 1998 Leiterin des BUND-Fachbereichs Grünes Band. Die amtliche Auszeichnung ihrer Bemühung um Artenvielfalt hier im Freilichtmuseum von Finsterau weiß sie zu schätzen. Sie freut sich über die Anerkennung Best Practice für das Quervernetzungsprojekt, die auch »eine offizielle Unterstützung unseres Dauereinsatzes für eine Vision« bedeutet. »Was mich bei meinen jahrelangen Bemühungen für das Grüne Band am meisten überrascht hat, war die positive Entwicklung auf europäischer Ebene. Und dass wir erreicht haben, dass ab 2003 keine Bundesflächen mehr am Grenzstreifen verkauft werden durften. Das waren immerhin 50 Prozent des Grünen Bandes. Es war der Grundstein, dass das Grüne Band erhalten blieb.«

Ihr Ziel heute: das Grüne Band soll UNESCO-Weltnatur- und -kulturerbe werden. »Der ehemalige Todesstreifen ist nicht nur als Biotop interessant. Er hat einen wichtigen kulturhistorischen Hintergrund. Es gibt zwar die Gedenkstätte Point Alpha in der Rhön oder das Grenzlandmuseum im Eichsfeld zwischen Thüringen und Niedersachsen, aber die Kulturseite hätte sich stärker engagieren können. Nicht nur Grenztürme sind verschwunden. Es sollen nicht nur die Biotope erhalten bleiben, sondern auch die Erinnerung«, sagt Liana Geidezis.

Wo einst der Schrecken herrschte, grünt neue Hoffnung. Hubert Weiger war von Dezember 2007 bis November 2019 Vorsitzender des Bunds für Umwelt und Naturschutz. Das Grüne Band ist auch sein Projekt. Als Michail Gorbatschow 2002 die Schirmherrschaft des Europäischen Grünen Bandes übernahm, war er wesentlich beteiligt. Vom Nordkap über Finnland, das Baltikum, Deutschland, Österreich, Slowenien bis zum Schwarzen Meer – am Grünen Band wird überall in Europa gebastelt. Auf 12.500 Kilometern entsteht ein Lebensraumverbund.

»Die Idee hat Fuß gefasst«, sagt Weiger im Museum in Finsterau. »Es gibt einen Verein zum Schutz des Grünen Bandes Europa. Und Initiativen in allen Ländern. Und wir haben inzwischen eine ganze Reihe von grenzüberschreitenden Nationalparks. Die EU unterstützt seit letztem Jahr die Vernetzungsarbeit der Gruppen vor Ort finanziell.«

Weiger betont die Bedeutung des Grünen Bandes in Zeiten des Klimawandels »als Wanderkorridor für Tiere, die auf kühlere und feuchtere Lebensräume angewiesen sind«. Das Grüne Band hat zentrale Bedeutung nicht nur, um vorhandene Lebensräume zu schützen, sondern als Wanderkorridor. Deshalb sei die Quervernetzung wichtig. Seine Erfahrung sei, dass man mit dem Grünen Band nicht nur einen Lebensraum für Tiere und Pflanzen schaffe, sondern auch für Menschen. »Das Grüne Band hat die Menschen beiderseits der Grenzen zusammengeführt. Austausch, gemeinsame Aktivitäten. Man wächst zusammen«, sagt Weiger.

Doch es ist ein empfindliches Friedenssymbol. »Russland und Finnland haben im Naturschutz am Grünen Band hervorragend zusammengearbeitet«, weiß Weiger. »Nach Kriegsbeginn in der Ukraine ist alles gestoppt, auf Eis gelegt.« Sehr aufmerksam verfolge hingegen Südkorea die Idee des Grünen Bandes. Die demilitarisierte Zone zwischen Nord- und Südkorea hat viel Ähnlichkeiten mit dem Grenzstreifen. Sie könnte auch dort zum Friedenssymbol werden.

Edith Kresta

Der Weg Entlang des ehemaligen Eisernen Vorhangs auf dem früheren Todesstreifen entsteht ein Rad- und Wanderweg, auf dem man europäische Geschichte, Politik, Natur und Kultur im wahrsten Sinne des Wortes erfahren kann. Am Europa-Radweg Eiserner Vorhang (Iron Curtain Trail) sind 20 Länder beteiligt, darunter 15 Mitgliedstaaten der EU. Beginnend an der Barentssee, verläuft der Rad- und Wanderweg an der Westgrenze der ehemaligen Warschauer-Pakt-Staaten bis zum Schwarzen Meer. Man radelt an der norwegisch-russischen und finnisch-russischen Grenze entlang bis zur Ostsee und passiert dort die Küstenstreifen von Russland, Estland, Lettland, Litauen, Kaliningrad, Polen und der ehemaligen DDR.

Buchtipp Michael Cramer: Reihe »Europa-Radweg Eiserner Vorhang«, 4 Bände, Spiralbindung, Esterbauer Verlag

Wandern am Grünen Band Es ist kein gut ausgebauter Wanderweg, man bewegt sich eher auf den Resten der Vergangenheit, teilweise ist das Grüne Band unsichtbar. Orientierung bietet in Deutschland der DDR-Kolonnenweg aus Betonteilen. Allerdings ist auch er nicht überall erhalten. Die Infrastruktur ist insgesamt eher schwach. Man sollte sich vorher über Unterkünfte informieren und einen guten Wanderführer dabeihaben, etwa die Bücher von Anne Haertel: »Grünes Band. Der Süden« und: »Grünes Band. Der Norden«, Trescher Verlag.

BLAUER HIMMEL?
NICHT BEI UNS

Im österreichischen Nationalpark Gesäuse setzt man nicht auf schönes Wetter, sondern auf die schroffe Schönheit der Berge – und den Glanz der Sterne.

Johnsbach im Gesäuse hat viele Hochs und Tiefs erlebt. Das Aufkommen des Alpinismus vor 140 Jahren. Den Ansturm der »jungen Wilden« aus Wien und Graz in der Zeit zwischen den Weltkriegen, als es als heldenhaft galt, sich so mit den Naturgewalten zu messen, dass es nur zwei Ausgänge geben konnte: Sieg oder Untergang. Den Kampf um den Nationalpark Ende der 1990er-Jahre, den die Gegner*innen zum Streit »Kultur gegen verwilderte Natur« stilisierten. Heute sind es die Coronapandemie und ihre Folgen, die das Dorf mit seinen 150 Einwohner*innen beschäftigen.

Einerseits hat der Drang, sich zu bewegen und dabei möglichst viel Platz zwischen sich und andere zu bringen, dazu geführt, dass mehr Menschen in die Natur flüchten. Andererseits sind darunter auch immer wieder Städter*innen, die nicht nur ihre leeren Flaschen und Plastiktüten an den Stationen der Themenwege oder im Geschiebe des Johnsbaches hinterlassen. Sie stellen auch das sonst meist so gute Miteinander von Dorfbewohner*innen und Gästen infrage.

Solche Gäste nerven, sagt Ludwig Wolf. Der mächtige Mann mit den buschigen Augenbrauen und der kleinen Lücke zwischen den Schneidezähnen – Altbürgermeister des Dorfs, das 2015 in der Gemeinde Admont aufging – betreibt einen von drei Gasthöfen im Nabel des Nationalparks. Mit einer Katasterfläche von fast 100 Quadratkilometern ist es das am dünnsten besiedelte Gebiet im ganzen Land – und macht mehr als die Hälfte der Nationalparkfläche aus. Das Dorf erstreckt sich vom tiefsten Punkt zwischen den Gebirgsmassiven der Hochtorkette und der Reichensteinkette, der Hartelsgrabenbrücke über die Enns auf 521 Metern bis zum höchsten Gipfel, dem 2.369 Meter hohen Hochtor. »Hohe Reliefenergie« nennen Geolog*in-

Der Große Ödstein bei Johnsbach im Nationalpark Gesäuse

nen diese schroffen Höhenunterschiede zwischen Berg und Tal. Zwischen den immer wieder beinahe senkrechten Kletterwänden ziehen sich steinige Wanderwege, teils an schäumenden Wildbächen entlang, immer wieder durch Geschiebe, das die eiszeitlichen Gletscher hinterlassen, und Geröll, das Lawinen oder die Bäche mit abwärtsgerissen haben. Es ist eine wilde, ursprünglich anmutende Gegend.

Wolf habe »damals sehr für den Nationalpark gekämpft«, sagt Andi Hollinger, der das selbst nicht miterlebt hat. Aber als heutiger Leiter der Kommunikation ist er natürlich firm in der Geschichte des Schutzgebiets und kennt nicht nur die Berichte, sondern ist auch in regelmäßigem Kontakt mit den Kooperationspartnern. Nach ersten Anläufen Ende der 1950er-Jahre wurde der Nationalpark 2002 endgültig umgesetzt, als letztes der sechs österreichischen Schutzgebiete dieser höchsten Kategorie, 2008 bekam die damals noch eigenständige Gemeinde als eine der ersten den Titel »Bergsteigerdorf«.

35 Dörfer in Österreich, der Schweiz, Slowenien, Italien und Südtirol umfasst die Bergsteigerdorf-Initiative derzeit. Getragen wird sie von den Alpenvereinen dieser Länder. Die Idee war und ist, die sogenannte Alpenkonvention fassbar zu machen, jenen völkerrechtlichen Vertrag der acht Alpenstaaten, der die nachhaltige Entwicklung im höchsten innereuropäischen Gebirge voranbringen soll. Weil man sich in zu vielen Dörfern seit den Anfangsjahren des Alpintourismus immer stärker dem Wintertourismus verschrieben hatte, sind vielerorts die Hänge planiert und entwässert, Speicherseen in den Berg gesprengt, Seilbahnen und Hotels gebaut worden. Zugleich blieb dabei die ansässige Bevölkerung auf der Strecke, wurde in einen »Erschließungs-Kapital-Kreisel« hineingesogen, wie es Wolf nennt. Um die Marke Bergsteigerdorf können sich nur Orte mit alpinistisch besonders interessanten Gebieten bewerben, die eine sanftere Entwicklung genommen haben und eine Bevölkerung aufweisen, die nicht nur bereit ist, sich für einen nachhaltigen Tourismus zu engagieren, sondern auch etwa die Berglandwirtschaft entsprechend auszurichten.

In Johnsbach vermischen sich in guten Zeiten Einheimische und Gäste in den drei Gasthöfen, essen und trinken zusammen, und dann »rennt der Schmäh«, wie man hier sagt. Man trifft Bekannte, Menschen, die man bei frü-

Bergsteiger bei Johnsbach – das Gesäuse gilt als »Universität des Kletterns«.

heren Touren kennengelernt, mit denen man schon zusammengesessen hat, oder auch einfach Menschen, mit denen man zunächst nur die Begeisterung für das Gesäuse teilt.

Naturfotograf*innen und Sternegucker*innen beispielsweise. Denn Johnsbach ist ganz offiziell der dunkelste Ort in Österreich – und die nicht vorhandene Lichtverschmutzung ist nicht nur gut für nachtaktive Insekten und Zugvögel. Sie bedeutet auch, dass nachts bei klarem Himmel so viele Sterne zu sehen sind wie kaum irgendwo anders. Allerdings braucht es dafür auch ein wenig Glück. Denn richtiges Gesäusewetter kommt eher bedeckt daher, weshalb selbst auf den Werbeprospekten des Nationalparks statt blauem Himmel spektakuläre Wolkenformationen zu sehen sind, die dem schroffen Zickzack der Gipfel einen sich ständig wandelnden Rahmen geben.

Ohnehin ist die Hauptattraktion des Bergsteigerdorfes sein Netz an Kletterrouten. Denn obwohl es durchaus zahme, wenn auch selten ganz anspruchslose Wege gibt, ist doch der größte Teil Bergsteiger*innen vorbehalten, die Alpinerfahrung mitbringen. Nicht umsonst gilt das Gesäuse als die »Universität des Kletterns«.

Was Neue deshalb nicht versäumen dürfen, ist ein Besuch des Johnsbacher Friedhofs. Dort erzählen die Aufschriften auf den Grabsteinen einen besonderen Teil der Geschichte – nicht nur des Dorfs, sondern auch des Alpinismus. Es genügt, sich die Kreuze genauer anzuschauen, um zu ahnen, wie grimmig die Hochtor-Nordwand, die Rosskuppenkante, das Reichensteiner Totenköpfl sein können. Dort liest man, dass Franz Mudra, den die Plakette auf einem Kreuz mit ernstem Blick in Uniform zeigt, 1938 mit gerade mal 22 Jahren am Peterschartenkopf abstürzte. Oder was Fritz Schmids Eltern ihrem Sohn auf den Stein schrieben: »Es gibt viele Wege zu Gott. Seiner führte über die Berge.« Schmid erfror »am 2. Juni 1936 nach einem elementaren Wettersturz am Ödstein«. 524 Tote verzeichnet die Gemeindestatistik, die bis 2014 reicht, jüngere Fälle sind noch nicht erfasst. 83 der Verunglückten sind hier begraben, 49 Gräber noch erhalten.

»Man kann das Gesäuse leicht unterschätzen«, sagt Wolf. Aber mit der richtigen Einstellung sei es der schönste Ort der Welt.

BEATE WILLMS

Anreise Aus Deutschland bietet sich vor allem aus nördlicheren Orten einer der Nachtzüge der ÖBB nach Wien an, von wo aus wiederum an Wochenenden und Feiertagen Züge über die Westbahnstrecke direkt durchs Gesäuse fahren. An anderen Tagen lohnt sich auch der Ausstieg in Ardning, Kleinreifling, Weißenbach/St. Gallen oder Liezen, von wo aus Regionalbusse in den Nationalpark fahren. Noch bequemer ist ab diesen Bahnhöfen das vorbestellbare Gesäuse-Sammeltaxi (+43 (0) 3613 21000 99), das auch sanfte Mobilität im Nationalpark erlaubt.

Nationalpark Gesäuse Er wurde 2002 gegründet und ist damit der jüngste der sechs österreichischen Schutzgebiete dieser Kategorie. Sein Ziel ist die freie Entwicklung der Natur, um die Biodiversität zu schützen und voranzubringen – nirgends in Österreich gibt es so viele endemische Arten. Zu den Aufgaben des Nationalparks gehört aber auch, die Natur außerhalb der strengstgeschützten Kernzone erlebbar zu machen, dafür gibt es – im Winter mit Schneeschuhen oder Tourenschuhen begehbare – Wanderwege, Rafting und Klettertouren. Umweltbildung vermitteln niedrigschwellig (und teils barrierefrei) Themenwege, aber auch die drei Besucherzentren – vor allem das Outdoorerlebniszentrum Weidendom an der Abzweigung nach Johnsbach -, Seminarangebote und offene Touren mit Ranger*innen. Das aktuelle Programm gibt es hier: https://nationalpark-gesaeuse.at

Bergsteigerdörfer https://www.bergsteigerdoerfer.org

ACH, LOISACH!

Ein Volksbegehren will Flussrechte in der bayerischen Verfassung verankern.
Die Loisach soll als Präzedenzfall dienen. Eine Erkundungsfahrt

Mit sanftem Nachdruck quillt es aus dem Hang heraus, ein Tümpel hier, ein
Rinnsal da, und so füllt sich ein langgestreckter Weiher, waldumsäumt und
schilfbestanden: die Loisachquellen. Forellen kreuzen über dem sandigen
Grund, darüber Libellentanz, Schmetterlingstaumel, Käfergesums. Am östlichen Ende tritt ein Bach aus. Doch schon nach wenigen Schritten versperrt
ihm eine Doppelstaustufe den Weg, und hinter der nächsten Biegung folgt
eine ausgewachsene Talsperre. Wer setzt der Loisach schon in zartem Alter
derart zu? Die Biber sind's. Mit armdicken Ästen, Laub und Matsch verbarri-
kadieren diese gewieften Öko-Ingenieure den Bach und fluten den Wald. Das
nächste Dorf heißt denn auch Biberwier.

Wenn die Loisach dort hinaus ins Ehrwalder Becken tritt, ragt die Zug-
spitze vor ihr auf. Hier auf Tiroler Gebiet präsentiert sie sich von ihrer Scho-
koladenseite, während sie Bayern nur die kalte Schulter zeigt. Mag sie mit
ihren 2.962 Metern auch Deutschlands Nonplusultra bilden, in Österreich
wird sie von mehr als siebenhundert anderen Gipfeln überragt. Sie kann
froh sein, dass sie überhaupt einen Namen bekommen hat. Den Grund des
Talkessels füllt ein verlandeter See, das erste von vielen Moorgebieten, das
die Loisach auf ihrem gut hundert Kilometer langen Weg speist. Hier stockt
sie mehr, als dass sie vorwärts flösse, zusätzlich entschleunigt durch weitere
Bollwerke der Biber, dieser schlammbraunen Nixen, die selbst am Fußball-
platz noch ihrer Bauwut frönen.

Noch ist sie ein einfacher Bach, kalt und klar und leise plätschernd. Noch
ahnt die Loisach nicht, dass sie drüben in Bayern zum Politikum werden
wird, dass ihr dort, stellvertretend für alle Wasserläufe, eine eigene Rechts-
persönlichkeit zugesprochen werden soll und dass sie im Begriff steht, einem
exklusiven Klub beizutreten, auf Augenhöhe mit dem neuseeländischen
Whanganui, dem indischen Ganges oder dem kolumbianischen Atrato.

Eine Biberburg bei den Loisachquellen

Moore sind nicht nur Wasser-, sondern auch Zeitspeicher, und so kommen hier entlang der alten Route über den Fernpass immer wieder stumme Zeugen versunkener Epochen zum Vorschein. Nach den römischen Alpenfeldzügen wurde die Via Claudia Augusta zu einer der wichtigsten Heer- und Handelsstraßen des Imperiums ausgebaut. Sie führte vom Po bis an die Donau, und die Reste eines Teilstückes kann man hier heute noch bestaunen: den Prügelweg, einen Damm aus Tausenden von Knüppeln, die Direttissima durchs Moos. Besser hätten ihn die Biber auch nicht bauen können.

Früh schon wurde das Außerfern, also von Tirol aus gesehen das Land jenseits des Fernpasses, auch selbst zum Ziel – der Fremdenverkehr begann. Das Hotel Mohr in Lermoos etwa blickt auf eine über zweihundertjährige Geschichte zurück. Während Tina Mantl-Künstner die Anlage mittlerweile zum schicken »Life Resort« umgestaltet hat – mondän, amerikanisch, spektakulär –, hütet ihre Mutter Brigitte im hauseigenen Museum »lauter schöne Dinge aus einer anderen Welt«, von der nostalgischen Espressomaschine bis zum Grammofon.

Hinab in Richtung Garmisch rauschend, sucht die Loisach einen Ausweg aus dem alpinen Labyrinth. Zahlreiche Wasserläufe eilen von allen Seiten herbei, einer stürzt in einer schäumenden Kaskade sechzig Meter tief herab. Wanderer und Radfahrer, die nichtsahnend daran vorbeikommen, bleiben wie angewurzelt stehen – einen solch erhabenen Anblick würde man eher im Yosemite-Park vermuten.

Als Leiter der Wildbach- und Lawinenverbauung im Bezirk Reutte ist Christian Ihrenberger für diese Zubringer mit zuständig. »Meine Bäche nähren alle die Loisach«, erklärt er mit glucksender Stimme, ganz wie ein Lehrer, der befriedigt feststellt, dass seine Schützlinge es zu etwas gebracht haben. Auch wenn die Arbeit seines Teams primär dem Schutz von Siedlungsraum dient, so werden ökologische Maßnahmen doch immer wichtiger. Wenn er auf Kongressen vom Rückbau der Sperranlagen drüben am Lech berichtet, so hängen die Zuhörer an seinen Lippen, denn bisher hat man damit in Europa kaum Erfahrung.

Nach schweren Hochwassern waren diese Barrikaden vor gut 100 Jahren errichtet worden, um das Geschiebe zurückzuhalten und die Sohle einzutiefen. Nun werden sie nach und nach abgesenkt, so dass der Lech wieder mehr Schotter und Steine mitführen kann. Doch wozu braucht so ein Fluss das Geschiebe? »Zum Bremsen. Sonst wär das Wasser viel zu schnell.« So entstehen vielfältige Lebensräume, ruhige Laichgewässer etwa, so reguliert er seinen Energiehaushalt: »Das Geschiebe ist das Brot des Baches.«

In Garmisch ist die Loisach dann zum ersten Mal befestigt und begradigt worden, hier speist sie auch das erste Kraftwerk. Während der Abschnitt bis Eschenlohe zuletzt mehrfach mit Hochwassern zu kämpfen hatte, säumen danach großflächige Moore ihren Lauf. Sie wirken wie Schwämme und saugen noch die stärksten Fluten stoisch auf.

Das Ramsachkircherl am Nordrand des Murnauer Mooses bietet einen Logenplatz im Naturtheater des Alpenvorlands. Das Moor bildet die Bühne, die Vorberge die Kulissen. Claus Biegert, Initiator der Loisach-Kampagne, erzählt, was ihn mit dieser Landschaft verbindet:»Ich hatte das Glück, Ingeborg Haeckel als Biologielehrerin zu haben.« Eine Enkelin des großen Naturforschers Ernst Haeckel, der auch den Begriff der Ökologie geprägt hat. Sie unternahm mit ihren Schülern nicht nur Exkursionen durchs Moos, sie kämpfte auch zu einer Zeit für dessen Erhalt, als man es allenthalben trockenlegen oder zweckentfremden wollte. »Nach dem Unterricht fuhr sie oft nach München ins Ministerium. Sie war eine Aktivistin, bevor das Wort erfunden wurde.«

Als Filmemacher, Radiojournalist und Autor hat Biegert viel über indigene Völker gearbeitet, insbesondere in Nordamerika. Irgendwann übertrug er deren ganzheitliche Weltanschauung auf seine Heimat: Besaß nicht auch das Oberland schützenswerte Naturgüter? Waren nicht auch die bajuwarischen Indigenen aufs Engste damit verbunden? So entstand die Initiative »Der Loisach eine Stimme geben«, die ihrerseits einmündete in ein gleichzeitig anlaufendes Volksbegehren für »Rechte der Natur«, das »die natürliche Um- und Mitwelt als juristische Person« in die Bayerische Verfassung einschreiben lassen will. Als Vorbilder dienen das Volksbegehren »Rettet die Bienen« sowie ähnliche Bestrebungen für Eigenrechte der Natur in anderen Ländern. So sollen die Interessen von Landwirtschaft und Industrie eingeschränkt, die der Umwelt gestärkt werden. Als dynamische Systeme eignen Flüsse sich dafür besser als Berge oder Seen.

In der Pupplinger Au mündet die Loisach in die Isar.

Natürlich ergeben erst alle Komponenten zusammen jene beglückende Ganzheit, die wir Landschaft nennen. Die des Murnauer Mooses hat sogar Kunstgeschichte geschrieben. Um die Jahrhundertwende verhalfen Wassily Kandinsky, Franz Marc und Gabriele Münter der Poesie zum Sieg über die bloße Wirklichkeit. Wobei die Sumpfgräser hier tatsächlich rot und die Berge blau erscheinen können, umglänzt von einem magischen Schimmer. Liegt es am Föhn? Am Ozon? An den Moorgasen? An den vielen Wasserflächen? Über der Welt schwebt ein irisierendes Licht, das paradoxe Empfindungen von Fernweh und Heimat, Weite und Geborgenheit hervorruft.

Marcs Tierstudien gerieten zu Stillleben im Freien. Pferde malte er obsessiv. Sie waren im Murnauer Land allgegenwärtig, auch weil das spätere Staatsgestüt Schwaiganger im weiten Umkreis Pferde stehen hatte. Bis heute prägen sie das Landschaftsbild. Hier rauscht ein Zweispänner durch die Felder, dort schleift ein Kaltblüter einen Fichtenstamm aus dem Wald – nostalgische Szenen, wie man sie sonst eher bei den Amischen erwarten würde. Doch hier sind sie Teil der Ausbildung für Mensch und Tier, und seit das Gestüt ökologisch bewirtschaftet wird, hat naturschonende Arbeit weiter an Wert gewonnen.

Mit seinen 860 Hektar dürfte es einer der größten Bio-Betriebe in Bayern sein. »Wir als Staatsgestüt müssen vormachen, dass es auch mit solchen Flächen geht«, erklärt Cornelia Back, die Leiterin. »Indem wir jungen Leuten diese Grundlagen mitgeben, investieren wir in zukunftsträchtige Landwirtschaft.« Manche Parzellen liegen direkt an der Loisach, andere an ihren Zubringern oder im Moos. »Dank ihr haben wir hier noch keine Probleme mit der Trockenheit. Sie bettet sich so schön ins Gelände ein, dass sie gar nicht wegzudenken ist.«

Wächst da an den Gestaden der Loisach ein weiß-blaues Ökotopia heran? Ist Bayern unterwegs in eine bessere Welt? In der die Flüsse eine Stimme bekommen und dazu noch Geschiebe nach Herzenslust, in der Nachhaltigkeit regiert und »Habgier und Hetze« in die Schranken gewiesen werden? Ein weiteres Glied in dieser Kette ist Nantesbuch, ein gut 300 Hektar großes Landgut unweit von Bad Heilbrunn. Seit die Stiftung Kunst und Natur es vor zehn Jahren übernommen hat, werden auch hier Renaturierung und Ökolandbau großgeschrieben. Dazu widmet sich ein umfangreiches Programm den Künsten und der Umweltbildung.

Anhand napoleonischer Karten wurde kürzlich der alte Lauf des Haselbachs wiederhergestellt. Dadurch fließt er nun langsamer, die Biodiversität hat sich erhöht, Überschwemmungsflächen sind hinzugekommen. Parallel werden Moore wieder vernässt. »Je mehr davon in der Region renaturiert werden, desto weniger tritt die Loisach über die Ufer«, meint Sinan von Stietencron, Philosoph und Kurator des Programmbereiches Natur. Auch hier gehen handfeste Erdarbeiten mit utopischen Idealen Hand in Hand. »Wir sind ein Ort, der immer wieder versucht, darauf hinzuweisen, dass es doch schön wäre, wenn es schön wäre.« In Führungen und Veranstaltungen baut Stietencron stets auch einen der kostbarsten Rohstoffe unserer Zeit ein: Stille. Zuletzt bei der spätsommerlichen Nacht der Perseiden, diesem Gala-Feuerwerk der Sternschnuppen, zu dem sich alljährlich eine bunte Pilgerschar auf der weltabgeschiedenen Kuppe einfindet und in Liegestühlen den Wundern der Nacht überlässt. Mit solchen Veranstaltungen wirkt Nantesbuch als ein geistiges Kraftwerk, sind doch »auch Natur- und Kunsterlebnisse eine Form der Energiegewinnung«.

Hinter Wolfratshausen mündet die Loisach dann in die Isar; bis ins Schwarze Meer haben ihre Wasser nun noch 2.500 Kilometer vor sich. Erklimmt man eine verschwiegene Stelle des Hochufers, so reicht der Blick bis tief hinein nach Montana. Oder vielleicht auch Alberta. Jedenfalls würde niemand diese Urlandschaft in Mitteleuropa verorten, ein Panorama, das seit Ende der Eiszeit unverändert scheint. Von Südosten her kriecht die Isar in weiten Schleifen heran, tritschelt zwischen den Inseln und Kiesbänken der Pupplinger Au herum. Die Loisach hingegen rauscht mit voller Wucht in sie ein, blaugrün, mächtig, tatendurstig. Wälder erstrecken sich bis zum Horizont, der Himmel erstrahlt in obligatorischem Weiß-Blau. Eine solch archaische Szenerie wäre es wert, weitere Zehntausend Jahre bewahrt zu werden.

STEFAN SCHOMANN

Anfahrt Mit dem Zug von München über Murnau und Garmisch-Partenkirchen nach Lermoos

Volksbegehren Initiative für Eigenrechte der Natur, https://gibdernaturrecht.muc-mib.de

Einkehr Gasthaus Wechner, Mitteregg 5, A-6622 Berwang, https://www.mitteregg.at. Jausenstation »am schönsten Ende der Welt«; Ähndl, Ramsach 2, 82418 Murnau, https://aehndl.de. Gasthof mit vorzüglicher Küche und weitem Blick übers Moos in die Berge. Promberger Hof, Stern 2, 82439 Großweil, https://promberger-hof.de. Ausflugslokal hoch über dem Loisachtal mit klassischem Blick auf die Voralpen

Radverleih STS Murnau, Untermarkt 6, 82418 Murnau. Tel.: 08841-627203, tuimurnau@aol.com, www.sts-murnau.com

Information Tourismus Oberbayern, Prinzregentenstraße 89, 81675 München, www.oberbayern.de

DIE NATUR ALS HOCHSCHULE

Eine junge Generation in der Hotellerie und Landwirtschaft führt im Südtiroler Ultental Erprobtes neu durchdacht weiter. Befeuert werden ihre Ideen von der Winterschule.

Steile Hänge, Almen und Magerwiesen. Akelei, Alpendistel, Fettkraut, Glockenblumen, Grasnelke und Hahnenfuß – eine Blumenvielfalt, die fast in Vergessenheit geraten ist. Handgeflochtene Lärchenzäune, Häuser und Dächer in traditioneller Holzbauweise. Das Ultental mit seinen bewaldeten Hängen ist eines der urtümlichsten Täler Südtirols. 1.000 gewerbliche Gästebetten bei 4.000 Einwohnern. Im Winter ist nur wenig los. Die Almhütten servieren Null-Kilometer-Menüs mit lokalen Produkten. Bauern bewirtschaften ihre Almen so wie schon die Generationen davor. Vor allem aber gibt es ein wachsendes Bewusstsein im Ultental für die natürlichen Kreisläufe und die Verletzbarkeit der Natur.

Der Hotelier Gunter Holzner schätzt diesen »Standortvorteil«. Er hat 2001 das Erlebnishotel Waltershof von seinen Eltern übernommen, ausgebaut, modernisiert, verfeinert. Das handgearbeitete Schafwollkissen mit Gämsenmotiv aus regionaler Produktion ziert die knallig-rosa Chaiselongue, der Couchtisch ein Holzpflock – das Hotel ist ein Holzbau mit edlen Holzfußböden, modernen Möbeln und Alpenzitaten. Ein gut funktionierendes Familienhotel. Wiederkehrerquote: 60 bis 70 Prozent. Evi Holzner, die aparte Mutter, macht als Repräsentantin des Hauses und Wanderführerin weiterhin Staat. »Man muss schon abgeben können«, sagt die agile 75-Jährige, die das Hotel in den 1970er-Jahren zusammen mit ihrem ersten Mann im stillen Ultental aufgebaut hat.

Ihr Sohn Gunter Holzner war erfolgreicher Skirennläufer, davon zeugen zahlreiche Pokale. Nach einer Verletzung übernahm er 2001 zusammen mit seiner Frau Victoria – einer Physiotherapeutin, zuständig für den Wellness-

Im Erlebnishotel Waltershof ist es behaglich.

bereich – das Familienhotel. Und er verschrieb sich ganz seiner zweiten Leidenschaft, dem Kochen.

»Wir kochen und kaufen regional, was geht«, erzählt Gunter Holzner bei Beereneis mit Mohnkrapfen. Im Sommer kämen viele italienische Gäste, Südtiroler, »weil das Ultental als eines der ursprünglichsten Täler gilt, wo die Bauernhöfe noch funktionieren. Die Menschen hier sind mit wenig zufrieden. Bodenständige, verbundene, heimatliebende Leute.«

Zum Beispiel der Untertheisenhof. Die eigene Lebensweise zu gestalten, wie man möchte, die eigenen Produkte ernten, diese Freiheiten sind der jungen Bäuerin Elisabeth Kuppelwieser wichtig, wenn es um ihre Arbeit am elterlichen Untertheisenhof in St. Nikolaus/Ulten geht. Den Hof bewirtschaftet sie gemeinsam mit ihrem Partner Andreas Mairhofer, hauptberuflich Bauingenieur und Baubiologe. Nachdem der Untertheisenhof 2010 bei einem Brand zerstört wurde, errichtete das Paar die Hofstelle mit Wohnhaus, Stall und Stadel neu, mit mondgeschlägertem eigenem Holz nach baubiologischen Richtlinien. Auch andere Neuerungen haben sie eingeführt. Mehr Ackerbau, weniger Milchkuhhaltung. Sie bewirtschaften rund zwei Hektar

Acker mit Kartoffeln, verschiedenem Getreide, Hanf und Mohn und betreiben dazu auch Viehwirtschaft mit Mutterkühen, Schweinen und Hühnern, ganz im Sinn der biologisch-organischen Kreislaufwirtschaft.

Die eigenen erzeugten Produkte am Hof zu veredeln und eine eigene Produktionskette umzusetzen ist das Ziel, also vom Hanfanbau bis hin zur Stoffherstellung. Kenntnisse über Permakultur und biologische Landwirtschaft hat der Bauingenieur Andreas in der Ultener Winterschule erlernt. Eine Ultner Institution, weit über Südtirol hinaus.

Waltraud Schwienbacher ist die charismatische Gründerin der Schule, Aktivistin und Kräuterfrau des Tales. »Die Natur ist die höchste Hochschule, die wir besuchen können«, sagt die 75-Jährige. »Weil es aber gratis ist und für jeden zugänglich, nutzt man es viel zu wenig.« Waltraud Schwienbacher ist eine stattliche Frau: die grauen langen Haare straff zum Dutt gebunden, ein langes, naturfarbenes Wollkleid, das sie trotz Hitze trägt. »Wolle funktioniert wie eine kleine Klimaanlage. Sie gleicht Wärme und Kälte aus wie keine andere Faser,« sagt sie im Garten ihres Hofes, dem Wegleithof in Walburg.

Bereits 1990 begründete die Südtiroler Vordenkerin mit Gleichgesinnten das Projekt »Lebenswertes Ulten«. Ausgehend von der Erkenntnis, dass für die Bergbauernhöfe nur der Erlös für Milch, Fleisch, Holz und Wolle auf lange Sicht keine lohnenswerte Perspektive ist: »Man verdient nur auf die Veredelung«, sagt Schwienbacher, »denn die Rohstoffe müssen wir fast verschenken. Das Geld damit machen andere.« Dazu kam, dass viele junge Leute wegen der Arbeit vom Tal in die Städte zogen. Dem Abwanderungstrend wollten sie gegensteuern, fest davon überzeugt, dass auch das Ultental attraktive Lebens- und Arbeitsmöglichkeiten bietet. Die von ihr initiierte Ultener Winterschule sollte die Achtsamkeit gegenüber der Natur und die Freude am kreativen Gestalten fördern, überliefertes Wissen weitergeben und dieses mit aktuellen Erkenntnissen verknüpfen.

Ihr Credo: »So können wir nicht weitermachen! Wir müssen die natürlichen Kreisläufe achten.« Waltraud Schwienbacher ist bodenständig, zäh, selbstbewusst, aktiv, visionär. Es freut sie, »dass nun weltweit für Klimaschutz demonstriert wird«. Doch der Prophet zählt nichts im eigenen Land. »Ich wurde ausgelacht und verspottet, am nächsten Tag habe ich weiterge-

Wanderwegweiser auf der Schwemmalm im Ultental

macht. Ich vertue nicht meine Energie mit dem Negativen. Ich sehe wieder die Fülle, die Natur und das, was man aus der Natur machen kann«, erinnert sie sich.

Im ersten Jahr zählte die Winterschule bescheidene 20 Teilnehmer. Zwischenzeitlich sind es 480. Weit über 1.000 könnten es sein, wenn man alle Anfragen berücksichtigen würde. Die Schule hat einen ausgezeichneten Ruf, der auf ganz Südtirol und die benachbarten Länder ausstrahlt. In den verschiedensten Bereichen bietet die Schule eine Fachausbildung, die sich über drei Jahre erstreckt und in erster Linie an Wochenenden stattfindet. Schwerpunkte sind die Bereiche Holz und Textilien. Flechten, Filzen, Klöppeln und vieles mehr: Die Kursteilnehmer können alte Handwerke erlernen, die in keiner Schule mehr auf dem Lehrplan stehen. Großen Zulauf hat auch die alpine Kräuterkunde.

Schwienbachers Tochter Franziska ist als Leiterin der Schule in die Fußstapfen der Mutter getreten. »Die Teilnehmer der Schule sind ganz unterschiedlich: Ärzte, Journalisten, Krankenschwestern, eine Architektin aus Bozen oder die Designerin aus München, bunt gemischt. Jeder bringt aus seinem Berufsleben etwas mit«, sagt die studierte Biologin. »Freundschaften knüpfen, mit den Händen arbeiten, in Kontakt mit der Natur kommen – all dies schätzen die Teilnehmer der Winterschule.«

Die Schule ist eine öffentliche Einrichtung, eine Trägergemeinschaft. Die Provinz Bozen finanziert die Kurse zu 60 Prozent. Die Gemeinde Ulten stellt die Gebäude zur Verfügung. Die Ausbildung wird anerkannt, die Kursgebühren sind moderat. »Wir wollen die Schule für Geringverdienende offenhalten. Sie soll für jeden zugänglich sein«, sagt Franziska Schwienbacher.

Sie betreut auch den Kräutergarten auf dem Wegleithof, der seit über 350 Jahren im Besitz der Familie ist. Der Bau eines umstrittenen Stausees im Tal war für die Familie ein Wendepunkt: 28 Höfe verschwanden unter dem Wasser, ihre Eltern verloren neben Haus und Scheune neun Hektar Kulturgrund. Was blieb, waren knapp ein Dreiviertel Hektar Ackerland und 20 Hektar Wald. »Sie wollten aber unbedingt Bauern bleiben«, erzählt Franziska, »aber bei so wenig Grund mussten wir an einen Zuerwerb denken.« Und dafür sollten Kräuter die Grundlage sein: Wildkräuter aus den Wäldern und von den Bergwiesen der Umgebung sowie biologischer und nachhaltiger Anbau und Verarbeitung. Heute betreibt Franziska auf dem Hof mit Blick auf den Stausee im Tal einen kleinen Laden, wo die Produkte des Gartens verkauft werden: Tee, Kosmetik, Selbstgemachtes.

Selbstentworfenes findet man auch in der Wollmanufaktur »Bergauf« in St. Walburg im Ultental: Pantoffeln, Tischsets, Kleider. Die Sozialgenossenschaft wurde gegründet, um den heimischen Rohstoff Schafswolle zu veredeln. »Zweimal im Jahr, im Herbst und im Frühling, werden zwischen 500 und 600 Kilogramm Schafwolle gesammelt. Im Gegenzug erhalten die Bauern Gutscheine, die sie im Geschäft von Bergauf einlösen können. Ein fairer Tausch, finden die Partner, »denn würden sie die Schafwolle hier nicht abgeben können, müsste sie entsorgt werden«, sagt Wolfgang Raffeiner, Präsident der Genossenschaft und Nachfolger von Waltraud Schwienbacher, der Mitinitiatorin. Der Spitzname Wollwolf passt gut zu dem großen Wolfgang Raffeiner mit struppigem Vollbart. Vor allem Frauen arbeiten hier, oft Teilzeit.

Sie entwerfen, schneiden, nähen oder stehen an den Oldtimermaschinen der Marke Trützschler-Hergeth-Sächsische Textilmaschinenfabrik. »Sozialgenossenschaftlich produzierte Manufakte sind ein Kaufentscheid mit Mehrwert«, sagt Raffeiner. Südtirol blicke auf eine lange Entwicklung von Sozialgenossenschaften zurück. Doch oft werde der volkswirtschaftliche Nutzen von der Bevölkerung nicht erkannt. Öfters werden sie als Beitragsempfänger des Landes oder als private Interessenbetriebe gesehen. Die Wertschöpfungskette, die Sozialgenossenschaften erwirtschaften, werde kaum wahrgenommen.

»Es gibt zu wenig Lobbyisten, und es fehlt an zeitgemäßen Imagekampagnen«, sagt Raffeiner. Nötig sei neues Verantwortungsbewusstsein von Bürgern und dem Land. Und mehr Touristen, die an der Manufaktur an der Durchfahrtstraße zur Talstation anhalten und damit unterstützen, dass Schafwolle zu Socken, Jacken, Handschuhen wird, statt auf der Müllhalde zu landen.

EDITH KRESTA

Anfahrt Mit dem Zug bis Meran, weiter ins Ultental mit dem Bus. Die Mobilcard ermöglicht es, an einem Tag, drei bzw. sieben aufeinander folgenden Tagen alle öffentlichen »südtirolmobil«-Verkehrsmittel in ganz Südtirol unbegrenzt zu nutzen. Die Mobilcard gibt es in drei Varianten, jeweils für Erwachsene und für Kinder oder Jugendliche von 6 bis unter 14 Jahren: www.suedtirol-mobil.info/de/tickets/mobilcard

Die Region hat eine gewachsene mittelständische touristische Infrastruktur in einer wirtschaftlich reichen Region mit guten landwirtschaftlichen Produkten. Günstigste Voraussetzungen, um den Tourismus umwelt- und sozialverträglich und regional zu gestalten: https://www.merano-suedtirol.it/de/ultental/info-service/informationen

Erlebnishotel Waltershof Generationswechsel in der Hotellerie heißt oft Modernisierung. Entspannte Auszeit, alpin-mediterrane Küche bietet der Waltershof im Ultental: www.waltershof.it/de

Die Winterschule Ausbildungsstätte im Ultental für Holzverarbeitung, Textilverarbeitung, Pflanzenverarbeitung, Permakultur. Für die Bäuer*innen bietet sie eine Möglichkeit, die hofeigenen Ressourcen besser zu nutzen: www.winterschule-ulten.it

ÖKOLOGISCHER VORREITER

Das Ferienzentrum Salecina steht für Basisdemokratie und Nachhaltigkeit in einer der schönsten Landschaften der Schweiz. Eine Erfolgsgeschichte

»Schwelle zum Paradies« nannte der Maler Giovanni Segantini das kleine Bergdorf Soglio im Bergell. Es ließ mich aufhorchen, auch wenn ich von dem 1858 in Österreich geborenen Künstler, der vor allem in Italien und der Schweiz lebte, sonst nicht viel wusste. Der Ort liegt ganz in der Nähe zum Salecina, einem selbstorganisierten Ferienzentrum, das ich besuchen will. Also mache ich erstmal in Soglio Station. Mit dem Postauto fahre ich von dort die engen Serpentinen bis zum Maloja-Pass auf 1.800 Metern hinauf. An der Station Maloja angekommen, schließe ich dort mein Gepäck, wie man es mir vorher erklärt hatte, in einem unscheinbaren Holzschrank ein, der dem Salecina gehört. Später würde es abgeholt. Denn von hier muss man zu Fuß zum Ferienzentrum laufen. Bevor ich mich auf den Weg mache, sehe ich mir noch Segantinis Atelier an, das nur ein paar Schritte weiter die Zeit überdauert hat. Ein kleiner runder Raum, vollgestopft mit Gemälden, Fotos und anderen Dokumenten. »Die Motive der Bilder lassen sich entlang des Sentiero Segantini entdecken«, meint die alte Dame, die das Atelier betreut, und schickt mich auf den etwa zweistündigen Pfad in die Berglandschaft. Er führt durch Almwiesen, wo Kühe weiden, Lärchen lange Schatten auf den Wanderweg werfen, bis mein Blick auf einen Bauernhof in der Bergeinsamkeit fällt. Noch so eine Schwelle zum Paradies?

Ich hätte mir alles Mögliche unter dem archaischen Gehöft vorstellen können. Nur nicht ein links-alternatives Ferienzentrum, in dem Menschen aus allen möglichen Ländern und Gesellschaftsschichten aufeinandertreffen, um Urlaub zu machen und sich über die drängendsten Fragen der Gegenwart auszutauschen. Erst als ich den »Black lives matter«-Aufkleber an der Tür entdecke, weiß ich, dass ich angekommen bin.

Das Zimmer ist schnell bezogen. Antonio, ein freundlicher italienischer Mitarbeiter, erklärt mir die Abläufe. Dann schickt er mich noch mal raus.

ÖKOLOGISCH & GUT

Haarnadelkurve auf dem Maloja-Pass

»Genieß das schöne Wetter. Die anderen sind auch alle ausgeflogen«, rät er mir. »Nur zum Abendessen solltest du pünktlich zurück sein.« Später sitze ich im großen Esszimmer an einem langen Holztisch. Das Kochteam stellt eine ordentliche Schüssel Pizzoccheri, gehaltvolle Pasta aus Buchweizen mit viel Käse, und Salat auf den Tisch. Auch frisches Quellwasser gibt es. Bier oder Wein muss sich jeder selbst holen und separat bezahlen.

Schnell komme ich mit meinen Tischnachbarn, einer etwas älteren Schweizerin und einer deutsch-französischen Familie aus Berlin, ins Gespräch. Ob sie auch das erste Mal im Salecina sind? Nein, wie sich herausstellt, sind alle Stammgäste. Die eine weiß es zu schätzen, dass sie für wenig Geld in der großartigen Landschaft zwischen Bergell und Oberengadin herumwandern kann, die anderen kommen immer wieder hierher, weil die Kinder sofort Anschluss finden und sich draußen frei bewegen können. Dafür nehmen sie in Kauf, dass sie sich das Zimmer mit mehreren, zum Teil fremden Menschen teilen und beim Abwaschen, Kochen oder Putzen helfen müssen. Wie sich das anfühlt, erfahre ich gleich nach dem Abendessen, als ich mich zum Geschirrspülen melde. Vor mir steht ein ganzer Berg von

Tellern, in denen der Käse von der Pasta klebt. Unmengen von Puddingschälchen wollen vorgespült sein, bevor sie in die Maschine kommen. Ja, es gibt Schöneres, als nach einem erlebnisreichen Tag eineinhalb Stunden in der Küche zu stehen. Ist das der Preis, wenn man für 50 oder 60 Euro die Nacht an der Schwelle des Paradieses wohnen will?

Je nach Geldbeutel und Selbsteinschätzung zahlen die Gäste den ermäßigten, kostendeckenden oder solidarischen Tarif von jeweils 40, 55 oder 66 Franken, Kinder oder junge Erwachsene zwischen 22 und 33 Franken. Einmal im Jahr dürfen die, die ganz wenig haben, für nur 200 Franken eine Woche bleiben. Einschließlich Halbpension. Wobei hier, wie ich bald feststelle, keineswegs Sparfüchse Urlaub machen. »Es kommen durchaus auch Gutverdiener zu uns, sonst würde sich das Projekt nicht tragen«, erklärt Silvie Kiefer, die im Leitungsteam arbeitet. Was für die meisten zählt, ist der Geist des Salecina. Das Gefühl, Teil eines ganz besonderen Projekts zu sein, das auch mich bald infiziert.

Luxus definiert sich hier anders als im nahe gelegenen Waldhaus von Sils Maria, wo die Nacht ein Vielfaches kostet. »Das Haus mit den meisten Sternen zwischen Bergell und Engadin« nennt sich das Salecina selbstbewusst. Und tatsächlich: Wenn es etwas im Überfluss gibt, sind es die Sterne, die in der Bergwelt mit Gipfeln wie dem 2.600 Meter hohen Piz Salecina ohne jede Lichtverschmutzung am Himmel stehen.

Das Haupthaus mit Essräumen, Küchen, Speisekammer, Büro, einer beachtlichen Bibliothek, Spielzimmer und einem kleinen Laden ist ein über 300-jähriges Bauernhaus. Die Schlafräume befinden sich im benachbarten ehemaligen Stall, der auch schon mehr als 270 Jahre hinter sich hat. Bis etwa 1970 wurde das Gehöft noch bewirtschaftet, dann gab der letzte Pächter auf. Damit schlug die Stunde für Amalie und Theo Pinkus, ein Schweizer Ehepaar, das damals auf der Suche nach einem geeigneten Objekt war und das Anwesen mithilfe von Spenden – einem frühen Crowdfunding – kaufte, um seine Vision von einem selbstverwalteten Ferienzentrum zu verwirklichen.

Geprägt vom Geist der 68er-Bewegung wollten sie ein Haus gründen, das allen offensteht, vor allem aber politisch Interessierten aus linken Bewegungen. Hier sollten sie sich über neue Ideen austauschen und andere Formen des Zusammenlebens erproben können. Ideologisch nicht klar eingegrenzt,

Ansicht des Bildungs- und Ferienzentrums Salecina

aber immer getragen von der humanistischen Grundstimmung, für die die Begründer standen.

Die aus dem Tessin stammende Amalie Pinkus hatte sich zuvor als linke Aktivistin in der Frauenbewegung engagiert, der 1909 in Zürich geborene Theo Pinkus seine Karriere in Berlin beim Rowohlt Verlag begonnen. Als es für ihn als Juden und Kommunisten 1933 in Deutschland zu gefährlich wurde, ging er in die Schweiz zurück. In Zürich gründete er eine Buchhandlung und den Limmat Verlag, der unter anderem das Standardwerk »Geschichte der Schweizerischen Arbeiterbewegung« herausgab.

»Ein umtriebiger, aber auch sehr spezieller Mensch«, hatte mir die befreundete Marianne Frisch vor meiner Reise erzählt. Noch heute erinnert ein großes Foto im Obergeschoss des Hauses an die legendäre Begegnung von ihrem früheren Mann Max Frisch, Herbert Marcuse und Theo Pinkus bei einem Seminar. Später spendete der Schriftsteller sogar die Summe, die ihm durch den Friedenspreis des Deutschen Buchhandels zuteilwurde, dem Projekt.

Ob sie damals über die Weltrevolution debattierten? Mancher vermutete im Salecina in der Anfangszeit schon Untergrundkämpfer. Die Schweizer

Bundespolizei überwachte das Anwesen, bei dem eine rote Fahne auf dem Dach wehte, Nachbarn protestierten, weil die Betreiber aus Spaß eine Straße dort oben in »Ho-Chi-Minh-Weg« umbenannt hatten. Theo Pinkus soll allerdings jungen Leuten geraten haben, lieber Revolutionäre im Beruf als Berufsrevolutionäre zu werden. In diesem Sinn versteht sich das Salecina auch als eine kleine, tägliche Revolution.

Eine, die nicht mit großem Pathos oder gar Gewalt, stattdessen mit gemeinsamen Aktivitäten wie Wandern, Langlaufen, Chorsingen, Kochen, Abwaschen, aber natürlich auch mit Gesprächen und teils hitzigen Debatten voranschreitet. Und die 2017 von der CIPRA, der Schweizer Sektion der Internationalen Alpenkommission, mit dem Hauptpreis für Nachhaltigkeit im Tourismus ausgezeichnet wurde.

Das Konzept hat sich bewährt und kann 2022 nach 50-jährigem Bestehen eine stolze Bilanz ziehen. Mit seinen 56 Betten bringt es das Salecina auf rund 10.000 Übernachtungen pro Jahr. »Ein großer Teil der hauptsächlich deutschen, italienischen und Schweizer Gäste kommt immer wieder, manche schon seit 40 Jahren«, sagt Silvie. Auch die Akzeptanz in der Nachbarschaft sei gestiegen. »Vielleicht weil wir möglichst alles regional einkaufen, Menschen aus der Gegend zu unseren Veranstaltungen einladen.« Doch wie funktioniert die Selbstverwaltung genau?

Getragen wird das Ferienzentrum von der Salecina-Stiftung mit hierarchiefreien Strukturen. Verwaltet wird sie vom Stiftungsrat, der zweimal jährlich zusammentritt und sich neben den vier festangestellten Team-Mitgliedern, deutschen und italienischen Muttersprachlern, aus etwa 40 Gästen zusammensetzt. »Im Prinzip ist jeder stimmberechtigt, der mindestens ein Jahr lang mitgearbeitet hat«, erklärt Silvie. »Das Gremium ist gemischt, alte und junge Leute von Hamburg bis Genua. Sie entscheiden nicht nur über praktische Belange, ob zum Beispiel neue Matratzen angeschafft werden sollen, sondern auch Konzeptionelles. Die Themen haben sich im Lauf der Zeit natürlich verändert.

Das Salecina sieht sich als ökologischer Vorreiter, der bis 2030 klimaneutral werden will. »Das ist jetzt die größte Baustelle, eine wirkliche Herausforderung«, sagt die Team-Mitarbeiterin. Zwar beziehe man den Strom aus Wasserkraft und heize mit Holzschnitzeln. Schwierig werde es aber beim Thema

Ernährung. Zwar bezieht das Salecina verpackungsfreie Milchprodukte aus der Region. Obst und Gemüse kommen allerdings meist aus der Westschweiz, da in der Gegend nur wenig wächst. »Wir versuchen, möglichst viele Bio-Produkte einzukaufen«, erklärt Silvie. »Aber Bio ist auch immer der weitere Weg.« Der größte Klimakiller seien ohnehin die Transportwege. Selbst wenn die Gäste mit öffentlichen Verkehrsmitteln anreisen – ab zwei Übernachtungen fahren sie im Bergell und Oberengadin gratis – so sind auch diese nicht gänzlich klimaneutral.

Es gibt also genügend Themen mit Konfliktpotenzial. Dennoch – davon kann ich mich bei meinem Aufenthalt überzeugen – scheint es mit der Selbstverwaltung zu klappen. Worin das Geheimnis liegt? Wahrscheinlich darin, dass der Salecina-Rat eher undogmatisch und pragmatisch vorgeht, statt sich im ideologischen Kleinklein aufzureiben. Die Gäste sind, wie ich auch selbst feststelle, keine Schnäppchenjäger, sondern in der Regel gemeinschaftserprobte Menschen. Und für den sonstigen fehlenden Luxus entschädigt die atemberaubende Landschaft zwischen Oberengadin und Bergell, wo nicht nur Segantini an der Schwelle zum Paradies stand.

ULRIKE WIEBRECHT

Anfahrt Die Reise mit dem Zug ist, je nach Ausgangspunkt, mit mehreren Umstiegen verbunden. Von der Schweizer Grenze aus geht es über Chur oder Landquart nach St. Moritz. Von dort bringt einen das Postauto in 40 Minuten zur Station Maloja Posta. Von dort sind es nochmal etwa 20 Minuten Fußweg zum Salecina. Wer mit öffentlichen Verkehrsmitteln anreist, fährt im Bergell und Oberengadin gratis.

Übernachtungspreise In der Nebensaison zwischen 40 und 77 CHF, in der Hochsaison zwischen 44 und 77 CHF, je nachdem, ob man den ermäßigten, kostendeckenden oder solidarischen Tarif wählt. Kinder und Jugendliche zahlen entsprechend weniger: https://salecina.ch/

Angebot Neben Wander-, Sing- oder Skitourenwochen gibt es auch ein umfangreiches Seminarprogramm zu politischen, ökologischen oder kulturellen Themen: https://salecina.ch

DIE GRÜNE STEINWÜSTE

Im Westen Irlands liegt der Burren. Auf den ersten Blick eine Mondlandschaft, auf den zweiten ein bizarres Gebirge, das ökologische Visionen erlaubt.

»Und irgendwann nimm dir die Zeit, um in den Westen zu fahren, in die Grafschaft Clare, entlang der Flaggy Shore.« So beginnt das Gedicht »Postscript« des irischen Literaturnobelpreisträgers Seamus Heaney. Er hat im Burren, einem der größten Kalksteingebiete Europas, oft Urlaub gemacht und der Gegend ein literarisches Denkmal gesetzt.

Auf den ersten Blick sieht das Gebiet wie eine Mondlandschaft aus: graue Steinhügel und helle Kalksteinplatten, so weit das Auge reicht. Der Name dieser Gegend scheint es treffend auszudrücken: »Burren« stammt vom irischen Wort »boireann« ab, was »felsiger Ort« bedeutet. Oliver Cromwells Offiziere behaupteten: »Zu wenig Bäume, um einen aufzuhängen, zu wenig Wasser, um einen zu ersäufen, zu wenig Erde, um einen zu verscharren.«

Wer genauer hinsieht, entdeckt jedoch eine landschaftliche Vielfalt, die einmalig in Europa ist. In dem gut 1500 Hektar großen Gebiet wachsen Pflanzen aus dem Mittelmeerraum, aus den Alpen und aus der Arktis einträchtig nebeneinander. Es gibt 27 Arten von Orchideen in Irland, 25 davon wachsen im Burren, und drei Viertel der irischen Wildblumenarten kommen hier vor.

Ein besonderes Phänomen sind die Senken, die im Winter von unterirdischen Quellen geflutet werden und im Sommer austrocknen. Die ökologisch hochsensible Karstlandschaft hat sich in der Karbonzeit vor 350 Millionen Jahren gebildet. Die letzte Eiszeit ging in Irland vor 12.000 Jahren zu Ende. Als sich das Eis zurückzog, blieben die Felsbrocken, aber auch Erde und Samen aus arktischen Regionen zurück. Der englische Autor J. R. R. Tolkien ließ sich vom Burren zu seiner Kulisse von Mordor inspirieren. Die Flussdurchgangshöhle Pollnagollum, mit mehr als 16 Kilometern die längste Höhle Irlands, soll für die Figur »Gollum, das wohl seltsamste Geschöpf unter dem Himmel« aus Tolkiens Mittelerde-Legendarium Pate gestanden haben.

Zu Recht bedeutet Burren übersetzt »felsiger Ort«.

»Touristen glauben, sie haben eine unberührte, wilde Natur entdeckt«, sagt Kate Lavender. »Aber der Burren ist keine wilde Landschaft, er ist seit dem Neolithikum eine bewirtschaftete Landschaft. Wegen der Landwirtschaft ist es ein Biodiversitäts-Hotspot. Wenn man den Burren der Renaturierung überließe, wäre er verloren, die Haselnusssträucher würden alles überwuchern, und die einzigartige Flora wäre verloren. Es gäbe den Burren nicht mehr.« Lavender ist 46 Jahre alt, sie stammt aus Lancashire in England. Als sie 2004 am Trinity College in Dublin Geologie studierte, traf sie dort ihren künftigen Ehemann aus Nordirland. »Ich überredete ihn, mit mir zurück nach Lancashire zu ziehen, wo ich mein Studium abschloss.« 2009 kehrten sie mit ihren beiden Kindern nach Irland zurück und ließen sich im Burren nieder.

»Die Regierung hat das Burren-Farmprogramm ins Leben gerufen«, sagt Lavender. »Sie erledigt die Bürokratie für die Bauern, schreibt ihnen aber nicht vor, was sie zu tun haben. Die Bauern stellen jedes Jahr ihren eigenen Plan auf.« Ein tolles Programm, schwärmt Lavender, und es wachse von Jahr zu Jahr. Es bietet finanzielle Unterstützung für Bauern, die sich neben ihren Nutztieren um Biodiversität, Archäologie und sauberes Wasser kümmern. Es ist ein zukunftsweisendes Agrar-Umwelt-Programm, dessen Ziele eine nachhaltige Landwirtschaft, die Bewahrung des kulturellen Erbes und die Verbesserung der Wasserqualität sind. »Das ist ein Programm für Kopf und Geldbeutel«, sagt Lavender. »Burrenbeo ist fürs Herz.« Sie arbeitet seit 2012 bei Burrenbeo, »lebendiger Burren«, einer Stiftung, die sich um den Erhalt der Landschaft kümmert. Sie wird staatlich nicht unterstützt, erhält aber vom Rat für kulturelles Erbe einen Zuschuss, der jedes Jahr neu beantragt werden muss. »Es geht bei Burrenbeo darum, dass die Besucher über den Tellerrand hinausschauen und etwas über die Landschaft lernen«, sagt sie. Der Burren sei ständig in Gefahr, vor allem durch Tourismus.

Im Mai 2022 fragte die *Irish Times* ihre Leser nach dem besten Urlaubsort in Irland. 1.200 Menschen schickten ihre Vorschläge ein, eine Jury wählte unter Berücksichtigung der Kriterien Landschaft, Vielfalt, Service für Touristen, öffentlicher Verkehr, Unterkunftsangebot und Kosten den Gewinner aus: den Burren.

Auch *Lonely Planet*, der Verlag für unabhängige Reiseführer, hatte den Burren im Jahr zuvor in die Bestenliste für nachhaltigen Tourismus aufgenommen. Das Burren Ecotourism Network wurde als »bestes touristisches Projekt« ausgewählt. Das Netzwerk wurde 2011 gegründet, heute gehören ihm 70 lokale Betriebe an, die sich der Förderung der Region durch verantwortungsvollen Tourismus und Nachhaltigkeit verschrieben haben.

»Der Tourismus hat stark zugenommen«, sagt Lavender, »vor allem die Bustouren. Manche Busunternehmen bieten Tagestouren aus Dublin an, 250 Kilometer hin und 250 Kilometer zurück. Die weniger bekannten Orte lassen sie links liegen, sie fahren lediglich zu den berühmten Sehenswürdigkeiten.« Dazu gehören die Steilklippen der Cliffs of Moher, nach der Guinness-Brauerei in Dublin der meistbesuchte Ort der Insel, und der Poulnabrone-Dolmen. Dieses Portalgrab ist das älteste megalithische Monument des Landes, es ist rund 6.000 Jahre alt. Es besteht aus großen, aufrecht stehenden Steinblöcken und einem 3,60 Meter großen Deckstein. »Früher, bevor man ihn mit einem Seil abgesperrt hat, sind die Touristen oft auf den Dolmen geklettert und darauf herumgehüpft«, erzählt Lavender. »Die meisten Besucher wissen nichts über die Landschaft, sie lassen kein Geld hier, sie machen die Straßen und Kulturstätten kaputt. Zu Hause würden sie ja auch

Die Steilklippen Cliffs of Moher im irischen County Clare

nicht auf dem Grab der Oma herumspringen. Und viele lassen Tore und Gatter einfach offen, was für die Bauern eine Plage ist.«

Burrenbeo will den Touristen aus dem In- und Ausland Wissen über die Karstlandschaft vermitteln. »Wenn die Menschen mehr über die Landschaft wüssten, wären sie bestimmt sorgsamer«, sagt Lavender. »Viele Probleme im Zusammenhang mit Tourismus könnten dadurch vermieden werden, auch wenn die Leute nie dasselbe Verständnis für die Landschaft aufbringen werden wie jemand, der dort geboren und aufgewachsen ist.«

Lavender hat im März archäologische Feldstudien in Doolin betrieben und schreibt jetzt ihre Abschlussarbeit. »Doolin ist völlig unterschätzt«, sagt sie. Das kleine Fischerdorf am Atlantik, wo die Fähren zu den Aran Islands ablegen, ist vor allem wegen der traditionellen Musik bekannt. »In der kurzen Zeit, in der ich dort herumstöberte, habe ich drei prähistorische Monumente entdeckt, und es gibt noch sehr viele mehr. Im Burren wimmelt es geradezu davon.«

Wärmebilder bestätigen, dass es in der Grafschaft Clare, zu der der Burren gehört, mehr als 200 ringförmige Forts aus dem 6. Jahrhundert, dutzende

Fulachtí Fiadh, Gemeinschaftskochstellen aus der Bronzezeit, 23 noch erhaltene Crannógs, Behausungen auf künstlichen Inseln aus der frühchristlichen Zeit, sowie 80 sogenannte Keilgräber aus der Jungsteinzeit gibt.

»Das schönste Keilgrab ist Parknabinnia auf dem Roughan Hill«, sagt Lavender. Es hat einen etwa drei Meter langen, mit einer Erd- und Rasenschicht bedeckten Deckstein und seitliche Tragsteine. Ein Ende ist geschlossen, während das andere Ende einen kleinen Zugang frei lässt.

Paul Keane war 88 Jahre alt, als er 1999 eine Geschichte über Parknabinnia erzählte. Er lebte in einem kleinen Cottage unterhalb des Keilgrabs. »Als ein Bauer ein paar Steine von dort wegnahm, um einen Schuppen zu bauen, bekam er heftige Seitenstiche. Trotzdem kehrte er am nächsten Tag zurück, um weitere Steine zu sammeln. Zu Hause angekommen, musste er sich vor Schmerzen ins Bett legen, und er stand nicht wieder auf, bis er starb. Und er starb in den folgenden acht oder neun Tagen mehrere Male, bis er endgültig tot war.«

»Parknabinnia«, sagt Lavender »ist ein wundervoller Ort, um es sich mit einer Thermoskanne Kaffee gemütlich zu machen, die Aussicht zu genießen und an all die Menschen zu denken, die vor uns hier waren und ihre Spuren in der Landschaft hinterlassen haben.«

RALF SOTSCHECK

Anfahrt Der schnellste Weg von Deutschland nach Irland führt über London. Zuerst mit der Bahn von Köln nach Brüssel (knapp zwei Stunden). Von dort verkehrt der Eurostar viermal täglich nach London (etwa 2:45 Stunden). Nach einem Bahnhofswechsel von London St. Pancras nach Euston – 600 Meter Fußweg – fahren von dort Züge zu dem walisischen Hafen Holyhead (gut vier Stunden). Von Holyhead fahren sechsmal täglich Fähren in gut drei Stunden nach Dublin (Stenaline oder Irish Ferries). Vom Dubliner Hafen mit dem Bus 53 bis Busáras fahren, dort in LUAS (Straßenbahn) Red Line umsteigen und bis Heuston Station fahren (45 Minuten). Dort den Zug nach Galway nehmen (2,5 Stunden): Vor dem Bahnhof mit dem Bus 350 nach Ballyvaughan (eine Stunde) fahren. Die reine Fahrzeit von Köln in den Burren beträgt also rund 16 Stunden, wobei die Umsteige- und Wartezeiten nicht eingerechnet sind: https://bustimes.org/services/350-ennis-bus-station-eyre-square-galway-bus-stati

Burren Ecotourism Network B.E.N. ist ein Netzwerk von über 60 touristischen Unternehmen. Ihr Ziel: den Burren als nachhaltige Region zu etablieren. Das Netz unterstützt und bildet seine Mitglieder weiter. Das Burren Ökotourismus Netzwerk und der UNESCO Global Geopark arbeiten gemeinsam am Ziel nachhaltiger Entwicklung: www.burren.ie

ÖKOLOGISCH & GUT

AUF VERLASSENEN PFADEN

Ehemalige Zugstrecken werden im Westen Spaniens zu Radwegen. Sie führen durch eine wenig bekannt Kulturlandschaft.

Berghänge, Hügel, Sträucher, Stein- und Korkeichen … soweit das Auge reicht. Extremadura, im Westen Spaniens, ist eine der am dünnsten besiedelten Gegenden der Iberischen Halbinsel. Die Region macht genau das jetzt zum Aushängeschild für den Tourismus. Stillgelegte Bahnstrecken wurden zu Vías Verdes, Grünen Wegen, umgebaut. Schienen und Schwellen wurden herausgerissen, das Gleisbett wurde zum Fahrradweg. Wo einst Passagiere, Vieh oder Eisenerz transportiert wurden, sind bequeme Radstrecken durch eine einzigartige Kulturlandschaft entstanden.

Die längste – die Vía Verde Ruta de La Plata – beginnt in der nördlichen Nachbarregion Castilla y León. Noch kommt sie nur aus dem kleinen Ort Navalmoral de Béjar auf der Nordseite der Sierra de Béjar, den westlichsten Ausläufern des Gredos-Gebirges. Doch bald schon soll es weiter im Norden, in Salamanca, losgehen.

Es geht über den Pass von Béjar. Dieser wurde bereits seit Römerzeiten für die sogenannte Ruta de Plata – Silberweg – durch den Westen des heutigen Spaniens genutzt. Bis heute ist die Römerstraße zu sehen. Sie dient den Pilgern als Jakobsweg. Neben der alten Zugstrecke führt auch die Nationalstraße über diesen flachsten Pass von Gredos.

Mit sanftem Gefälle geht es auf dem alten Gleisbett hinunter ins Ambroz-Tal. Ziel: das rund 70 Kilometer entfernt liegende Plasencia, die viertgrößte Stadt Extremaduras, Bischofssitz mit einer einzigartigen Doppelkathedrale, die es erlaubt, die Entwicklung der spanischen Kirchenarchitektur zu studieren.

Vorbei an den Berghängen von Gredos mit ihren bis in den Frühsommer hinein schneebedeckten Gipfeln, durchfahren wir einen Tunnel und kommen schließlich nach einer alten Eisenbahnbrücke zum Höhepunkt Tour: nach Hervás. Der Ort in der Provinz Cáceres nennt eines der besterhaltenen jüdischen Viertel in ganz Spanien sein Eigen. Verwinkelte Gässchen ziehen sich den Hang hinauf. Fachwerkhäuser aus Kastanienholz und luftgetrockneten Lehmziegeln säumen die Gassen. So manche Tür schmückt bis heute der Davidstern. Im Schatten der Kirche Santa María, deren Ursprünge auf den mittelalterlichen Orden der Tempelritter zurückgehen, lebten einst 45 jüdische Familien.

Die Sepharden, die iberischen Anhänger des hebräischen Glaubens, waren im 13. Jahrhundert nach Hervás gekommen. Ende des 14. Jahrhunderts folgten zahlreiche Flüchtlinge aus Kastilien und Andalusien, wo im Jahre 1391 Pogrome gegen die religiöse Minderheit ausbrachen.

Die Neuankömmlinge im damals nur mehrere Hundert Einwohner zählenden Ort verdingten sich als Ärzte, Weber, Sattler und Weinbauern. Bald schon wurde Hervás zum reichsten Dorf der Umgebung und zum Zentrum des kulturellen und wirtschaftlichen Lebens. Die Hälfte der jüdischen Steuergelder des Fürstentums Béjar, zu dem Hervás einst gehörte, kamen von hier. Eine Synagoge entstand.

Hervás erlebte seine Blüte im 15. Jahrhundert. Die christliche und jüdische Religion lebten friedlich miteinander, bis 1492 die katholischen Könige Ferdinand II. von Aragón und Isabella I. von Kastilien ganz Spanien unter ihre Herrschaft brachten. Für die sephardische Kultur war dies das Ende. Die neuen Herrscher bestimmten per Erlass vom 31. März 1492, dass alle Juden zum christlichen Glauben überzutreten hatten oder das Land binnen vier Monaten verlassen mussten. Die Sepharden ließen sich überall im Mittelmeerraum nieder. So manche Familie bewahrt bis heute den Schlüssel ihres einstigen Hauses in Hervás auf.

Doch nicht nur Kirchen haben die Tempelritter im Süden des Gredos-Gebirges hinterlassen. Sie legten auch Kastanienhaine an. Die ältesten Bäume liegen unweit der Vía Verde in der Nähe des Dorfes Torre de Veón. Die Wälder laden vor allem im Herbst zu langen Spaziergängen ein.

Die Zuglinie entlang der Ruta de la Plata kam einst aus Astorga, wo sie Anschluss an andere Linien bis hinauf zum Atlantik fand. Nach Plasencia ging es weiter in den Süden bis zum Hafen von Sevilla. Es war eine der wenigen Strecken, die nicht sternförmig über die Hauptstadt Madrid liefen. Seit sie 1996 endgültig stillgelegt wurde, muss, wer etwa von Plasencia nach Sa-

Der Ort Hervás ist der Höhepunkt der Tour.

lamanca will, wieder über Madrid fahren. Aus rund 130 Kilometern werden so über 450 Kilometer.

Neben Personen wurden auf der Strecke meist die für Extremadura typischen Merinoschafe und einheimische weiße Kühe transportiert. Die weißen Kühe hat das gleiche Schicksal ereilt wie den Zug. Die zähe, dem heißen Sommer und den kalten Wintern auf dem ausgedehnten Weideland mit Stein- und Korkeichen trotzende Rasse ist weitgehend aus der Landschaft verschwunden. Da sie nicht so schwer werden wie andere Kuhrassen, sind die weißen Kühe einfach nicht mehr rentabel. Nur am Rande des Nationalparks Monfragüe am Tajo sind sie wieder zu sehen. Dort werden sie auf dem Gut Haza de la Concepción der extremenischen Regionalregierung gezüchtet.

Auch hier, unweit des tief eingeschnittenen Canyons des Tajo – wegen der zahlreichen Geier und Adler beliebt bei Vogelbeobachtern –, lädt eine Vía Verde zum Radfahren ein. Die Vía Verde de Monfragüe war einst eine Nebenstrecke der Ruta de la Plata für den Güter- und Personenverkehr und Teil einer Linie, die von Madrid bis Portugal führte. Es geht fast ausschließlich durch sanftes, hügeliges Weideland mit Stein- und Korkeichen. Hier weiden die schwarzen iberischen Schweine. Höhepunkt ist Malpartida de Plasencia, etwa fünf Kilometer von der Strecke entfernt mit der zum historischen und künstlerischen Erbe ernannten Kirche San Juan Bautista.

Auch Industrie hatte die vergessene Extremadura einst. Die Vía Verde de la Jayona – so benannt nach einer Eisenerzmine, die heute als Naturdenkmal besucht werden kann. Wer sich für Geologie interessiert, kann hier den Zusammenstoß zweier Erdplatten mitten im Bergwerk sehen. Vier der elf Ebenen des Bergwerks können besucht werden. Es ist eine Mischung aus Stollen und Tagebau, die sich seit der Stilllegung 1921 zu einem einzigartigen Biotop gewandelt hat. Die Bahnstrecke, die ausschließlich dem Güterverkehr diente, hatte einen Anschluss an den Zug nach Plasencia.

Wer nach längeren Routen sucht, der kann die Vías Verdes mit den alten Viehtriebwegen, die das Netz der Caminos Naturales verbinden, nutzen. Oder besser noch: in Plasencia auf den Eurovelo 1 der vom Nordkap kommenden zum Kap San Vicente in Portugal führt, einschwenken und so die beiden extremenischen Weltkulturerbestädte Cáceres mit seinen Palästen und Kirchen sowie Mérida mit einem der am besten erhaltenen römischen Amphitheatern besuchen.

REINER WANDLER

Anfahrt Von Madrid fährt mehrmals am Tag ein Zug nach Plasencia. Ein Fahrradverleih wie https://www.bikesatforest.com bringt einen dann an den Ausgangspunkt der Tour. Das Unternehmen, das an der Planung der Eurovelo-1-Strecke in Extremadura maßgeblich beteiligt war, verleiht normale Bikes und E-Bikes, sorgt für den Gepäcktransport und hilft auch bei der Routenplanung.

Vías Verdes Die Routen gibt es in ganz Spanien. Sie haben eine eigene Seite: https://www.viasverdes.com

SCHÖNE AUSSICHTEN!

Der Fischerweg an der portugiesischen Atlantikküste ist ein besonders schöner Wanderweg. Der trockene Alentejo hingegen verändert sich durch intensive Landwirtschaft und den Stausee Alqueva. Unterwegs von der portugiesischen Küste ins Landesinnere

Immer oben auf den Klippen entlang mit Blick auf kleine Buchten, einsame, nur vom Meer erreichbare Strände in tiefen Schluchten. Zwischen Lackzistrosen und Wacholderbüschen kämpfen wir uns mühsam auf dem schmalen, sandigen Trampelpfad weiter. Der sandige Untergrund ist kein leichtes Terrain, garantiert formt er die Waden. Dafür entlohnen die Ausblicke. Gegen die schroffen Felsen spritzt weiße Gischt. Nicht überall will ich die imposanten Abgründe hinunterspähen. Die Fischer, die diesen Weg an der portugiesischen Atlantikküste getreten haben, sind mutiger. Sie klettern die Felsen hinab. Es ist die Küste der Perceveiros, ihr Jagdgebiet.

An meerumspülten Felsen wachsen Krustentiere, die Perceves, Entenmuscheln. Diese inzwischen zum Leckerbissen aufgestiegenen Meeresfrüchte siedeln in Kolonien nah beieinander. Ihre fingerdicken, etwa drei bis fünf Zentimeter langen Muskelstiele sind von einer schwarzen, ledrigen Haut umschlossen. Auf diesen Muskel haben es Felsenfischer und Feinschmecker abgesehen. Vor allem wegen schädlicher Umwelteinflüsse sind die Muscheln inzwischen vom Aussterben bedroht.

Rudolfo Müller, Ende 50, Schweizer, Bauernsohn aus dem Aargau, hat sich schon in 1980er-Jahren in diese Ecke am südwestlichsten Rand Europas verliebt. »Ich blieb, heiratete und fühle mich hier immer noch sehr gut«, sagt er. Der bedächtige Schweizer Naturbursche begleitet uns ein Stück auf dem Fischerweg.

Beate, die ausgewiesene Portugal-Kennerin, will Ute und mir auf dieser Reise den Alentejo zeigen. So schön und wild die Küste hier ist: »Wer den Alentejo, Portugals größte Region, wirklich kennenlernen möchte, muss ins Hinterland fahren«, sagt Beate. Denn 95 Prozent dieses Landstrichs, der vom

Fluss Tejo nördlich von Lissabon bis zur Grenze der Algarve reicht, seien Hinterland. Doch Ute, die Wasserratte, will unbedingt ans Meer zum Baden. Die Rota Vicentina, der Fischerweg, ist Teil unseres Drei-Mädel-Trips, um die atlantische Küste des Alentejo mit dem trockenen Hinterland zu verbinden.

Unser Begleiter Rudolfo Müller, Wanderführer und Vermieter, hatte mit einigen gleichgesinnten Einheimischen 2008 die Idee zu diesem Weg. Das Projekt des Fischerwegs wurde schließlich von Lokalpolitikern und Touristikexperten unterstützt. Es wurde ein Erfolgskonzept.

Der Weg an Portugals Südwestküste, im geschützten Gebiet des Naturparks Sudoeste Alentejano e Costa Vicentina führt durch eine dünn besiedelte Gegend. Selbst an der Küste ist der Trubel begrenzt. Die Route durchquert uralte Dörfer zwischen Santiago do Cacém im Norden und dem Leuchtturm am Cabo de São Vicente, dem Namensgeber des Wegnetzes.

Unser Endpunkt auf dem Streckenabschnitt von Zambujeira do Mar Richtung Süden ist die Praia do Brejão im Naturpark Vicentinische Küste. Sie ist auch unter dem Namen Praia da Amália bekannt. Die berühmte Fadosängerin Amália Rodrigues hatte hier ein Haus am Meer, das inzwischen als Ferienhaus vermietet wird.

Gleich hinter dem großen Grundstück im Nationalpark stehen riesige Gewächshäuser aus Plastik. Hier werden Himbeeren und Blaubeeren für nordeuropäische Supermärkte gezüchtet. »Das macht Ärger in der Region, bringt Interessenkonflikte. Vor allem Hoteliers und Restaurantbesitzer sind nicht begeistert von dieser Art landschaftlicher Nutzung«, sagt Rudolfo. Das Plastikcamp ist jedenfalls das jähe Ende der Idylle. Bilder wie dieses werden uns noch oft auf unserer Reise ins Landesinnere begleiten.

Wir fahren weg von der Küste ins Landesinnere. Von einer ganz besonderen Kulturlandschaft hat Beate erzählt: mächtige Stein- und Korkeichen, dazwischen Weizenfelder. Knorrige Olivenbäume, daneben Weiden mit Rindern und Schafen, mancherorts auch die schwarzen Schweine, Porco Preto genannt, die für ihren zarten Schinken bekannt sind. Auf jedem zweiten Mast ein Storch auf seinem Nest. Eine trockene Landschaft, leer und melancholisch.

Ja, es gibt sie noch, diese bäuerliche Kulturlandschaft, aber immer mehr wird sie von flächengreifenden Oliven- und Weinplantagen verdrängt, wo

Schroffe Felsen und türkisblaues Wasser an der Costa Vicentina

die Olivenbäume und Rebstöcke in Reih und Glied stehen. Riesige Pflanzungen zum intensiven Anbau von Oliven und Wein entstehen. Die Durchfahrt dort ist langweilig.

Wir übernachten mitten im Hinterland am Ufer des Alqueva-Stausees. Das Hotel Herdade dos Delgados in Mourão liegt am See. Die Seenlandschaft ist größer als der Lago Maggiore. Das Ufer erstreckt sich über 1.200 Kilometer. Es gibt Wanderpfade rund um prähistorische Menhire und Hügelgräber, die die Flutung überlebt haben oder umgesetzt wurden. Sie sollen die Touristen genauso anlocken wie kleine Strände, Yachthäfen und Bootstouren. Es

Olivenhain im Alentejo

ist einer der größten künstlichen Seen Europas und hat ein Staubecken von 250 Quadratkilometern. Die spiegelglatte, blaue Oberfläche des Sees wirkt in der trockenen Landschaft oft wie eine Fata Morgana. Durchaus beeindruckend, aber der See hat die Landschaft massiv verändert.

Die bäuerliche Kulturlandschaft des Alentejo ist bedroht durch die industrialisierte Großlandwirtschaft. Sie beansprucht in dieser regenarmen Gegend den größten Teil des Wassers aus dem Alqueva-Stausee. Zur Ernte werden Maschinen eingesetzt. Einfache Erntearbeiter wie früher werden kaum noch benötigt, ohnehin greift man vor allem auf billige Arbeitskräfte aus Asien zurück. Die Hälfte der Olivenölproduktion im Alentejo wird mittlerweile von spanischen Investoren abgewickelt. Sie können die Preise drücken. Die traditionellen Produzenten in Portugal können da nicht mithalten. Portugals größte Provinz ist zur Cashcow für Großkonzerne geworden.

»Der ökologische und wirtschaftliche Schaden, den diese Firmen anrichten, ist immens«, klagt José Paulo Martins von der Umweltschutzorganisation Zero gegenüber der *NZZ*. Vor zehn, 15 Jahren, als die Umweltstudien für den Stausee gemacht wurden, hätte die Warnungen vor den Klimaveränderungen niemand ernst genommen. Dabei existierten Szenarien, nach denen der Alqueva-Stausee nicht mehr funktioniert, wenn die Wassermenge sich um nur zehn Prozent verringert. Die Niederschläge werden jährlich weniger. »Wenn es nicht genug Wasser gibt, haben wir diese Milliarden für nichts ausgegeben. Die Klimaveränderung kann das ganze Projekt zunichtemachen.«

»Überall um den See herum haben wir saubere Luft, Ruhe und immerhin fünf Strände,« schwärmt hingegen André Casinha vom Tourismusbüro, der uns durch das touristische Monsaraz führt. Ein mittelalterlicher Traumort. Von der alten Burg überblickt man die nun seenreiche Landschaft, die im Osten an die spanische Extremadura grenzt. Dort, im Don Quiquote-Land la Mancha, entspringt der hier gestaute Fluss Guadiana. »Der See hat den Tourismus angekurbelt. Vor allem der Weintourismus ist groß im Kommen«, sagt André Casinha.

Statt Wein trinken wir Wasser in der Dorfkneipe des nahegelegenen Ortes Luz. Die Ortschaft wurde vor 20 Jahren aus dem Boden gestampft, nur wenige Hundert Meter vom ursprünglichen Aldeia da Luz entfernt, das geflutet wurde. Menschen und ihre Tiere, auch der Friedhof wurden versetzt und neu angelegt.

»Man hatte den Leuten damals versprochen, dass ein See neue Arbeitsplätze bringt. Doch jetzt sehen wir, dass das gar nicht stimmt, denn die jungen Menschen ziehen in die Ballungsräume. Wir verlieren hier ständig Einwohner«, sagt der Pensionär João Pedro an der Bar der Dorfkneipe. Kein Wunder, Luz ist ein Retortendorf, die Straßen fast menschenleer, eine komische Stimmung liegt über dem tot wirkenden Ort. Die Dorfstraße endet am Wasser, am Museum Museu da Luz, gleich neben der wiederaufgebauten Wallfahrtskapelle.

Dokumentarfilme erzählen in dem kleinen Museum voller bäuerlicher Gebrauchsgegenstände von früher und der Umsetzung. Eine Million Bäume, Olivenbäume, Kork- und Steineichen, wurden gefällt. Der See sollte die trockene Region in eine blühende Landschaft verwandeln. Das Gegenteil scheint der Fall: Wo früher freies Feld war mit Olivenbäumen, Korkeichen und Steineichen, ist heute Wasser, Wasser. Und der hochintensive Anbau von kleinstämmigen Olivenbäumen, Mandeln und Beeren nimmt immer größere Flächen rund um den See ein. Die Schönheit der kargen Landschaft ist darin versenkt. Vogelkenner beklagen, dass sich viele Vögel hier nicht mehr heimisch fühlen.

Selbst Ute, die ansonsten in jeder Pfütze badet, schlägt meinen Vorschlag aus, zumindest die neuen Freuden der riesigen Seenlandschaft zu genießen und schwimmen zu gehen. »Viel zu steril«, findet sie. Und Beate, unsere Landeskennerin, sichtlich erschrocken über das Ausmaß der Veränderungen in Portugals Kernregion, drängt zum Aufbruch. Sie schwärmt nun von Évora, seinem maurischen Erbe, dem Wein, dem deftigen Essen und den Terrakottafiguren aus der Marmorstadt Estremoz. Alentejo von seiner besten Seite eben.

EDITH KRESTA

Rota Vicentina Die Wanderwege an der Westküste des Alentejo und der Algarve sind wunderschön. Für kleinere Wanderungen wie auch für Weitwanderungen finden sich hier verschiedene Möglichkeiten. Der Fischerweg, auch Fischerpfad, führt immer an der Küste entlang, mal am Strand, mal in den Dünen, mal auf den Klippen: www.portugalismo.de/rota-vicentina-fischerweg und https://www.visitportugal.com/de/content/alqueva

Gepäcktransfer Um an der Rota Vicentina von Etappe zu Etappe zu wandern, gibt es das Angebot von Übernachtungen an der Strecke mit Gepäcktransport: www.vicentinatransfers.pt

Übernachten Sehr ländliche Unterkunft bei Rudolfo Müller: https://de.montevivo.com. Das Hotel Herdade dos Delgados liegt idyllisch am Alqueveda Stausee: https://herdade-dos-delgados-darksky-view-hotel-spa-mourao.hotel-mix.de

IM ÖKO-PARADIES

In Finnland wird am nachhaltigeren Leben gearbeitet. Auch Profitgier steckt dahinter.
Die Frage lautet: Ist das schlecht?

Maija Suutarinen nimmt den ganzen Raum für sich ein – wenn sie lacht und
über ihre Schaffarm spricht, ja, sogar in den seltenen Momenten, in denen
sie schweigt. »Ich will den Leuten zeigen, was wir tun und warum«, sagt
sie bestimmt. Tatsächlich verdeutlicht die Schaffarm Hakamaa sehr gut, was
nachhaltige Landwirtschaft und Tourismus zusammen leisten können.

Suutarinens Hof liegt in Mittelfinnland, in der Region Jyväskylä, nur
etwa drei Stunden mit dem Zug von Helsinki entfernt, aber weit genug weg,
um eine völlig andere Welt zu eröffnen. Entlang der Bahngleise erstrecken
sich scheinbar endlose Birken- und Kiefernwälder, im finnischen Spätsommer schimmern hier erste Schattierungen von Gelb durchs tiefe Grün. Diese
Wälder sind von seltsam glatten Felsen durchzogen, poliert und gerundet
von der Eiszeit sind sie, außerdem gibt es viel Weißmoos und absurd blaue
Seen.

Der Hof selbst hat etwas Astrid-Lindgren-haftes mit seinen traditionellen, dunkelroten Holzhäusern und weißen Fensterrahmen. Seltene Hühner
wuseln durch die Beete, 170 Schafe grasen auf der Weide. Suutarinen steht
am Gatter, ihre Tiere fressen Gras, kein Getreide, kein Kraftfutter. »Wir geben ihnen die Zeit, die sie brauchen. Zuallererst kümmern wir uns um die
Schafe.« Sie betont das Wort »kümmern« und strahlt dabei Kraft und Begeisterung aus.

Die Farmerin zeigt auf den Stall, den haben sie selbst gebaut, mit Lücken
im Dach für die Ventilation. »Dadurch haben die Tiere keine Atemwegs-
erkrankungen mehr.« Auf den Weiden lässt sie die Tiere rotieren, mal die
Ponys hier und die Schafe dort, dann wieder umgekehrt. Diese alte Vorge-
hensweise mindere den Parasitenbefall, sie brauchen zudem weniger Me-
dikamente. »Wir haben seit zwei Jahren kein Antibiotikum genutzt.« Und
wann sie rausgehen, wann sie grasen, das entscheiden die Schafe selbst.

Schafe auf der Weide

»Auch Tiere haben das Recht, zu wählen.« Neue Wege mit traditionellen Mitteln, Revolution und Wärme in einem.

Doch Hakamaa ist kein Streichelzoo. Die Böcke werden größtenteils geschlachtet, ihr Fleisch wird vom Hof weg verkauft. »Die Leute sollen wissen, woher es kommt.« Auch wenn Suutarinen, das Stadtkind, immer noch heult, wenn sie ein Tier zum Schlachter bringt. So erzählt sie es.

Und Tourist*innen machen hier keinen Urlaub auf dem Bauernhof, sondern erleben einen »Tag auf der Farm«, wo mit angepackt wird. Oder sie essen in dem neu eröffneten Restaurant, wo es abgesehen von lokalen Fleischgerichten vor allem vegetarische Kost gibt: selbst angebautes Gemüse, Beeren aus dem Wald, frische Kräuter oder Güter von anderen lokalen Hersteller*in-

nen. Fragt man Suutarinen, die Ökologie studiert hat, woher sie all ihre Ideen nimmt, antwortet sie: »Ich lese viel, ich habe tolle Tierärzt*innen, und weil ich nicht vom Land komme, ist es einfacher für mich, dumme Fragen zu stellen.«

Fragt man sie, warum so wenige Menschen dasselbe tun, sagt sie, für die Bauernkinder auf den konventionellen Farmen im Umland sei der Druck sehr groß. »Dann heißt es: Das hat schon Opa so gemacht.« Und darüber sei in Vergessenheit geraten, was Ur-Opa viel besser gemacht habe. Vielleicht ist Hakamaa auch deshalb ein überregionaler Magnet geworden, die Menschen kommen jetzt selbst aus Helsinki, Familien und junge Paare vor allem.

Von einem Boom will Maija Suutarinen zwar nicht sprechen, aber es sei spürbar, dass Tourist*innen Nachhaltigkeit heute mehr wertschätzten. Und sie ist selbst baff, dass in Zeiten, wo ein Hof vor allem als finanzielle Belastung gilt, so ein Konzept dermaßen gut funktioniert.

So etwas wie die Hakamaa-Farm, ist das die Zukunft für nachhaltigen Tourismus auf dem Land? In ganz Finnland wird auch vonseiten des Staates an der Nachhaltigkeit gearbeitet. Mit der »Agenda 2030« soll Finnland schon 2035 klimaneutral sein, ein Vorreiter. Und im Jahr 2020 hat die Organisation »Visit Finland« ein neues Label auf den Markt gebracht, »Sustainable Travel Finland« (STF).

Wer es haben will, muss einen Sieben-Punkte-Plan durchlaufen, inklusive Entwicklungsplan und regelmäßiger Überprüfung. Damit eine ganze Region als nachhaltig gilt, müssen über die Hälfte der Tourismusbetriebe, inklusive derer mit dem größten Umsatz, das Label erwerben. Jyväskylä ist eine Pilotregion. Johanna Maasola, Tourismus-Koordinatorin bei Visit Jyväskylä Region, sagt: »Viele Zertifikate schauen vor allem aufs Ökologische, das STF-Label schaut auch auf kulturelle und sozioökonomische Aspekte. Wie werden die Leute in der Region eingebunden, wie sind die Arbeitsbedingungen?«

Ein ambitioniertes Vorhaben. Ironischerweise hat dabei der Vorzeigebetrieb Hakamaa das Label noch nicht erworben. Maija Suutarinen fehlte bisher die Zeit.

Und doch bewegt sich dieser grüne Kapitalismus auch auf einem schmalen Grat. In einem Café einer regionalen Kette in der Stadt Jyväskylä, das Bio-Lebensmittel nutzt und von lokalen Lieferant*innen bestellt, lässt die Managerin keine Minute aus, zu erzählen, wie »super inspirierend« ihr Unternehmen, ihr Chef, ihr Handeln und überhaupt alles sei. In unserer Gegenwart, wo verkaufte Ware immer einen Mehrwert haben muss, vermengen sich Marketing und Nachhaltigkeit oft bis zur Unkenntlichkeit.

Das merkt man auch im Rathaus von Säynätsalo, einem modernen Ensemble aus roten Ziegeln, vor vielen Jahren entworfen von dem berühmten Architekten Alvar Aalto. Nach der Eingemeindung Säynätsalos nach Jyväskylä im Jahr 1993 hatte es seine Funktion verloren, schließlich hat es der Unternehmer Harri Taskinen für Tourist*innen geöffnet, mit Führungen und ein paar kleinen Gästezimmern. Man habe die »We Speak Gay«-Plakette, weil man hoffe, dass es in der Zielgruppe gut ankomme, erklärt Taskinen freimütig, es gebe ja viele schwule Architekten. Die queere Community

Das Rathaus von Säynätsalo

nennt er »LB-was weiß ich«. Nicht immer erzählen die bunten Aufkleber die ganze Geschichte.

Dass Nachhaltigkeit und Liberalismus sich jetzt verkaufen, lässt sich aber auch als Fortschritt betrachten. Das Beispiel von Harri Taskinen ist interessant. Ein Unternehmer, der einräumt, sich vorher nie für Alvar Aalto interessiert zu haben, bewahrt ein Bauwerk für die breite Masse und muss dabei auf die Anwohner*innen zugehen. »Die Leute vor Ort machen sich Sorgen: Werden die Preise teurer, wenn so viele Tourist*innen kommen? Gibt es keine Parkplätze mehr?« Also richtete er ein Wochenende pro Jahr ein, an dem das Rathaus von Säynätsalo nur den Anwohner*innen gehört, ohne Eintrittsgeld. Außerdem bietet er lokalen Künstler*innen eine Ausstellungsfläche an, und es gibt Werkzeuge für Fahrräder, Ladestationen für E-Bikes und auf der Website einen CO_2-Rechner für die Anreise. Das STF-Label hat er jetzt übrigens auch.

Und dann gibt es die, die sich ohnehin ihren ökologischen Traum erfüllen. Wie das Ehepaar Pipsa und Fränz Wagner auf der Purola Farm, einem Biohof mit Islandpferden. Wieder so ein entlegenes Gehöft an einer Schot-

Im Spätsommer hängen überall reife Beeren an den Sträuchern.

terpiste, wieder liebevoll restaurierte dunkelrote Holzbauten. Eineinhalb Jahre lang haben die Wagners das verfallene Gebäude instand gesetzt, umgeben von Wald, an einem tiefblauen See. Hierher lädt Pipsa Wagner zum Ausritt.

Die geduldigen Islandpferde bewegen sich trittsicher über die Halbinsel, und Wagner sagt, sie kenne nichts Schöneres, als diesen Wald zu Pferd zu entdecken. Sie mag recht haben. Hier ist der finnische Spätsommer mit allen Sinnen zu spüren: Riesige Pilze säumen den Weg, überall hängen reife Beeren an den Sträuchern, und in der Luft hängt noch etwas warme Feuchtigkeit, die sich mit der Kühle des herannahenden Herbstes mischt. »Wir wussten sofort, das ist unser Ort«, sagt sie. »Für mich ist das Magie.«

Die Wagners wussten früh, dass sie nachhaltigen Tourismus anbieten wollen. Seit 2015 ist ihr Hof ein zertifizierter Biohof. Geheizt wird mit eigenem Holz, für warmes Duschwasser sorgen Solarplatten, gekocht wird vorwiegend lokal und bio. Es ist vielleicht kein Zufall, dass auch sie Zugezogene sind, Fränz ist Luxemburger, Pipsa zwar Finnin, aber nicht aus der Region. Sie seien dennoch herzlich empfangen worden.

Jedoch: Unterschiede beim Lebensstil gebe es. »Die Region ist nicht wohlhabend«, sagt Fränz Wagner. »Bio-Essen ist für Leute eine Kostenfrage.« Sie wollen der Region etwas zurückgeben, mit Angeboten, die es vorher hier nicht gab. Pipsa Wagner unterrichtet therapeutisches Reiten, etwa für Kinder mit emotionalen Problemen, ADHS oder Essstörungen. Und dieses Programm richtet sich explizit auch an die Mädchen und Jungen aus ärmeren Familien.

ALINA SCHWERMER

Anreise Für die Anreise mit dem Zug nach Jyväskylä in Mittelfinnland sollten etwa eineinhalb Tage eingeplant werden. Von Hamburg fährt ein bequemer Schnellzug rund 14 Stunden über Dänemark bis nach Stockholm. In Stockholm geht es mit der Fähre ins finnische Turku weiter, zum Beispiel mit einer zehnstündigen Nachtfahrt. Von Turku fährt dann ein Zug nach Toijala, und nach Umstieg geht es die letzten zwei Stunden nach Jyväskylä. Vor allem die Zugstrecke durch Mittelfinnland zwischen Tampere und Jyväskylä ist spektakulär, mit zahllosen Seen, glattpolierten Felsen und endlosen Birkenwäldern.

Vor Ort Der Hof von Maija Suutarinen, die Hakamaa Schaffarm, bietet eine englischsprachige Website: https://www.hakamaanlammastila.fi/en. Hier gibt es Informationen über den Hof, das Restaurant und ethisches Wirtschaften sowie Buchungskontakte. Für die Architektur von Alvar Alto gibt es eine eigene Website: https://visit.alvaraalto.fi/de. Dort findet sich auch das Rathaus von Säynätsalo samt Adresse und Kontakten für eine Tourbuchung. Man kann dort auch übernachten. Der Biohof Purola Farm mit den Islandpferden von Pipsa und Fränz Wagner hat ebenfalls eine deutschsprachige Website: https://www.purolafarm.fi/de. Hier wird über Aktivitäten ebenso informiert wie über Buchungsoptionen. Der Hof liegt in Saarijärvi.

LECKER & GESUND

Essen, trinken, kuren

Bresse-Hühner leben in Freilandhaltung auf mindestens zehn Quadratmetern je Tier.

DAMIT ALLE ETWAS DAVON HABEN

Nachhaltiger Urlaub auf Mallorca – geht das überhaupt? Zumindest kann man die Landwirte unterstützen, indem man lokale Produkte kauft.

Urlauber verlaufen sich nur selten auf den Platz am Rande der Altstadt von Palma, auf dem an diesem Morgen ein Dutzend Bio-Bauern ihre Stände aufgebaut haben. Vor ihnen türmen sich dicke Melonen, knackige Paprika, zuckersüße Feigen und vor allem viele, viele Tomaten, weil die im mallorquinischen Sommer nun einmal besonders gut gedeihen. Es ist Dienstag und somit Markttag hier auf der Plaça del Bisbe Berenguer de Palou, die etwas abseits der touristischen Sehenswürdigkeiten der Inselhauptstadt liegt. Während sich die Urlauber eher in den traditionellen Markthallen tummeln, in denen es neben Äpfeln aus Südafrika und Trauben aus Chile vor allem Gemüse aus andalusischen Gewächshäusern gibt, kommen auf den Bio-Markt in erster Linie Einheimische, die ganz bewusst nach lokalen Produkten suchen.

Einer der mallorquinischen Bauern, die hier ihre Waren feilbieten, ist Toni Seguí. Der 28-Jährige bewirtschaftet gemeinsam mit seinen Eltern und seiner Schwester Margalida einen 300-Hektar-Betrieb etwa 30 Autominuten entfernt in der Nähe von Inca. Dort ist er unter anderem für 300 Schafe und 100 Ziegen verantwortlich. Aus deren Milch macht Margalida Käse, den es dann auch im eigenen Hofladen zu kaufen gibt. »Weil ich bescheuert bin«, lautet Tonis Antwort auf die Frage, warum er Landwirtschaft betreibt, obwohl es doch so viel einfacher und auch einträglicher wäre, sich einen Job im Tourismus zu suchen. »Ich mache das, weil es das ist, was meine Familie nun einmal macht. Schon immer.«

Es ist noch gar nicht allzu lange her, da war Mallorca eine ganz und gar landwirtschaftlich geprägte Insel. 100.000 Bauern gab es noch in den 1960er-Jahren. Heute sind es knapp 4.000. Ihr Durchschnittsalter: 61 Jahre. Etwa eineinhalb Prozent des Bruttoinlandsproduktes entfallen noch auf den

Agrarsektor. Enorme Ackerflächen sind in den vergangenen Jahrzehnten mit Ferienhäusern oder Autobahnen zugebaut worden. 90 Prozent aller Lebensmittel, die auf der Insel konsumiert werden, kommen per Schiff vom Festland. »Die Landwirtschaft ist auf Mallorca vom Aussterben bedroht«, sagt Joan Simonet, Vorsitzender des Bauernverbandes Asaja.

Schuld daran ist auch der Tourismus, findet er. »Der sorgt zwar für Reichtum. Aber dieser Reichtum muss auch verteilt werden«, sagt Simonet. »Es ist doch absurd, dass die Urlauber auf Mallorca durch Olivenhaine wandern und Schafe fotografieren, die Landwirte aber überhaupt nichts davon haben.« Dabei seien sie es, die durch ihre Arbeit die Schönheit der mallorquinischen Landschaft erhalten. Die Touristen sollten wenigstens darauf pochen, dass ihnen in den Restaurants und Hotels lokale Produkte serviert werden. »Man muss auf Mallorca keine Pizza essen und Rioja trinken«, sagt Simonet.

Das sieht man auch beim Verband der ökologischen Landwirtschaft (APAEMA) so. Deshalb läuft dort derzeit eine Kampagne, deren Ziel es ist, den Absatz von mallorquinischem Bio-Lammfleisch zu erhöhen. Sie richtet sich direkt an Restaurants und Hotels, die in der Regel lieber das billigere, aus Neuseeland importierte Fleisch kaufen als das aus heimischer Produktion. Die mallorquinischen Landwirte seien dann gezwungen, ihre Lämmer zu Dumpingpreisen zu verkaufen. »Der Tourismus muss auch der Landwirtschaft etwas bringen«, so das Motto der Kampagne.

Im gleichen Maße, wie der Agrarsektor im Laufe der vergangenen Jahrzehnte an Bedeutung verloren hat, erlebte das Geschäft mit den Urlaubern seinen Aufschwung. Fast 1.800 Übernachtungsbetriebe gibt es mittlerweile auf der Insel, mit mehr als 400.000 Betten. In mehr als einem Dutzend der 53 Gemeinden übersteigt die Zahl der Hotelplätze die der Einwohner. Jeder dritte Arbeitnehmer ist direkt in der Tourismusbranche beschäftigt. Im letzten Vor-Corona-Jahr 2019 kamen fast zwölf Millionen Urlauber nach Mallorca – die Zahl dürfte in diesem Jahr übertroffen werden.

»Der Tourismus auf der Insel hat vor langer Zeit aufgehört, nachhaltig zu sein«, sagt Jaume Adrover, Sprecher der tourismuskritischen Organisation Terraferida. Der beste Beleg dafür sind die natürlichen Ressourcen. Schon in den 1990er-Jahren wurde mehr Wasser auf Mallorca verbraucht, als vorhanden war. Mit speziellen Tankschiffen musste damals Trinkwasser vom

Orangenhain in Sóller

Festland auf die Insel gebracht werden. Heute ist die Versorgung von Mallor-
quinern und Urlaubern nur dank der Entsalzungsanlagen gesichert, die in
der Zwischenzeit gebaut wurden. »Man hätte damals sagen müssen: So groß
sind unsere natürlichen Wasservorkommen, bis dahin können wir wachsen
und nicht weiter.«

Adrover kennt das Problem aus eigener Anschauung. Er ist im Haupt-
beruf Bio-Landwirt und baut im Inselosten vor allem Gemüse an. Einer der
Brunnen, auf die er angewiesen war, wurde mit der Zeit auch von immer
mehr Landhausbesitzern aus der Umgebung genutzt, zum Füllen der Pools

etwa. »Am Ende war ich der einzige Bauer weit und breit.« Durch das Absinken des Grundwasserpegels drang schließlich Meerwasser ein, der Brunnen versalzte, bis er nicht mehr zum Gießen zu gebrauchen war. Adrover musste ganze Ackerflächen aufgeben, weil er sie so nicht mehr bewirtschaften konnte.

Eine Antwort auf die Probleme der Bauern hat man in Sóller, ganz am anderen Ende Mallorcas, bereits vor mehr als 100 Jahren gefunden. So lange gibt es dort schon die Landwirtschaftskooperative Sant Bartomeu, deren Motto lautet: Gemeinsam sind wir stärker. Die durchschnittliche Größe der Orangengärten, für die das fruchtbare Tal berühmt ist, beträgt gerade einmal 0,5 Hektar, sagt die Agraringenieurin Margalida Morey, die bei der Kooperative für die Qualitätskontrolle zuständig ist. »Bei dieser geringen Größe sind Innovationen einfach nicht rentabel – es sei denn, du tust dich mit anderen zusammen.« 354 Mitglieder hat die Kooperative derzeit.

Diese können nun seit einiger Zeit eine Maschine nutzen, die die Kooperative angeschafft hat und die das Sortieren der Orangen nach Größe ermöglicht – eine Voraussetzung dafür, dass die Früchte an Restaurants und Hotels verkauft werden können: Nur die mittelgroßen Orangen passen nämlich in eine herkömmliche Saftmaschine. Die Folge: Heute gehören lokale Tourismusbetriebe zu den Hauptkunden der Kooperative. Außerdem gibt es einen Laden, in dem man alle möglichen Produkte aus dem Sóller-Tal bekommt: Marmelade, Olivenöl, Obst und Gemüse. Das nutzen auch viele Urlauber, die in den zahlreichen Ferienhäusern der Umgebung abgestiegen sind.

Wie Landwirtschaft und Tourismus voneinander profitieren können, lässt sich auch ein paar Straßen weiter gut beobachten, wo Tomeu Deyà in 17. Generation Olivenöl produziert, wie er mit Verweis auf den enormen Stammbaum erklärt, der im Esszimmer an der Wand hängt und bis ins 16. Jahrhundert zurückreicht. Can Det heißt das Haus seiner Urahnen. Die Pflastersteine in der Eingangshalle und im schattigen Innenhof sind vom vielen Hin und Her der Jahrhunderte ganz blank gescheuert. Hier bewirtet Deyà Gäste, serviert ihnen frisch gepressten Orangensaft und eine Brotzeit mit Olivenöl von 1000-jährigen Olivenbäumen, gepresst in der Olivenmühle nebenan – der ältesten auf der ganzen Insel, die noch funktionstüchtig ist, wie Deyà anmerkt.

Oliven und Olivenöl aus der Ölmühle Can Det

Die Hälfte aller Olivenhaine der Umgebung wird schon nicht mehr bewirtschaftet, schätzen Experten. Das liegt daran, dass sie einst als Terrassengärten an den Berghängen angelegt wurden, was zwar auch heute noch schön aussieht, die Ernte aber ganz ungemein erschwert. Maschinen können in dem abschüssigen Gelände nämlich kaum genutzt werden. »Bei uns ist vieles noch immer Handarbeit«, sagt Deyà. Die Menschen müssten bereit sein, für mallorquinische Produkte einen höheren Preis zu zahlen. »Natürlich bekommst du südafrikanische Orangen im Großmarkt billiger«, sagt Deyà. »Aber die sind dann auch nicht am Baum gereift und nicht so süß wie meine.«

Dass Mallorcas Landwirte Unterstützung brauchen, hat nun auch die balearische Regionalregierung erkannt. Seit einiger Zeit sind alle touristischen Betriebe dazu verpflichtet, zumindest drei Prozent der angebotenen Lebensmittel bei lokalen Produzenten einzukaufen. »Viel ist das zwar nicht«, sagt Bauern-Präsident Joan Simonet. »Aber immerhin: Es ist ein Anfang.«

JONAS MARTINY

Anreise Etwas Geduld muss mitbringen, wer nicht nach Mallorca fliegen will. Von Deutschland mit dem Zug nach Paris. Etwa zwölf Stunden dauert dann die Fahrt von Paris bis Barcelona. Von der katalanischen Hauptstadt aus geht es mit der Fähre weiter, die wiederum etwa sieben Stunden unterwegs ist. Seit einiger Zeit gibt es auch eine Fährverbindung von Toulon (etwa zehneinhalb Stunden). Der Zug dorthin geht ebenfalls über Paris.

Bio-Markt Immer dienstags und samstags von 10 bis 14 Uhr verkaufen Öko-Landwirte ihre Produkte in Palma auf der Plaça del Bisbe Berenguer de Palou: www.mercatecodepalma.org

Direktverkauf Bauern, die auf ihren Höfen auch Direktverkauf anbieten, findet man am besten über die Internetseite www.vendadirecta.com

Kooperative Der Einkaufsladen der Kooperative Sant Bartomeu in Sóller ist montags bis freitags von 8 bis 20 Uhr geöffnet, samstags von 8 bis 19 Uhr: www.coopsoller.coop

Can Det Tomeu Deyà bietet Führungen und Verkostungen nach Vereinbarung an: www.candet.es

SCHLEMMERTOUR DURCH DAS BURGUND

Die ostfranzösische Stadt Dijon ist die burgundische Schlemmermetropole. 2022 eröffnete hier die Cité Internationale de la Gastronomie et du Vin.

Das nach zehn Jahren und 250 Millionen Euro Investition fertiggestellte Projekt huldigt gleich zweifach dem UNESCO-Weltkulturerbe: der französischen Küche und den Climats de Bourgogne, den Weinparzellen südlich von Beaune. Rund um gutes Essen und Trinken, auch Thema einer spannenden Dauerausstellung, entstand auf dem 6,5 Hektar großen Gelände ein Zentrum der französischen Küchenkultur. Es gehörte einst zu einem Krankenhaus, das bereits im 15. Jahrhundert als Hospice de Dijon bekannt war. In die moderne Cité integriert ist die Kapelle Sainte-Croix de Jérusalem von 1459. Besucher können sich in der Ausstellung in die Geheimnisse von Kochkunst und Pâtisserie einweihen lassen. Zwischen den historischen Gebäuden laden die Pavillons des gastronomischen Dorfs unter einem Glasdach dazu ein, französische Starprodukte zu bewundern, von der Auster bis zu den unterschiedlichsten Käsesorten. Beeindruckend, aber umstritten, zumal die Realisierung so lange gedauert hat, dass ein vergleichbares Konzept in Lyon bereits pleite gegangen ist. In Dijon will man es besser machen und die Cité zum Besucherliebling gestalten. Die ersten drei Monate zeigten steigende Besucherzahlen.

Für Schlemmer ist hier irgendwie immer etwas los. Erlebnisküche, darunter Duelle bekannter Köche, und neun Kinosäle sorgen für Unterhaltung. Die Librairie Gourmande bietet mit rund 10.000 kulinarischen Buchtiteln reichlich Futter. Highlight für Weinliebhaber ist die Cave de la Cité. In den wandhohen Regalen stehen um die 3.000 Flaschen. 1.000 Weine stammen aus dem Burgund und 2.000 aus Frankreich und anderen Ländern. Allein 250 Weine werden offen im Glas angeboten. Ein Speisesaal unter einer Gewölbedecke, eine Terrasse vor den historischen Mauern der ehemaligen Krankenhauskapelle – der neue Arbeitsplatz des 28-jährigen Chefkochs

Chefkoch Kevin Julien in der Cité Internationale de la Gastronomie et du Vin

Kevin Julien stellt sich altehrwürdig dar. »Vinostronomique«, fasst er die Philosophie seiner Küchenkreationen zusammen – »Speisen und Weine bringen sich gegenseitig zur Geltung.« Elegant, aber in Bistroambiente, wohlgemerkt. Während seiner bisher zehnjährigen beruflichen Laufbahn sammelte der Nachwuchskoch vier Jahre lang Erfahrung bei Éric Pras, dem Küchenchef des Dreisternerestaurants Maison Lameloise in Chagny.

Von einer solchen Chance können die Absolventen der jetzt auch in Dijons Cité vertretenen Elitekochschule Ferrandi Paris vorerst nur träumen. Die einjährige Ausbildung ist so teuer, dass sich größtenteils Schüler aus Asien und den USA anmelden. Eine hochkarätige Burgunderweinschule gibt es in der Cité auch noch. Die École de Vins de Bourgogne bietet Degustationen, Seminare und Ausbildungen an.

Spitzengastronomie, astronomische Preise? In Dijon will man es besser machen und weiß: Die Cité wird nur punkten können, wenn die Preise auf dem Teppich bleiben.

Direkt vor der Tür hält die cassisfarbene Straßenbahn. Zweifellos: Die Farbe erinnert an Félix Kir, bis 1968 insgesamt 23 Jahre Bürgermeister von

Dijon. Nach ihm ist der Kir benannt, ein Cocktail aus Crème de Cassis und Weißwein.

Entdecker fahren bis zur Station Darcy und halten zwischen Park und Triumphbogen Ausschau nach dem Eulenzeichen auf dem Straßenpflaster: Die Pfeile weisen den Weg zu den Sehenswürdigkeiten der alten Hauptstadt der Herzöge des Burgund. Den Parcours de la Chouette (»Eulenweg«) inspirierte der Glücksbringer an Dijons Kathedrale, eine Eule. Hier lautet das Glücksrezept: darüber streichen, Augen zu und sich etwas wünschen. Am besten weiterhin viel Genuss und Gesundheit! Der Stein ist schon ganz blank.

Auf dem Weg zu Dijons Glücksbringer geht es an Traditionsgeschäften wie L'Héritier Guillot, Moutarde de Maille, Edmont Fallot und Mulot & Petitjean vorbei. In den Filialen dieser Gewürzbrotbäckerei (z. B. Place Bossuet 13) gibt es die Eule auch in Lebkuchenform. Dijons Lebkuchen schmeckte schon Burgunderherzog Philipp dem Guten zum Wein. Im Laden bekommt man auch das Rezept der Nonettes de Dijon aus Weizenmehl, Honig und Gewürzen. Sie munden traditionell als Reisegebäck mit Orangenmarmelade genauso wie mit Époisses.

Nach diesem AOP-Käse, der mit Marc de Bourgogne, Brandwein aus Trester der Burgundertraube, affiniert wird, kann man in Dijons Markthalle Ausschau halten. Das Siegel AOP steht für »Appellation d'Origine Protégée« und wird von der Europäischen Union verliehen. Die deutsche Entsprechung ist »Geschützte Ursprungsbezeichnung«.

Der Stil Gustave Eiffels, 1832 in Dijon geboren, inspirierte Dijon Ballard 1869 zur Konstruktion der hiesigen Markthalle. Ein metallisches Gerüst und Säulen tragen das Dach. Darunter sind die Highlights des burgundischen Schlaraffenlands versammelt, vom kompletten Meeresfrüchte-Sortiment aus dem Atlantik über Bresse-Huhn und Charolais-Steaks bis zum Käse, Tapenaden- und Olivensortiment des Händlers Cherif A. Er zieht mit seinem Sortiment von Markt zu Markt, ist montags in Louhans, samstags in Beaune und sonntags in Chagny.

Auf den Spuren des Bresse-Huhns ist das mittelalterliche Louhans mit 157 Arkaden, zwei Verteidigungstürmen und der Kirche Saint-Pierre eine gute Basis. Von hier starten einige Wanderwege. Im Traditionsrestaurant Auberge de l'Europe wird Bresse-Huhn authentisch serviert. Die regionale Hühnerrasse

Im Maison du Charolais in Charolles kann man sich über die weltberühmte Rinderrasse informieren.

in den französischen Nationalfarben – roter Kamm, weißes Gefieder, blaue Füße – kommt mit dem dreifarbigen Gütesiegel und dem Ring mit dem Züchternamen am linken Fuß auf den Tisch. Morcheln und Vin Jaune, ein Weißwein aus dem Jura, sind die Zutaten eines der klassischen Rezepte.

Die Familie von Anthony Marmeys zählt zu den rund 130 Geflügelzüchtern der Bresse. Ihr Hofladen bei Saint-Usuge verkauft Bresse-Hühner und Terrinen. Der 45-Jährige kam vor neun Jahren aus Cannes, um seinem Onkel bei der Zucht zu helfen. »Das Bresse-Huhn hat eine geschützte Herkunftsbezeichnung, aber kein Bio-Label.« Anthony hält zwei der Tiere hoch und erklärt: »Sie laufen sehr schnell und sind daher sehr muskulös. In den letzten Wochen ihres Lebens kommen sie in den Stall und werden gemästet.«

Über ein ebenso emblematisches Qualitätsprodukt informiert das Maison du Charolais in Charolles. Das Museum mit Restaurant und Shop bietet Fleisch-Degustationen an. »Augen zu, Nase zuhalten, das Stück Fleisch in den Mund schieben, langsam kauen, jetzt den Geruch wahrnehmen«, leitet Fréderic Paperin die Teilnehmer an. Beinahe scheint man die Wiesenkräuter zu schmecken wie das Rind. Wer die weißen Charolais in ihrer natürlichen

Umgebung auf sich wirken lassen möchte, kann einem sechs Kilometer langen Wanderweg mit elf Infotafeln folgen.

Aus dem Tal der Arconce, von den saftigen Wiesen eines Hofs, den der Zahnarzt Adrien Pantonnier mit seinen Brüdern im Nebenerwerb führt, stammt das magere Charolais-Fleisch. Der 47-jährige Sternekoch Fréderic Doucet verwandelt es in seinem Restaurant in kreative Erlebnisgastronomie. In Charolles führt er neben einem Hotel und dem Sternerestaurant auch ein Bistro. Für Genießer ein Grund, in dem beschaulichen Ort am Fluss Arconce vorbeizuschauen. In stilvollem Rahmen serviert das Team aus zahlreichen jungen Mitarbeitern mehrgängige Menüs mit Überraschungseffekten. Zu rechnen ist mit Kombinationen wie Aal mit Burgundersauce oder Dijonsenf-Eis. Gemüse und Kräuter, darunter auch Luzerne, stammen aus dem eigenen Garten. Vom Rind wird nachhaltig alles verwendet, vom Mark für das Süppchen bis zu den Hörnern und Knochen, die vom lokalen Tischler als Tischdekoration aufgearbeitet werden.

Im kleinen Clessé zwischen Tournus, Cluny und Mâcon wiederum geht es in erster Linie um Wein. Das Château de Besseuil, ein Weingut wie aus dem Bilderbuch, hat ein Restaurant mit Sommelier und eine Weinbar. In den Appartements finden auch Familien Platz. Es gibt einen kleinen Pool, aber aus ökologischen Gründen keine Klimaanlage.

PETRA SPARRER

Anreise Mit dem Zug über Paris nach Dijon und dann mit einem Mietwagen

Essen La Table des Climats, 12, Parvis de l'Unesco, Dijon: https://lesclimats.brasseriemaison.fr/de; Auberge de l'Europe, 2, Grande Rue: www.aubergedeleurope.fr; Maison Doucet, 2, Avenue de la Libération: https://maison-doucet.com; La Table, Maison du Charolais, 43, Route Mâcon, 71120 Charolles: www.maison-charolais.com; Auberge des Chasseurs, 16, Place du Marché, 71460 Clessé: www.aubergedeschasseurs.fr

Hofladen GAEC Laurency, 1287 Route des Varennes, 71500 Saint-Usuge: www.gaeclaurency.com

Infos www.burgund-tourismus.com; https://de.destinationdijon.com; www.citedelagastronomie-dijon.fr

DER SCHINKENSCHNÜFFLER

Im spanischen Andalusien ist der Schinken eine beliebte Tapa. Auf seine Qualität wird großen Wert gelegt – unter anderem durch Geruchstests.

Jabugo, ein kleines Dorf in der andalusischen Provinz Huelva, hat einem der wohl berühmtesten Produkte Spaniens seinen Namen gegeben, dem Edelschinken Jamón de Jabugo. Mehr als ein Dutzend Hersteller gibt es in dem kleinen Ort, der von Weideland umrahmt ist. Dort grasen die iberischen Schweine. Jedes Tier hat Auslauf: Im Schnitt stehen ihm drei Hektar zur Verfügung, Nachhaltigkeit wird hier großgeschrieben. Seit Jahrhunderten tragen die Tiere zum Erhalt des Ökosystems bei und spielen eine wichtige Rolle beim Landschaftsschutz. Auch die Menschen hier müssen nicht abwandern. Sie finden Arbeit in den Betrieben vor Ort.

Weil sich die Schweine nur von Eicheln ernähren, hat ihr Schinken ein ganz besonderes Aroma. Doch Vorsicht: Nicht alle schmecken gleich. Um sicherzustellen, dass nur der beste Schinken an den Verbraucher gerät, wurde hier ein neuer Beruf erfunden: der des Schinkenschnüfflers. Einer davon ist der Andalusier Manuel Vega Domíngez, der für die vor 150 Jahren gegründete Nobelmarke Cinco Jotas arbeitet. Kein Schinken darf an deren Kunden, zumeist Luxusrestaurants und Gourmettempel, gehen, bevor Vega nicht höchstpersönlich dessen Qualität zertifiziert hat. Sein wichtigstes Arbeitsgerät ist seine Nase. Damit sein Geruchssinn nie getrübt wird, trinkt er jeden Morgen den Saft von sechs frisch gepressten Orangen. Er ist überzeugt, dass er sich deshalb in den letzten Jahren keine einzige Erkältung zugezogen hat.

»Ich habe den Geruch von Cinco Jota-Schinken verinnerlicht«, sagt der 53-Jährige und lacht zufrieden. Binnen zweier Sekunden merkt er, ob ein Schinken den Qualitätsstandards entspricht oder nicht. Sein Geruchsorgan schlägt dann Alarm, wenn der Schinken minimal anders riecht. »Das iberische Schwein darf nur Eicheln fressen. Wenn es etwa Oliven frisst, riecht es nicht mehr so gut, weil sein Fleisch dann ölhaltig ist und länger zum

Manuel Vega Domíngez bei der Arbeit

Reifen braucht«. Der Schinken schmecke dann auch bitterer und werde ausgesondert. Auch Erdbeeren sind tabu. Sollte ein Tier in einen Obstgarten gelangen, kann Vegas feines Näschen sogar dies erschnüffeln. An vier Stellen, wie etwa dem Kniegelenk, prüft Vega tagtäglich die Qualität des Produkts mithilfe der sogenannten Cala, einem zugespitzten Rinderknochen mit einem runden Griff. »Früher benutzten wir einen Holzstab, doch mit diesem Gerät arbeite ich besser«, so Vega.

Dass er eines Tages mit seiner Nase Geld verdienen könnte, ist dem gebürtigen Andalusier nie in den Sinn gekommen, obwohl er schon immer einen ausgeprägten Geruchssinn hatte. Das geht sogar so weit, dass er merkt, wenn einer der Äpfel im Kühlschrank eine faulige Stelle hat. Um sich bei der Arbeit, bei der ihm in Peak-Zeiten mittlerweile fünf weitere Schinkenschnüffler zur Seite stehen, nicht abzulenken, nimmt er auch kein Rasierwasser. Seine Frau hält er an, stets das gleiche Parfum zu benutzen. Um die olfaktorischen Fähigkeiten immer wieder zu schärfen, trinkt Vega Pfefferminztee, die Minze pflückt er selber.

Schon seit 1989 arbeitete Vega bei Cinco Jotas, erst als Schinkenschneider, was ebenfalls eine anspruchsvolle und anerkannte Tätigkeit ist, denn der Geschmack des Schinkens hängt auch davon ab, wie fein jede einzelne Scheibe geschnitten ist. Doch Vega wollte aufsteigen und bewarb sich bei einer innerbetrieblichen Stellenausschreibung um den Riech-Job. »Ich hatte natürlich Glück, dass in der Schinkenwelt mit dem Hype um den Bellota-Schinken neue Berufe entstanden sind«, lacht Vega. Die Prüfung war hart. Er musste kleinste Quantitäten – man hatte einen Tropfen auf einen Liter gegeben – von Weißwein, Gin, Ammoniak, Essig und Alkohol erriechen, um sich zu qualifizieren. Vega, Vater zweier erwachsener Töchter, schaffte es auf Anhieb.

Sein Vorbild ist seine Vorgesetzte Cristina Sánchez Blanco, die ebenfalls mit einem feinen Näschen ausgestattet ist. Als Studentin roch sie Feuer beim Nachbarn in der Küche und konnte die Hausbesitzer warnen, die noch ahnungslos im Wohnzimmer saßen. Inspiriert fühlt sich Vega auch von der Krimiserie »The Sniffer – Immer der Nase nach«, die von einem ukrainischen Detektiv handelt, der der Polizei dank seiner olfaktorischen Fähigkeiten bei der Lösung schwieriger Fälle hilft.

Auf die Frage, ob Vega nicht viel lieber für die Parfumindustrie arbeiten will, wo immer Menschen mit seinen Fähigkeiten gesucht sind, lacht Vega: »Ich bin hier geboren, und in diesem andalusischen Dorf will ich leben, unbelästigt von den Gerüchen der Großstadt und ihren Abgasen«

Ute Müller

Iberische Schweine auf der Weide

Anreise Mit dem AVE-Schnellzug von Madrid nach Sevilla. Von dort weiter mit dem Bus nach Aracena. Montags bis freitags starten die Busse um 16 Uhr, Ankunft in Aracena um 18.10 Uhr, samstags und sonntags Abfahrt von Sevilla um 9 Uhr, Ankunft in Aracena um 11.10 Uhr. Von Huelva aus gibt von Montag bis Freitag einen Direktbus nach Jabugo, Abfahrt um 15 Uhr, Ankunft um 17.15 Uhr. Man kann natürlich auch nach Jabugo wandern. Von jedem Dorf der Sierra de Aracena und den Picos de Arroche gibt es ausgeschilderte Wege nach Jabugo.

Besuch der Bodegas von Cinco Jotas Mittwoch bis Samstag von 10 bis 18 Uhr, sonntags: von 10 bis 14 Uhr. Reservierungen unter Tel. 0034 603 59906; visitas.cincojotas@osborne.es; Kosten: 20 Euro, darin enthalten Schinkenprobe und einstündige Führung

ALLE WEGE FÜHREN ZUM BROT

Der Roggensauerteiglaib ist das führende Produkt der Slow-Food-Bewegung im Kärtner Lesachtal. Er ist auch immaterielles Weltkulturerbe.

Der Duft schleicht sich fast unbemerkt durch die Nase ins Hirn. »Heimelig«, signalisiert er, »warm und lecker«. Er kommt aus dem Backofen, in dem sich das Brot seiner Vollendung nähert. Wenig später öffnet Rosa Lanner – schlank, kurze silberne Haare, eine blitzblanke weiße Schürze über der blauen Bluse – die Tür. Und prompt entweicht noch mal ein ganzer Schwall von Aromen. Nussig, fruchtig-säuerlich, würzig wie Koriander- und Fenchelsamen, ein Hauch von Kümmel. Und dann kommt das Brot in Sicht. Acht längliche Körbchen haben die Laibe in Form gehalten, die die Seniorchefin des Hotels Wanderniki in Obergail im Lesachtal nun auf das große Holzbrett stürzt. Mattmittelbraun ist die Kruste, etwas verwischt, aber noch zu erkennen, der Herz-Jesu-Stempel – den hatte Lanner noch im letzten Moment in den fertig geformten Teig gedrückt.

Wie gern würden wir nun gleich kosten, zumal wir dieses besondere Brot praktisch selbst hergestellt haben! Doch flink schlägt uns die Wirtin auf die Finger. »Zwölf Stunden muss das jetzt ruhen«, sagt sie. »Der Geschmack muss von der Kruste in die Krume wandern.« Es bleibt der knurrende Magen und die Vorfreude auf das nächste Frühstück.

Wir sind nicht die einzigen Gäste, die die Backstube unter Anleitung von Rosa Lanner mitnutzen dürfen. Ihre Workshops zur »Kunst der Brotbackens im Lesachtal« bietet sie regelmäßig an. Und sie ist auch nicht die einzige Bewohnerin dieses versteckten Tals im österreichischen Kärnten, die ihr Familienrezept an Interessierte weitergibt. Denn auch wenn es so viele Varianten gibt wie Bauernhäuser: Die Menschen hier wissen ihr Brot zu schätzen – und dass es nicht nur Spaß macht und ein bisschen Geld bringt, das Handwerk weiterzugeben, sondern wichtig für das ganze Tal ist.

Denn das Lesachtaler Brot ist mehr als ein Grundnahrungsmittel. Mit seiner Wertschöpfungskette steht es für Kultur und Geschichte der Region, für die Verquickung von Wissen, Traditionen, Ritualen, Spirituellem, Sprache und Landschaft, sogar für baukulturelle Elemente. So ähnlich steht es in der Begründung der UNESCO, die es 2010 in die Liste des Immateriellen Kulturerbes aufgenommen hat. Sie hält für schützenswert, wie die Lesachtaler über Jahrhunderte die Herausforderungen des harten Lebens gemeistert haben: Wie und wann säe ich das richtige Korn, wie löse ich Transportprobleme, wie mahle ich das geerntete Getreide, wie mache ich das wiederum bekömmlich und haltbar – eigentlich also: Wie überleben wir hier?

Diese Zusammenhänge sind auch der Slow-Food-Bewegung wichtig. Deren Anhänger*innen setzen sich weltweit dafür ein, dass jeder Mensch Zugang zu Nahrung hat, mit der es ihm, aber auch den Produzent*innen und der Umwelt, gut geht. Die hochwertig ist und in regionalen Kreisläufen sauber und fair hergestellt wird. Sie hat das Lesachtaler Brot zum sogenannten Presidio ernannt. Das sind Lebensmittel, die nach diesen Prinzipien erhaltenswert erscheinen, aber Gefahr laufen zu verschwinden, weil das Wissen um ihre Herstellung verloren geht.

Beide Auszeichnungen helfen, Förderungen zu bekommen. Sie nehmen die Lesachtaler von heute aber auch in die Pflicht. Und dabei geht es eben nicht nur um das Zusammenrühren des Teigs mit dem Teigschaber, oder um das Ansetzen des Sauerteigs, der das Roggen-Weizenvollkorn-Gemisch bekömmlicher und aromatischer macht. Nein, es beginnt schon mit dem Anbau des Getreides: Alte Kultursorten wie der Weizen Kärntner Früher oder der Oberkärntner Winterroggen sind an die Landschaft angepasst, wo Höfe und Felder der Bergbauernfamilien auf Hangterrassen in bis zu 1.427 Metern Seehöhe liegen und bei Weitem nicht alles wächst.

Bei den langen, kalten Wintern müsste gut abgepasst werden, wann man anbaut und wann erntet, erklärt Helene Lugger. Sie trägt die blonden Haare kurz, Jeans, Sneakers und einen leuchtend roten Anorak gegen den aufziehenden Regen, als sie uns zeigt, wie die Müllnerbauern das Problem früher gelöst haben: Weil wenig Zeit war, die Ernte zu verarbeiten, bevor der erste Schnee kam, errichteten die Landwirte am Hang eigene Mühlen, in denen das Korn gleich gemahlen werden konnte. »Das Lesachtal hieß früher das

Rosa Lanner beim Brotbacken im Alpenhotel Wanderniki

Tal der hundert Mühlen«, sagt Lugger. Angetrieben wurden die Mühlen vom Wasser der überall herabströmenden Bäche. Und sie konnten viel mehr als Mehl herstellen: Über findige Konstruktionen trieben sie auch Seilbahnen an, die Saatgut und Gerätschaften nach oben, geerntetes Getreide und Mehl ins Tal transportieren konnten.

Noch heute gehört den Luggers selbst eine der letzten Mühlen in Maria Luggau, das mit seiner Wallfahrtskirche das religiöse Zentrum und mit seinem großen Bauernladen auch das Schaufenster der hiesigen Erzeugnisse ist. Sie haben den Mühlenverein mitgegründet, dem Helenes Schwiegervater Mario Lugger derzeit vorsitzt. Seine Mitglieder wollen das Wissen über den Bau der Mühlen, die dahinterstehende Technik und das Müllerhandwerk bewahren und weitergeben.

Das sei oft gar nicht so einfach, sagt Lugger, während sie vorführt, wie sie mit einem Handgriff das Wasser aus der offenen Holzleitung auf das Mühlrad umlenkt. »Jetzt wird es laut«, ist gerade noch zu hören, bevor ein gewaltiges Stampfen und Knirschen losgeht: Das Korn rieselt zwischen die schweren Steine und fällt als Mehl über ein ausgeklügeltes System in ein großes Sieb über einem Kasten, das die Kleie, das gröber und das feiner gemahlene Mehl wie von Zauberhand sortiert. Kleinere Schäden und Verschlisse könne man selbst reparieren, so Lugger. »Aber wenn mal ein Mühlstein bricht, wird es schwierig. Das gesamte Wissen liegt ja im Erfahrungsschatz der Leute hier, die zum Teil schon sehr alt sind, und kann von niemand anderem eingebracht werden.«

Im Moment reicht das Lesachtaler Mehl nicht aus für all das Brot, das die Bäuerinnen, Gastwirte und nicht zuletzt der Bäcker in Maria Luggau backen. Zur Not weiche man eben auf Kärntner Biomehl von außerhalb aus, sagt Nikolaus Lanner pragmatisch. Lanner ist der Sohn von Rosa, Namengeber und Inhaber des Öko-Alpenhotels Wanderniki und nicht zuletzt auch Vorsitzender des örtlichen Tourismusverbandes. Das Lesachtaler Brot sei »nichts Museales, sondern gelebte Tradition und Kultur«. Das versuche er auch den anderen Tourismusaktiven im Tal zu vermitteln, damit sie weniger Scheu haben, die Idee mitzutragen und weiterzuentwickeln. »Es ist nicht immer einfach«, sagt Lanner. »Viele müssen auch erst einmal sehen, was sie davon haben.«

Mühle in Maria Luggau

Ein Weg dazu sind Hoffeste, die im Wechsel bei den verschiedenen Betrieben stattfinden, glaubt er. Dort könne jede*r die eigenen Besonderheiten präsentieren. Auf dem Gailerhof in Niedergail funktioniert das an diesem Samstag ganz wunderbar. Der Regen stört hier niemanden, man rückt einfach unter dem Vordach und den beiden blauen Zelten zusammen. Die Bäuerin schleppt noch einen zusätzlichen Klapptisch und Bänke in die Stube. Platz wird gemacht. Schließlich sollen alle mitkriegen, wie wunderbar der Kuchen aus dem Café Kuhle Einkehr schmeckt, der hier dem Brot ein bisschen die Show stiehlt. Wir wollen noch mal raus, Nachschlag holen. Hallo, juchhe, kein Problem. Bringts mir noch den Zirbenschnaps! Denn auch das gehört zum Lesachtal: Feste wollen begossen werden. Das Schnapsregal im Hofverkauf Maria Luggaus ist nicht das schmalste.

Wer mehr Höfe und Betriebe an einem Tag erleben will, kann das auf dem Brot- und Morendenweg machen – und gleich mit Bewegung verbinden. Auch das Wort »Morende« gehört zur spezifischen Kultur des Tales. Es leitet sich vom Italienischen ab. »Geamo Morenden«, soll es geheißen haben, wenn die Bauernfamilien zusammenkamen und ihre traditionellen selbst hergestellten Gerichte speisten. Die rund dreieinhalb Stunden lange Wanderung führt an Stationen vorbei, an denen es Bergkäse, Speck, Schlipfkrapfen, Stockblattln und natürlich das Brot gibt – wie jetzt auch endlich im Wanderniki. Der Geschmack? Knusprig die Kruste, würzig die Krume. Lecker. Und mehr braucht's jetzt gerade auch nicht.

BEATE WILLMS

Anreise Mit der Bahn von Linz/München via Salzburg und Bischofshofen nach Spittal/Millstättersee, umsteigen nach Oberdrauburg. Dann mit dem Bus nach Kötschach-Mauthen und von dort ins Lesachtal. Kärnten hat auch einen Last-Mile-Service: ein rund um die Uhr zu buchendes Bahnhofshuttle, etwa von Lienz oder Oberdrauburg: https://www.bahnhofshuttlekaernten.at

Vor Ort Gut ausgebautes Bussystem im Lesachtal. Fahrpläne: https://mobilbuero.com/fahrplaene Mit der LesachtalCard sind sie kostenfrei zu nutzen: https://www.lesachtal.com/de/Unterkunftfinden/Gaestekarten/Lesachtal-CARD. Das Angebot an Unterkünften ist klein, aber fein. Zu buchen sind Zimmer in Ökohotels, Berggasthöfen und Bauernhöfen, die teils auch Ferienwohnungen haben. Auch einige Privatzimmer sind im Angebot: https://www.lesachtal.com

EDLE TROPFEN

Ein Fischerdorf in Italien wehrt sich gegen den Massentourismus. Und profiliert sich dabei als Heimat einer ganz besonderen Fischsoße.

An der Amalfiküste ist der Süden blau. Die Badestrände sind kleine Buchten, vor denen bunte Boote schaukeln. Pastellfarbene Fischerdörfer ranken sich an Felswänden hoch. Verbunden werden sie von einer kurvigen Straße, auf der Vespa-Roller knattern und Busse den Verkehr lahmlegen. Und am Berg blühen die Zitronen in angelegten Terrassenhainen. Schon seit 1997 gehört die paradiesische Küste, die südlich von Neapel liegt, zum Welterbe der UNESCO.

Eigentlich wäre alles perfekt, gäbe es da nicht die Reisebusse und Kreuzfahrtschiffe, die vor allem die bekannten Sehnsuchtsorte Amalfi und Positano mit Menschenmassen fluten. Und dazwischen suchen auch noch all die anderen Touristinnen und Touristen einen Platz, um den Blick auf das glitzernde Meer zu genießen. Es ist wie anderswo: Der Massentourismus hat die Küste fest im Griff. Die gesamte Küste? Nein. Ein kleines Dorf wehrt sich gegen die touristische Totalvermarktung und setzt dabei Sardellen ein oder besser gesagt ihren schmackhaften Saft, mit dem Spaghetti oder andere Speisen gewürzt werden: die Colatura di Alici aus Cetara.

»Wir wollen unsere Identität und unsere Traditionen als Fischerdorf und als Gemeinschaft bewahren«, erklärt Secondo Squizzato, ehemaliger Bürgermeister des Ortes, der nahe Salerno im südlichen Teil der Küste liegt. Seit 20 Jahren mobilisieren er und das lokale Tourismusbüro Pro Loco die einheimischen Fischer, Hersteller und Gastronomen. Sie haben den Verein Amici delle Alici gegründet, dem Squizzato vorsitzt und der von Anfang an von der italienischen Slow-Food-Bewegung unterstützt wurde. Ihr Anliegen war einerseits der Schutz der Einzigartigkeit ihrer Fischsauce und andererseits eine Vermarktung, bei der es nicht nur um das Produkt, sondern auch um den besonderen Ort und die besondere Kultur der Fischerei und der Herstellung geht.

Jetzt haben sie sich durchgesetzt. Seit 2020 darf die Colatura di Alici aus Cetara das DOP-Gütezeichen tragen. Das Siegel heißt auf Deutsch »geschützte Ursprungsbezeichnung« und wird von der Europäischen Union für Lebensmittel vergeben, deren spezifische Qualität von ihrer Herkunftszone abhängt. Die Colatura di Cetara ist das einzige Produkt der Fischverarbeitung in der EU, das diese Auszeichnung tragen darf, obwohl auch anderswo traditionelle Fischsoßen hergestellt werden.

»Darauf haben wir lange gewartet«, sagt Giulio Giordano. Er und sein Bruder Vincenzo sind die dritte Generation in der Familie, die aus frischen Sardellen salzige Soße presst. In ihrem kleinen Laden, der im oberen Teil des Dorfes an der Küstenstraße liegt, verkaufen sie die Flaschen mit ihrem Markennamen Nettuno. In den Räumen nebenan verarbeiten sie den Fisch. Beim Eintreten riecht es streng, doch man gewöhnt sich schnell daran. Die Gebrüder Giordano sind die Einzigen, die noch mitten im Ort produzieren. Die anderen haben sich größere Hallen außerhalb des Dorfzentrums gesucht. »Wir sind die ältesten, aber auch die kleinsten Hersteller«, erklärt Giulio. Und auf beides ist er stolz.

Wie vor 100 Jahren bekommt er auch heute noch morgens die fangfrischen Sardellen von den örtlichen Fischern geliefert. Sie werden sofort und mit einer einzigen Bewegung von Kopf, Rückengräte und Innereien befreit und in Fässern aus Kastanienholz mit Salz geschichtet. Obenauf kommt eine Holzscheibe mit Gewichten. Nach ein paar Wochen beginnt es aus dem Loch im Unterboden zu tropfen. Aber bei den Giordanos müssen die Sardellen, die sich im Nebenraum in den kleinen Fässern stapeln, erstmal drei Jahre reifen. »Wie guter Wein«, zwinkert Giulio. Bei den anderen Produzenten geht es schneller. Aber bei ihren edlen Tropfen machen die Brüder keine Abstriche, bis heute. Es geht um das Aroma, sagen sie. »Der Vater kontrollierte die Fässer jeden Tag«, erinnert sich Vincenzo.

Früher durften sie noch die Felsgrotten im Dorf zur Lagerung nutzten. Das wurde dann jedoch von der Gesundheitsbehörde verboten. Um ihre traditionellen Holzfässer haben sie aber erfolgreich gekämpft. Und bis heute beginnt und endet der Produktionskreislauf hier bei ihnen im Dorf. Die ausgepressten Sardellenreste werden wieder zu Fischfutter. Kaum ein anderes Lebensmittel ist nachhaltiger.

Gulio und Vincenzo Giordano vor Fässern ihrer Colatura die Alici

Dennoch haben die Brüder, die beide im Rentenalter sind, keine Nachfolger. Die Kinder interessieren sich nicht für den Job. Natürlich können die Giordanos ihren guten Firmennamen verkaufen. Aber ihr persönliches Know-how, ihr ganzes Wissen um die Feinheiten der Colatura geht verloren. Dabei ist der salzige Saft, den bis vor 30 Jahren kaum jemand außerhalb der Amalfiküste kannte, auf dem Weg, die Welt zu erobern.

Aber das geht natürlich nur so lange, wie die Fische vor Cetara schwimmen. Denn in die echte Colatura kommen natürlich nur die heimischen Sardellen. Bis jetzt hat Domenico Giordano, Fischer und nicht verwandt mit den Nettuno-Brüdern, noch keine Probleme. »Durch die Meeresverschmutzung werden die Fische weniger, aber Sardellen für die Colatura holen wir noch genug«, sagt er. Cetara war früher auch der größte Thunfischlieferant Europas, aber darauf sind heute nur noch ein paar Fischer spezialisiert.

Domenico steht in Gummi-Clogs auf seinem Boot im Hafen von Cetara, der noch ein echter Fischerhafen ist, und legt die Netze zurecht. Heute Abend zwischen sieben und acht fährt er hinaus und morgens gegen halb vier kommt er zurück. Der 61-Jährige war schon als Kind auf dem Boot, mit Vater und Großvater. Heute hat er eine siebenköpfige Besatzung. Die Sardellen werden mit einem Netz gefangen, das erst ausgebreitet und dann wie ein schlauchförmiger Sack geschlossen wird und auf Italienisch *cianciolo* heißt. Es kann 2.000 Kilo fassen, die sind aber nur selten drin. Benutzt werden auch zwei starke Leuchten, *lampare* genannt, um die Fischschschwärme anzulocken.

Die neuen DOP-Regeln ändern für Domenico wenig. »Wir machen unsere Arbeit, wie wir es immer getan haben«, erklärt er. Die *alici* müssen allerdings eine bestimmte Größe erreichen und dürfen nur in den Monaten Mai und Juni und nicht allzu weit entfernt von der Küste gefischt werden. Domenico hat feste Abnehmer. Die Geschäfte machen ihm weniger Sorgen als der Zustand des Meeres. »Noch schlimmer als das Plastik sind die Abwässer«, sagt er. Und dass ihre Ursache der Massentourismus sei, der die Amalfiküste inzwischen in fast allen Jahreszeiten überrollt.

Auch Cetara bleibt davon nicht verschont, aber alles in allem geht es doch ruhiger zu als im Souvenir-Suk von Positano. Immerhin gibt es am Hafen noch die alte Bar der Fischer, wo man auf das Meer und die Boote schauen kann. Und es gibt noch alteingesessene Restaurants mit traditioneller Fischküche, bei denen die *Spaghetti alla colatura di alici* auf der Karte stehen.

Früher war die Würzsauce eigentlich für den Hausgebrauch gedacht. Jede Familie hatte ihr eigenes Fässchen. Die Colatura war rechtzeitig zu Weihnachten fertig und bekam dann den richtigen bernsteinfarbenen Schimmer, um an Heiligabend mit den Spaghetti auf den Tisch zu kommen. Ihr Vorläufer war das Garum, die Fischsauce des antiken Rom, bei der allerdings auch der Kopf und die Innereien verarbeitet wurden. Bis heute machen viele Familien in Cetara ihre Colatura selbst.

Auch das Restaurant San Pietro, wo die Fischsauce zum ersten Mal Gästen serviert wurde, verzichtet bis heute nicht auf die eigene Herstellung. Für Kellner Enrico De Crescenzo, der auf der buntgekachelten Terrasse des Lokals seit 30 Jahren serviert, ist das Ehrensache. Und er stellt klar: »Die echte Colatura kommt nur von hier.« Wie alle im Dorf warnt er vor Imitationen. Für Secondo Squizzato und seine Mitstreiter um das DOC-Gütesiegel ist das ein großer Erfolg. Denn wenn es um die Fischsauce geht, sind in Cetara alle einer Meinung. Und das kommt hier genauso selten vor wie anderswo.

Michaela Namuth

Anfahrt nach Cetara Mit der Bahn über Salerno: Der Bahnhof von Salerno wird von den italienischen Schnellzügen Frecce angefahren. Ab Bahnhof kommt man entweder mit dem Küstenbus weiter (Sita-Bus bis Amalfi, 20–35 Minuten) oder mit der Fähre vom nahegelegenen Hafen (15 Minuten).

Kontakt Produzenten Fabbrica Nettuno, Corso Umberto I, 66, 84010 Cetara/Salerno, Tel. 00 39 89 261147, www.nettunocetara.it

REIFE KIRSCHEN, PRALLE FEIGEN

Die Donauschwaben in Südungarn als Traditionswinzer. Nirgendwo ist die wechselvolle Geschichte Südungarns so präsent wie in Pécs.

Wenn die Nachmittagssonne durch die Glaswand in sein Atelier hoch über der ungarischen Stadt Pécs fällt, sieht Gábor Illa seine Skulpturen in mildes Licht getaucht. Die Steinplastiken zeichnen sich durch ihre runden Formen aus, die Bronzen sind gegenständlich und exotisch, etwa der Aztekengott Quetzalcóatl.

Mitten im Wohnzimmer steht ein überlebensgroßes Modell des heiligen Wendelin: aus Gips und Styropor geformt. Die Statue, die von Ungarndeutschen in Auftrag gegeben wurde, soll im Dorf Bezedek, unweit der Stadt Mohács, stehen. Heiligenbilder gehören sonst nicht in sein Repertoire, sagt der junge Künstler fast entschuldigend. Aber einen gut bezahlten Auftrag schlage man nicht gerne aus.

Denn der Sohn eines Steinmetzen kann von der freien Kunst allein nicht leben. Immer wieder werde er für eher handwerkliche Restaurierungsarbeiten angefragt. Zu Restaurieren gibt es in Pécs viel: von den frühchristlichen Grabstätten der Römersiedlung Sopianae über die barocken Gebäude und Jugendstilfassaden im Zentrum bis zum Areal der ehemaligen Keramikfabrik der Industriellenfamilie Zsolnay.

Das Stadtzentrum von Pécs rund um die Fußgängerzone in der Király Utca strahlt die gediegene Aura einer k. u. k Provinzstadt aus. Die Amtsgebäude und Schulen entsprechen dem Modell, das überall in der Habsburger Monarchie kopiert wurde. Denkmäler ungarischer Helden und Künstler erinnern daran, dass man sich nicht in Österreich befindet.

Das wird auch durch die Gebäude aus der osmanischen Zeit unterstrichen. Das größte ist die im Auftrag von Pascha Gazi Kassim 1543 aus den Überresten der Bartholomäuskirche erbaute Moschee, gleichzeitig das größte islamische Bauwerk Ungarns. Heute dient das Gotteshaus wieder als

Weinberge in Villány

Kirche. Das am besten erhaltene islamische Bauwerk ist die Moschee des Paschas Jakowali Hassan, in der heute ein Museum untergebracht ist.

Nirgendwo ist die wechselvolle Geschichte Südungarns so präsent wie in Pécs. Als die Habsburger nach der zweiten Wiener Türkenbelagerung von 1683 begannen, die Osmanen schrittweise zurückzudrängen, wurde ihre Herrschaft über ganz Ungarn besiegelt. Das frei gewordene Land gab man armen Bauern aus Deutschland. Aus Hessen, der Pfalz, dem Sudetenland und Bayern. Donauschwaben nennt man sie wahrscheinlich, weil sie von Ulm aus über die Donau angereist kamen.

Die Stadt Fünfkirchen (Pécs) wurde zum Zentrum der deutsch-ungarischen Kultur und blieb es bis zum Zweiten Weltkrieg. Die Vertreibung der Deutschstämmigen wurde aber nicht mit derselben Gründlichkeit vollzogen wie im Sudetenland oder in Ostpreußen. Viele konnten sich ihr entziehen. So gibt es heute noch eine deutsche Schule, und die Nikolaus-Lenau-Stiftung sorgt dafür, dass die deutsche Kultur lebendig bleibt. Mehr als die Hälfte der deutschsprachigen Bevölkerung Ungarns lebt in und um Pécs.

In Pécs hatte der Weinbau Tradition. Die Weinberge im Norden der Stadt sind aber in den letzten Jahrzehnten kleinen Wochenendhäusern oder Villen gewichen. Die Weinproduktion konzentriert sich heute auf die ungarische Weinstraße zwischen den Städtchen Siklós und Villány, etwa 40 Kilometer südlich von Pécs. Dort wurde schon zur Römerzeit Wein gekeltert. József Bock kann die Winzertradition zumindest bis 1850 zurückverfolgen.

Es ist gar nicht leicht, den 1948 geborenen Pionier in Ruhe zu sprechen. Wenn er nicht gerade verreist ist, plaudert er gern mit den Gästen oder muss auf seinen 70 Hektar großen Weingärten nach dem Rechten sehen. Seine Geschichte hat er schon unzählige Male zum Besten gegeben: Zur Zeit des sozialistischen Regimes war Privateigentum nur sehr begrenzt möglich. Um den Weinbau kümmerte sich ein Staatsbetrieb. Die Familie Bock konnte lange Zeit nur einen halben Hektar selbst bewirtschaften. Doch noch vor der politischen Wende nutzte Bock die sich öffnenden Freiräume und erwarb auf die Namen von Familienmitgliedern kleine Parzellen, die es ihm erlaubten, mehrere Rebsorten anzubauen.

Ab 1987 füllte er unabhängig vom Staatsbetrieb Flaschen ab und verkaufte um die 15.000 Flaschen jährlich an Hotels in Pécs. Gemeinsam mit den Kollegen Attila Gere und Zoltán Polgár folgte er dem Trend zum Qualitätswein. Dass es ihm gelungen ist, belegen die unzähligen Auszeichnungen, mit denen die Wände in seinem Hotel gepflastert sind.

Heute kann man Bocks Cabernet Sauvignon und Merlot von Neckartenzlingen bis Schanghai bekommen. Der Export ist dem Edelwinzer aber nicht so wichtig: »85 Prozent werden in Ungarn getrunken«. Zum Teil direkt in den eigenen Kellern. Weinverkostung gehört hier quasi zum Pflichtprogramm. Dass auch Promis die Tropfen des Winzers zu schätzen wissen, belegen Fotos von Otto Habsburg und Plácido Domingo, die neben József Bock posieren.

Weinfässer im Keller der Kelterei von József Bock

Die Region erfreut sich eines mediterranen, teilweise submediterranen Klimas. Schon Ende Mai sind die Kirschen reif, die Feigen sind bereits prall. Auf den Südhängen gedeiht vor allem der Rotwein prächtig. Ein paar Hektar Riesling und Chardonnay auf den eher schattigen Lagen sind ein Tribut an die Weißweintrinker.

Den Blauen Portugieser haben schon die Donauschwaben im 18. Jahrhundert mitgebracht. József Bocks Vorfahren sind ab 1734 dokumentiert. Sie kamen aus der Gegend von Fulda und siedelten im Jammertal, das auch auf ungarischen Karten mit diesem Namen verzeichnet ist. Der Name soll auf die Vertreibung der Türken zurückgehen. Noch heute hat Bock einen Keller im Jammertal, wo Tausende Liter Wein in Eichenfässern reifen.

In den Nischen lagern Flaschen aus der Anfangszeit in den frühen 1990er-Jahren, denen der zottige Moder, der sich in den feuchten Gewölben breitmacht, den Anschein antiker Reliquien verleiht. Etwas Sakrales haftet auch dem neuen Keller direkt unter dem Hotel- und Restauranttrakt an. Ein 107 Meter langes Gewölbe, beidseitig von Eichenfässern gesäumt, endet unter einer Kuppel, die an die frühchristlichen Gräberhallen in Pécs erinnert.

Sie dient aber weit lebendigeren Veranstaltungen wie Konzerten oder Vorträgen.

Entlang der Hauptstraße von Villány reiht sich ein Keller an den anderen. Viele der Winzer tragen deutsche Namen, denn trotz der Vertreibung der Deutschstämmigen 1945 hat sich eine starke Minderheit von etwa 40 Prozent gehalten. Auch die altertümliche Bauernsprache wird noch gesprochen. Die Probleme, die es noch vor 50 Jahren zwischen den ethnischen Gruppen gegeben habe, sagt József Bock, seien längst verschwunden. Über József Bock weiß selbst die Konkurrenz nichts Böses zu berichten. Er ist mehrmals zum beliebtesten Winzer gewählt worden.

RALF LEONHARD

Anfahrt Von Wien Hauptbahnhof geht ungefähr alle zwei Stunden ein Zug über Budapest-Kelenföld nach Pécs. Gesamtdauer: ab 5 Stunden. Alternativ mit dem Bus von Wien Erdberg über Budapest Népliget Busstation. Reisedauer ähnlich lang.

Weinstraße Neben József Bock (www.bock.hu/de) gibt es jede Menge weiterer Weingüter. Lohnenswert ist ein Ausflug, der über einen Skulpturenpark westlich von Villány durch die Weinberge zum Gut Vylyan (www.vylyan.hu/en) führt. Die über Kisharsány gelegene Kellerei bietet neben Weinverkostungen auch kalte Speisen.

Weinfestival Anfang August wird jedes Jahr an der Weinstraße ein fünftägiges Festival mit Straßentheater, Freiluftkonzerten und anderen Aktivitäten gefeiert.

Weitere Information Über das Kulturangebot von Pécs, Stadtbesichtigung, Unterkünfte und anderes informiert www.iranypecs.hu/en

SCHNAPS FÜR ÖKOS

Auf der westschottischen Halbinsel Morvern wird der nachhaltigste Whisky Großbritanniens produziert. Aber die Branche wacht nun auf.

Der Ort, an dem Whisky grundlegend neu gedacht wird, sieht aus, als könne er eigentlich nicht in Europa liegen. Tiefgrüne Wiesen zwischen kargem Fels, Wälder mit riesigen Bäumen, zwischen deren Stämmen gigantische Farne, Schilfe, Kletterpflanzen und Moose wuchern: Die heute kaum bewohnte Morvern-Halbinsel an der schottischen Westküste hat etwas von »Jurassic Park«, sie ist gesegnet mit einem Mikroklima ständigen Regens, der überall kleine Bäche sprudeln und das Grün wuchern lässt. Und während der Rest Europas unter Hitzewellen ächzt, liegen die Temperaturen hier im Durchschnitt bei etwa 16 Grad. Es sind die kalten Tropen Europas.

Auf Morvern leben gefährdete Wildkatzen und Steinadler, vor dem lokalen B & B äst auch schon mal ein Hirsch im Garten oder laufen Otter über den Weg. Die Geschichte dahinter ist weniger romantisch. Denn dass Morvern heute so leer und wild ist, liegt auch an den berüchtigten Highland-Clearances im 19. Jahrhundert, als Gutsherren und -damen aus dem englischen und schottischen Süden die armen Bewohner*innen zugunsten der Schafzucht enteigneten und vertrieben. Auch auf dem 7.000 Acres großen Drimnin Estate fielen dem Hunderte Pächter zum Opfer.

Dass in diesem Estate nun Schottlands erste Biowhiskydestillerie steht, gegründet von der nahe London geborenen Tochter der Landbesitzer, ist auch eine Klassengeschichte. Und eine grüne Revolution. Der Ökowhisky von der wilden Halbinsel heißt Nc'nean: eine Kurzform von Neachneohain, der gälischen Göttin, die die Natur schützt.

Annabel Thomas weiß, dass ihre Geschichte gut klingt. Die Gründerin von Nc'nean – Enddreißigerin, eine der wenigen weiblichen CEOs in dieser männerdominierten Branche – hat 2013 ihren Job als Strategy Consultant gekündigt, um auf dem Anwesen ihrer Eltern, Drimnin Estate, Whisky herzustellen. Und Dinge anders zu machen. »Auf den Destillerietouren sagen sie alle dasselbe: Wir machen Whisky so, wie wir das immer gemacht haben, nach alter Tradition und so weiter«, erzählt sie. »Niemand sprach über Nachhaltigkeit. Ich dachte: Das ist ein Problem.«

Also machte sie es anders: Produziert wird mit 100 Prozent erneuerbarer Energie. Nc'nean nutzt einen Biomasseboiler mit lokalem Holz sowie ein umweltfreundliches Kühlbecken statt eines Kühlturms. Boiler und Becken seien allerdings sehr teuer gewesen, und für die regionale Biogerste zahle man 25.000 Pfund im Jahr zusätzlich. Im Betrieb sei das Kühlbecken aber viel günstiger als ein Turm, und dass der Boiler Holz statt Öl verbraucht, erwies sich auch ökonomisch als kluge Wahl.

Schwerer wird der Einfluss auf die Lieferkette: Wie bekommt man eine italienische Glasfabrik dazu, auf erneuerbare Energie umzustellen? Immerhin sind die Flaschen aus recyceltem Glas. Und die Abfälle der Whiskyproduktion werden als Kuhfutter und Dünger wiederverwendet.

Durch all diese Maßnahmen ist Nc'nean die erste Whiskydestillerie in Großbritannien, die bei den Scope-1- und -2-Emissionen (Standards zur Messung der Emissionen von Unternehmen) als »net zero carbon« zertifiziert ist, also alle direkt erzeugten CO_2-Emissionen auf den niedrigstmöglichen Punkt heruntergefahren hat. Bei den Scope-3-Emissionen, jenen aus der Lieferkette, ist sie CO_2-neutral; alle Emissionen werden kompensiert. Nach eigenen Angaben liegt der jährliche CO_2-Abdruck bei weniger als einem Hin- und Rückflug zwischen London und New York – bei einer Produktion von 96.000 LPA (purer Alkohol in Litern) im Jahr.

Der erste Single Malt, drei Jahre alt, kam 2020 auf den Markt. Fruchtig ist dieser Nc'nean, mit Noten von Pfirsich, Karamell und Vanille und einem Hauch Kräutern. Hergestellt aus schottischer Biogerste, gereift ausschließlich in der Destillerie vor Ort in ehemaligen Bourbonfässern und STR-Ex-Rotweinfässern. STR steht dabei für »shaved, toasted and re-charred«: Die Fässer werden dabei erst innen ausgeschabt, um das Rotweinaroma zu schwächen und Aromen aus frischem Eichenholz zu erhalten. Anschließend werden Eichenchips aus alten Whiskyfässern verbrannt, um Zucker und Vanillin im Holz des Fasses zu karamellisieren. Zuletzt wird die Innenseite des Fasses noch mal ausgebrannt. Annabel Thomas fordert dazu auf, die beiden Anteile einzeln zu verkosten: Der Nc'nean aus den Rotweinfässern schmeckt

Blick über Loch Sunart nach Morvern

voll und kräftig, der aus den Bourbonfässern schwächer, dafür fruchtiger mit einer Zitrusnote.

Thomas und ihr Team wollen am Sprit selbst experimentieren, statt nur über Fässer zu reden: Während des sechsstündigen Maischens, wenn die im Gerstenschrot enthaltene Stärke in Zucker umgewandelt wird, ruht der Nc'nean eine Stunde. Das erzeuge tieferen, intensiveren Geschmack. Im Rest der Branche ruhe der Whisky üblicherweise gar nicht, da die Unternehmen so schnell wie möglich viel Alkohol erzeugen wollten. Um die fruchtigen Noten zu schaffen, nutzt die Destillerie zwei verschiedene Hefen statt einer. Und hat eine der längsten Fermentierungszeiten der Branche.

Was verändert nun ein Unternehmen wie Nc'nean? Erst einmal profitiert die Firma aktuell ja von seinem Alleinstellungsmerkmal. Nc'nean will glaubhaft die Branche unter Druck setzen. Zugleich aber soll das Unternehmen natürlich wachsen. Aus ökologischen Gründen fokussiere man sich außerhalb Großbritanniens auf den nordeuropäischen Markt, um die Transportwege kurz zu halten. Und wenn nun woanders die Nachfrage steigt? Dass Wachstum und Klimaverantwortung zusammen möglich sind, muss Nc'nean noch belegen.

Die Whiskyindustrie ist indes aufgewacht. Viele Destillerien wollten nun wissen, wie sie dies oder jenes machten, erzählt Thomas. Die Branche sei dabei so langsam wie die meisten anderen auch, sagt sie, doch »im Gegensatz zu anderen Branchen gibt es hier sehr wenige neue Player auf dem Markt, weil es sehr teuer ist, in den Whiskymarkt einzusteigen und eine Destillerie zu bauen«.

Und noch etwas sei anders in ihrem Wirtschaftszweig: »Kunden verstehen heute, warum man Biomöhren kauft, auch wenn sie sich nicht dafür entscheiden. Beim Whisky verstehen sie das noch nicht.« Sie kriege dann Bemerkungen wie: Sind nicht alle Whiskys bio? »Viele Leute haben nicht im Kopf, dass Whisky aus Gerste hergestellt wird und wie viel Energie die Herstellung verbraucht. Nc'nean will sichtbar machen: Whisky heißt zwar »Wasser des Lebens«. Aber ein Ökoprodukt ist er damit noch lange nicht.

ALINA SCHWERMER

Anfahrt Mit öffentlichen Verkehrsmitteln zur abgelegenen Nc‹nean Destillerie zu kommen erfordert ein wenig Flexibilität, ist aber machbar und wurde auch für diese Geschichte genutzt. Die Destillerie liegt auf der schottischen Morvern-Halbinsel nahe des Örtchens Drimnin. Von Deutschland aus geht es zum Beispiel mit dem Thalys nach Brüssel und von da mit dem Eurostar durch den Tunnel bis London. Achtung: Der Eurostar ist früh ausgebucht und sollte einige Monate im Voraus gebucht werden. Ist der Zug schon voll, lässt sich die Strecke Brüssel-London aber auch (deutlich länger) im Fernbus zurücklegen. Von London aus ist man im gut ausgebauten englischen Schnellzugsystem in wenigen Stunden in Edinburgh oder Glasgow. Sehr empfehlenswert ist von hier aus der Bus ab Edinburgh.

Der Bus Die Linie 913 (Tickets müssen vorab gekauft werden!) fährt direkt in die Highlands und durch atemberaubende Landschaften; hier ist auch die Anfahrt Teil der Besichtigung. Wer die Strecke nicht am Stück fahren will, kann im Loch Lomond & The Trossachs Nationalpark aussteigen und einen Pausen- oder Wandertag einlegen. Wer durchfahren möchte, steigt in Fort William oder Croit Anna Hotel aus. Von hier geht das letzte Stück zur Nc'nean-Destillerie mit einem Minibus bis zur Haltestelle Slipway. Achtung: Der Minibus (Linie 507) fährt nur an ausgesuchten Wochentagen, zum Stand der Recherche am Dienstag und am Donnerstag. Er muss unbedingt beim Unternehmen Shiel Buses vorgebucht werden, denn er hält ähnlich wie ein Sammeltaxi nur auf Abruf und fährt nur auf Anfrage bis zur Destillerie. Je nach Ausgangsort in Deutschland dauert die Fahrt insgesamt etwa 24 bis 30 Stunden. Für das letzte Stück können statt Minibus auch Fahrräder in Lochaline gemietet werden (18 km). Gut zu wissen: Es gibt keine Taxis auf der Morvern-Halbinsel.

Die Destillerie Nc'nean Destillerie, Drimnin, By Lochaline, Morvern PA80 5XZ, Vereinigtes König- reich, https://ncnean.com

LETZTES JAHR IN MARIENBAD

**Heißes Quellwasser, schöne Architektur: Die UNESCO hat die »Großen Bäder Europas«
prämiert.**

Umgeben von Wald und sanften Hügeln liegt das böhmische Bäderdreieck:
Karlsbad, Franzensbad und Marienbad. Sie stehen für die europäischen Bäder-
kultur, die sich seit dem frühen 18. Jahrhundert bis in die 1930er-Jahre entwickelt hat. Wasser als Schatz, Heilquellen, die bereits seit langer Zeit Menschen
anziehen. Rund um die Heilquellen wurden exklusive Kurgebiete angelegt.

Seit dem 18. Jahrhundert gehörte es zum guten Ton, dass jede noch so
kleine Herrschaft ein Kurbad hatte. So entstanden quer durch Europa von
England bis Rumänien rund 1.500 größere und kleinere Kurorte. Architekten von Rang wurden verpflichtet, Trinkhallen, Kurhäuser, Kolonnaden,
Grand Hotels, aber auch private Villen und Sakralbauten für die verschiedenen Glaubensgemeinschaften zu entwerfen. In Theatern und Casinos kamen
die Gäste zusammen, Kurgärten und Parks verleihen den Orten ihren Frei-
zeit- und Erholungscharakter.

Die UNESCO, die Kulturorganisation der Vereinten Nationen, hat elf Kurorte in Europa als »Große Bäder Europas« ausgezeichnet. Neben Karlsbad,
Franzensbad und Marienbad sind es das englische Bath, das österreichische
Baden, Montecatini Terme in Italien, Spa in Belgien, Vichy in Frankreich sowie drei Städte in Deutschland: Bad Ems, Baden Baden und Bad Kissingen.

Besonderes Wasser zu trinken und im mineralischen Wasser zu baden
und sich zu reinigen (auch im spirituellen Sinne) sind zeitlose kulturelle
Praktiken. Besondere Aufmerksamkeit zogen immer solche Quellen auf sich,
die sich in Temperatur oder Farbe oder Geschmack vom gewöhnlichen Wasser unterscheiden. Nicht zuletzt die Wärme vieler Thermalquellen macht
das besondere Wasser seit jeher beliebt. Mindestens 20 Grad warm sollte das
Wasser aus der Erde sprudeln, wenn von einer Therme die Rede ist.

Singende Fontäne vor der Kolonnade in Marienbad

Thermen waren die Leidenschaft der Römer. Historisch gesehen betrieben nur die Römer einen den Kelten vergleichbaren Kult ums lebensspendende Wasser. Den Legionären entlang dem römischen Limes im kälteren Teil standen zahlreiche Thermen offen. Kampfverletzungen, rheumatische Beschwerden, Lähmungen und viele andere Gebrechen wurden im warmen Wasser kuriert. Mit dem Niedergang des Römischen Reiches im 5. Jahrhundert zerfielen auch die prachtvollen römischen Thermalbäder. Auf der Vorarbeit der Römer beruhen die prächtigsten Kurorte von heute: Baden-Baden, Badenweiler, Wiesbaden – alles römische Gründungen. Wie intensiv und erfolgreich in früheren Zeiten Schlämme, Kreide, Moor, Fango für Heilverfahren eingesetzt wurden, ist nicht genau überliefert.

Die Balneologie (Heilquellenkunde) ist keine Wissenschaft im strengen Sinne, sie entwickelte sich aus der Experimentalgeschichte von Naturheilkundlern und wurde in Deutschland erst im 19. Jahrhundert wirklich ernst genommen. Ihr Aufstieg ist unter anderem mit Namen wie dem des Pfarrers Sebastian Kneipp verbunden. Fango etwa ist ein vulkanischer Mineralschlamm, der heute selbstverständlich für Packungen bei chronischen Gelenkerkrankungen verwendet wird. Die sanfte Heilung, die Vorsorge oder Rehabilitation nach medizinischen Eingriffen sind die Heilfelder der Ressourcen aus dem Untergrund. Es sind sehr menschengemäße Verfahren, beruhen sie doch auf den Inhaltsstoffen jenes tropischen Urmeeres, das einst große Teile Mitteleuropas bedeckte. Heute lagern die Mineralien komprimiert in tiefen Gesteinsschichten. Und sie scheinen unerschöpflich zu sein. Es braucht nur Wasser aus Niederschlägen, das diese Gesteinsschichten durchfließt, und der mineralische Reichtum kann an die Oberfläche transportiert werden.

An den Gradierwerken der Solebäder träufelt salziges Wasser über hochgeschichtete Schwarzdornzweige. Dunst liegt in der Luft. Es schmeckt nach Salz. Jeder neue Tropfen Sole lässt schneeweiße Kristalle auf dem Reisig der Gradieranlagen zurück. Wer je unter Bronchialproblemen litt, weiß die heilsame Wirkung dieser Luft zu schätzen. Gradieranlagen finden sich heute noch in etlichen Kurorten. Orte wie Salzungen, Salzschlirf, Salzhausen mit dem Salz im Namen verdanken ihre Entstehung dem Rohstoff Salz.

Im Unterschied zum Mittelalter, als an diesen Orten noch aus Sole Kochsalz zum Verbrauch gesiedet wurde, ist die Zahl der Anlagen heute gering. Damals waren die geschichteten Wände aus Zweigen eine bahnbrechende Erfindung. Sie halbierte praktisch den hohen Energieaufwand, der bei der Kochsalzgewinnung anfiel. Die Methode, Sole vor dem Sieden erst über die Zweige der Gradieranlagen zu träufeln, erhöhte durch Verdunstung ihre Salzkonzentration. Der anschließende Siedeprozess zur Gewinnung der begehrten Salzkristalle konnte auf diese Weise stark verkürzt werden. Heutzutage sind andere Gewinnungsverfahren, etwa in Salzgärten an den Meeresküsten oder der Abbau von Steinsalz, gebräuchlicher.

Da die Sole sich aber zu Kurzwecken eignet, hat sie uns hierzulande Gradieranlagen erhalten. Der Kurbetrieb an Soleorten kam erst nach der Wende zum 19. Jahrhundert in Schwung, als die Erkenntnis von der heilsamen Wirkung des Salzwassers zum festen Bestandteil ärztlichen Wissens wurde – über den Umweg »Seebad«, wo die Wirkung der salz- und jodhaltigen Meeresluft einschließlich Badekuren im Meer zu besten Heilerfolgen geführt hatte. Die Solebäder wurden so zum binnenländischen Pendant der Seebäder.

Schon die Kelten siedeten die Sole. Die Spuren ihrer Aktivitäten an salzigen Quellen reichen 3.000 Jahre zurück. Überliefert ist der Quellenkult, den die Kelten betrieben. Sie nannten das Salz »Hall«. Und auch dieses Wort findet sich noch in Ortsnamen wie etwa Bad Reichenhall. »Hallstattzeit« meint eine Epoche aus der menschlichen Frühgeschichte, die diese keltische Zivilisation umfasst. Im hessischen Bad Nauheim wurde in den 1990er-Jahren eine geradezu industriell betriebene Großanlage zur Kochsalzgewinnung freigelegt. Sie ist zweieinhalbtausend Jahre alt. Was die Sole uns heute bietet: Sie kann uns im Wasser frei schweben lassen. Das entspannt und vermittelt die Ahnung, wie sich Grenzen- und Schwerelosigkeit, kurzum die vollkommene Leichtigkeit anfühlen.

CHRISTEL BURGHOFF

Europäischer Heilbäderverband Der Europäische Heilbäderverband (EHV) repräsentiert 25 Mitglieder aus 22 europäischen Nationen, die insgesamt über 1200 Heilbäder, Kurorte und Einrichtungen vertreten. Diese bieten nicht nur Gesundheitsdienstleistungen an, sondern sind oft ebenso ein entscheidender Wirtschaftsfaktor und Arbeitgeber in strukturschwachen Regionen: https://de.visitspas.eu/europaeische-heibaederverband

Deutscher Heilbäderverband Die deutschen Heilbäder und Kurorte sind mit über 500.000 direkt und indirekt Beschäftigten und einem jährlichen Umsatz von über 25 Milliarden Euro die bedeutenden Standorte für Gesundheitsdienstleistungen und Tourismus in Deutschland. Sie haben sich im Deutschen Heilbäderverband zusammengeschlossen: www.deutscher-heilbaederverband.de

In Berchtesgaden lockt ein historisches Salzbergwerk die Besucher an. Der Salzabbau in den Alpen reicht etwa 7.000 Jahre zurück und ist erheblich älter als die Salzgewinnung an Solequellen: www.salzwelt.de

WASSERTRINKEN GEGEN BURN-OUT

Zwischen Lustwandeln, aufbrausenden Freiheitshelden und stinkendem Qi: Gesundheitsreisen in Kurstädte bergen so manche Überraschung.

Dingdingdong, der Wecker. Halb sieben in der Früh und doch schon knapp. Denn noch vor dem Frühstück im Kaiserhof Victoria ist Wassertrinken angesetzt. Und – das zeigt der Blick aus dem Augenwinkel auf den Anwendungsplan – danach geht es dann richtig los. Rundgang in der Klinik. Einführung in die medizinische Trainingstherapie, Qi Gong, Nordic Walking, Workshop Stressbewältigung, Teil eins, und abends die Nachtwächtertour – aber die ist freiwillig. Stressbewältigung mit so einem Programm?

Warum tue ich mir das an, wo ich doch Urlaub habe? Aber ich musste ja unbedingt eine Gesundheitsreise ausprobieren, »Impulse für ein gesünderes Leben« bekommen, wie es in der Beschreibung hieß. Ausschlafen gehört wohl nicht dazu.

Eine halbe Stunde länger wach, sieht die Sache schon besser aus. Gesundheitsreisen sind nicht umsonst ein Riesentrend im Tourismus. Wobei mit dem Modewort zunächst alles gemeint sein kann: Yogakurse auf Mallorca, Wandern in Schweden, aber auch – und das interessiert mich vor allem – Kur- oder Präventionsreisen. Schon relaxed und in angenehmem Ambiente, aber durchaus mit einem ordentlichen Paket aus Gesundheitscheck, Sporttherapie und Entspannungstraining, gern auch mit nachhaltigem Effekt. Resilienz aufbauen nennt man das wohl in der Psychologie. Fast wie bei einer Reha.

Ein guter Ort dafür sind Kurstädte, in denen es immer schon medizinische, therapeutische und touristische Anbieter gibt, die auch vernetzt arbeiten. Kein Wunder, dass diese Heilbäder allein in Deutschland rund 30 Milliarden Euro Umsatz mit Wellness- und Präventionsangeboten machen, genug für 400.000 Arbeitsplätze.

Wenn man Ines Hartmann von der Bayerische Staatsbad Bad Kissingen GmbH glauben kann, die den Kurbetrieb dort nicht nur vermarktet, sondern auch am Laufen hält, sind privat bezahlte Gesundheitsreisen eine wichtige Zukunftsoption gerade für so traditionelle Standorte: In der nordfränkischen Stadt ist die Idee, die die Menschen im späten 18. bis zum frühen 20. Jahrhundert von Wellness und Spa hatten, noch heute erlebbar. Mit ihrer mondänen Architektur von Max Littmann und Friedrich von Gärtner gehört sie deshalb seit 2021 zusammen mit zehn weiteren europäischen Städten zum UNESCO-Welterbe »Bedeutende Kurstädte Europas«.

Hartmann hofft, dass das dem Kurtourismus einen neuen Push gibt. »Von den Rehas her haben wir hier vor allem ein relativ altes Publikum«, sagt sie. Das liegt daran, dass sich die Kliniken auf frische operierte Hüft- oder Kniepatient*innen spezialisiert haben. Weil diese meist in höherem Alter sind, hat Bad Kissingen ein bisschen den Ruf einer Rentnerstadt.

Seit ein paar Jahren arbeitet die Bayerische Staatsbad gemeinsam mit den Kliniken und der Stadt deshalb daran, den zweiten Schwerpunkt – psychische und mentale Gesundheit – auszubauen. »Dafür interessieren sich am meisten Menschen im Berufsleben.« Ziel dabei sei nicht unbedingt dieses »seltsame Selbstoptimieren«, sondern eher das, was Psycholog*innen Selbstfürsorge nennen. Arbeitsverdichtung, Digitalisierung, Klimawandel, Pflegenotstand, auseinanderdriftende Gesellschaft verunsichern und setzen die Menschen zunehmend unter Druck: »Vielen fehlt im Alltag einfach die Zeit dafür, sich um ihre körperliche und mentale Widerstandsfähigkeit zu kümmern«, sagt sie. »Und bevor sie der Burn-out erreicht, machen sie selbst eine Pause – und geben dafür auch Geld aus.«

Das Trinken in der Wandelhalle, die wie das gesamte historische Kur-Ensemble zentral zwischen Innenstadt und dem weitläufigen Luitpoldpark liegt, ist freundlicherweise kostenlos und lässt sich nichtsdestotrotz stilvoll zelebrieren. Schon beim Eintreten findet man sich schlagartig in einer anderen Zeit wieder. Und langsamer scheint sie auch zu vergehen. Das liegt vielleicht an der überraschenden, weil von außen kaum zu erahnenden Weite dieses Raums, der an eine Basilika erinnert. Zumal ihn lange Säulenreihen in drei Schiffe teilen. Lichtdurchflutete Kirchen wirken auch auf mich Ungläubige immer sehr beruhigend, vielleicht weil sie einen in eine Art Zeitlosigkeit versetzen.

Beruhigend ist diese blitzende Wandelhalle, von der aus palmengesäumte Arkadengänge zu weiteren Gebäuden und zum Ufer der Saale führen. Hier lässt sich schlendern und auf schweren Bänken niederlassen. Lisa Lausenmeyer passt in ihrem dezent dunkelblauen Businessoutfit sehr gut dazu, ein bisschen wie eine Flugbegleiterin auf dem Weg in den Urlaub. Sie strahlt so frisch, dass ich mich auf der Stelle ganz ausgedörrt fühle. Zum Glück gibt es hier mehr als genug Wasser. Sieben Heilquellen – vier davon für Trinkkuren nutzbar – sprudeln insgesamt in und um Bad Kissingen. Übrigens nicht nur hier in der Brunnenhalle, etliche sogenannte Entnahmestellen sind über die ganze Stadt verteilt.

Lausenmeyer ist eine der Brunnenfrauen, die alles über die Wirkungen der verschiedenen Wasser wissen. Jeden Morgen von sieben bis neun und noch einmal am Nachmittag von 16 bis 18 Uhr versorgt sie die Gäste. Wer öfter kommt, bekommt sogar ein Glas mit einer eigenen Nummer, das hinter der Theke in endlosen schimmernden Regalen aufbewahrt wird.

»Wild und aufbrausend wie der ungarische Freiheitsheld«, beschreibt die Expertin den nach ebendiesem benannten leicht kupfern schimmernden Rakoczy-Sprudel, beim vorsichtigen Nippen entpuppt er sich als süß-salzig-mineralig. Sein Beinahe-Zwilling, der Pandur, sei dagegen »scharf«, auf der Zunge schmeckt er salzig – und leicht blutig. »Das kommt vom Eisen.« Lausenmeyer nickt und zeigt, wie sie die beiden Wasser in den langen Kupferrohren auch erwärmen oder zu Bitterwasser mischen kann. »Wichtig bei einer Trinkkur ist«, sagt sie, »dass Sie sich sehr viel Zeit nehmen und beim Trinken langsam gehen und entspannen.«

Weiß man einmal, was man will, kann man sich an den Brunnen auch selbst bedienen. Wie Ursula Benden, die sich ihr Glas gerade füllt. Die Mittvierzigerin kommt jeden Morgen von ihrem Ferienapartment herübergewalkt und legt eine »Wassermeditationspause« ein.

Auch das Ehepaar Friedrich nutzt die frühe Stunde, schon ordentlich in Schale, sie im hellbeigen Kleid mit passendem Mantel, er farblich dazu abgestimmt im dreiteiligen Anzug und mit Hut. Beide locker über 70. »Wir kommen jedes Jahr«, sagt er, »mit dem Bus.« Sie hätten da so ihren speziellen Veranstalter. Sieben Nächte blieben sie immer, Anwendungen buchen sie im Hotel.

Bei dem entspannten Trinken und Plaudern ist es spät geworden. Zu spät fürs Frühstück. Dann muss es ohne gehen. In der Hescuro Klinik Regina läuft der Betrieb schon auf vollen Touren. Der graue Zweckbau könnte auch ein

Udo Dickhage führt als Nachtwächter verkleidet Besucher*innen durch Bad Kissingen

trostloses Universitätsgebäude aus den 1960er-Jahren sein, ein krasses Gegenstück zu den historischen Kuranlagen im Renaissancestil.

Die Klinik ist wie die meisten anderen in Bad Kissingen spezialisiert auf Orthopädie und Psychosomatik. Hier treffen Patient*innen, denen die Rentenversicherung oder Krankenkasse nach einer Hüft-OP oder einem Burnout eine Reha bewilligt hat, mit Gästen wie mir zusammen, die über Präventionsprogramme kommen.

»Glücklich und fit im Alltag« heißt so ein zertifiziertes Programm für Selbstzahlende, das mit einem ärztlichen Aufnahmetermin beginnt und

Kurse in Nordic Walking, Qi Gong, Progressiver Muskelentspannung, Training an Geräten sowie Bäder, Packungen und Vorträge beinhaltet. In anderen Kliniken und Kurorten heißen die Angebote »Im Moor zum inneren Gleichgewicht«, »Mehr Zeit für mich« oder schlicht »Burn-out-Prävention«. Auf Antrag schießen die Kassen zwischen 75 und 190 Euro dazu.

Im Erdgeschoss des Westflügels sitzen Männer mit und ohne weiße Haare in Trainingshosen auf den Geräten und gucken konzentriert. »Ha, 97!«, ruft der auf der Beinpresse und klatscht in die Hände. »Well done«, bescheidet ihm sein Nachbar. »97 Prozent im Rahmen«, erklärt er mir und zeigt auf den Bildschirm. Auf kleinen Monitoren zeichnen die Geräte die Bewegungen der Trainierenden nach, die weiße Linie muss die schwarze Idealvorgabe möglichst genau treffen. Das erfordert Konzentration und spornt ganz schön an.

»Viele hier haben eher Scheu vor Geräten und Computern«, sagt die Physiotherapeutin. »Aber mit dem hier können sich die meisten schnell anfreunden.« Bei der Adduktorenübung habe ich den Eindruck, ganz schön danebenzuliegen, komme aber auf Anhieb auf 95 Prozent. Obwohl ich meine, das System durchschaut zu haben, wirkt es auch bei mir: Wenn das so weitergeht, wozu bin ich dann überhaupt hier?

Beim Entspannungstraining heißt es dann: Runterfahren. In der Hescuros Klinik wird Duft Qi Gong praktiziert. Der Name komme daher, dass manche Praktizierende nach jahrelanger Praxis einen angenehmen Duft verströmen sollen, steht im Handout, weil Duft Qi Gong nach der Theorie der traditionellen chinesischen Medizin »36 Organe zum Ausscheiden von verbrauchtem (stinkenden) Qi« nutze. In der Turnhalle mit dem gigantischen Panoramafenster riecht es jedenfalls ganz normal, als sich Hände und Arme zur »Pendeltür«, dem »Fischschwanz« und dem »Tannenbaum« heben und senken.

Einem Arzt der traditionellen chinesischen Medizin habe er es zu verdanken, dass es ihm so gut gehe, erzählt Stunden später Udo Dickhage. Und vielleicht auch dem Wasser und all dem anderen, was es in Bad Kissingen so gibt. Der gebürtige Hagener mit dem dichten weißen Bart, der Hellebarde und der Laterne sieht tatsächlich nicht aus wie einer, dem vor etlichen Jahren baldige Bewegungsunfähigkeit diagnostiziert wurde. Gerade erst hat er eine Gruppe von 40 Gästen anderthalb Stunden lang durch die abendliche

Stadt geführt und Geschichten erzählt aus der Zeit, als noch Nachtwächter für Ruhe und Ordnung sorgten, vermischt mit einer guten Portion Heinz Erhardt. »Ich habe lange im Stadtarchiv gewühlt und auch alte Arbeitsverträge gelesen«, meint Dickhage. Schließlich wolle er die Rolle möglichst authentisch ausfüllen. »Ich mache diese Führungen, weil es mir Spaß macht«, sagt er. »Aber ich mache sie auch, weil ich Bad Kissingen etwas zurückgeben will dafür, dass ich immer noch laufen kann.«

Meine Beine sind auch schon ziemlich schwer, ich muss dringend ins Bett. Selbstfürsorge schlaucht ganz schön. Aber vielleicht schaffe ich es morgen doch mit dem Frühstück.

BEATE WILLMS

Anfahrt Das bayerische Staatsbad hat einen guten Bahnanschluss und wird auch von vielen Busreiseveranstaltern angefahren.

Bad Kissingen Der Kurort liegt an der Fränkischen Saale südlich der Rhön. Die große Kreisstadt in Unterfranken zählt knapp 25.000 Einwohner*innen und ist laut Emnid-Umfrage »der bekannteste Kurort Deutschlands«. Information zu Gesundheitsangeboten: www.badkissingen.de. Bei der Erstellung eines individuellen Gesundheitsfahrplans bekommen Hotel- und Klinikgäste kostenlos Hilfe beim Gesundheitslotsen: gesundheitslotse@badkissingen.de

Kosten Einen Leitfaden für Unterstützung von Präventionsreisen durch die Krankenkassen – selbstverständlich auch in anderen Kurorten – gibt es auf den Webseiten der einzelnen Kassen oder im Überblick beispielsweise hier: www.gkv-spitzenverband.de/service/versicherten_service/praeventionskurse/primaerpraeventionskurse.jsp

ERDNAH & MOBIL
Auf Schienen, Straßen, Wegen

Das Mala-Rijeka-Viadukt ist die höchste Eisenbahnbrücke Europas.

EISENBAHN-POESIE

Lendenbraten als Einstiegsdroge: Für Liebhaber von Zugreisen in Mittel- und Osteuropa geht es nur um die schönste Strecke.

Der Speisewagen der tschechischen Eisenbahn České dráhy ist Kult. Wer könnte davon besser berichten als der tschechische Schriftsteller und Drehbuchautor Jaroslav Rudiš, der es mit seiner »Gebrauchsanweisung fürs Zugreisen«, einer Liebeserklärung an die Bahn, auf die Spiegel-Bestsellerliste geschafft hat? Was also kann Besseres passieren als im EC 175 von Berlin nach Dresden einen Platz im Esszimmer auf Schienen zu ergattern? Der legendäre Lendenbraten Svíčková, serviert mit sechs Knödelscheiben und in einer sämigen Gemüsesauce, ein traditionelles Gericht der böhmischen Küche, ist noch nicht, wie leider immer häufiger, aus. Rudiš behauptet, er würde dort im Zug so gut zubereitet wie von seiner Oma. Zufällig bedient auch noch Pavel Peterka, der Lieblingskellner von Rudiš, der von ihm im Frühjahr 2021 in einem Text über Zugreisen in Coronazeiten auf einer ganzen Seite in der *Berliner Zeitung* gefeiert wurde. Peterka sei ein guter Beobachter, Poet und Theatermensch, der sich aber dann doch für die Eisenbahn entschieden habe, schrieb Rudiš. Und über den Speisewagen schwärmte er: »Für mich, der Züge, Bier und Kneipengespräche liebt, ein Traum.«

Und dann, es klingt unglaublich, steigt an diesem Nachmittag im Oktober 2021 in Dresden-Neustadt auch noch Rudiš höchstselbst hinzu. Er hat am Abend eine Lesung im Dresdner Verkehrsmuseum. Und die zehn Minuten zwischen Neustadt und Hauptbahnhof will er nutzen, um Peterka kurz zu begrüßen. Dann entschließt er sich spontan, doch noch die Elbe entlang bis Bad Schandau zu fahren und mit dem Gegenzug zurück, weil sonst die Zeit für Svíčková und ein frisch gezapftes Bier nicht gereicht hätte. Jaroslav Rudiš trägt den Umweg fix noch ein in seinen Interrail-Globalpass, der ihn kurz zuvor noch nach Luzern, Zürich, München, Zug, Berlin, Pirna und Glashütte geführt hat.

Die Geschichte über den tschechischen Speisewagen, Rudiš und Peterka und den Lendenbraten als Einstiegsdroge fürs Zugreisen in Mittel- und Osteuropa und darüber hinaus gibt Gelegenheit, ein paar Grundprinzipien zu erklären: Für echte Liebhaber geht es nicht um die schnellste, sondern um die schönste Strecke. Die Bordgastronomie – wenn denn vorhanden – ist fast überall besser als die Mikrowellenküche der Deutschen Bahn, beispielsweise auch in der polnischen Wars-Gastronomie oder bei der ungarischen MÁV, die ebenfalls die Strecke von Berlin Richtung Prag über Dresden bedient. Und allüberall, im aktuellen Fall umgangen mit dem Interrail-Ausweis, herrscht bei den Eisenbahngesellschaften ein Tarifwirrwarr, bestimmt durch verschiedene Vorteilskarten, Vorbuchungsfristen und unterschiedliche Tarife je nach Buchung im Herkunfts- oder im Zielland.

Fachleute wie Peter Koller von der Berliner Bahnagentur Schöneberg können ein Lied davon singen. Als Missionare verstehen sie sich, um Leuten das Bahnfahren schmackhaft zu machen – gegen die Kostensenkungsmentalität von Großkonzernen wie der DB. Die derweil der Bahnagentur Schöneberg und anderen Spezialist*innen wie dem Kopfbahnhof in der Berliner Yorckstraße, den Bahnfüchsen in Berlin-Köpenick oder auch Gleisnost in Freiburg die Provisionen gestrichen hat.

Trotzdem Dinge möglich machen, die unmöglich erscheinen: Wie kommt man mit dem Zug aus dem Baltikum, etwa aus Riga, nach Berlin? Welche Nachtzug-Verbindungen gibt es noch und zu welchem Preis? Wo bucht man Zugtickets von Eriwan nach Tiflis? Fahren seit dem Krieg überhaupt noch Züge in der Ukraine? Wie kommt man auf dem Landweg nach Georgien? Ist es noch möglich, wie vor Jahren mit alten schwedischen Zügen, eine Notbremse oder »Nödbroms« im Abteil, von Sarajevo zur kroatischen Hafenstadt Ploče zu fahren? Nein, um mit der letzten Frage zu beginnen: weder gibt es die alten schwedischen Waggons. Noch geht es bis an die Adria.

Der Zug aus Sarajevo auf landschaftlich spektakulärer Strecke endet in Mostar, wie überhaupt das Schienennetz von Bosnien-Herzegowina in die Nachbarländer nur noch stillgelegte Verbindungen hat. Und bei allzu tüftligen Anfragen verzweifeln dann auch die traditionsreichen Reisebüros für Bahnliebhaber*innen. Mal fehlt es an Fahrradabstellplätzen, mal sind Liegewagen schwer buchbar – und es ist bis kurz vor Reisebeginn unklar, ob es doch nur einen Sitzplatz gibt.

Bei allen Widrigkeiten: Die Sache hat Suchtpotenzial. Der Autor dieses Textes erlebte das schon vor Jahrzehnten, als er sich in Budapest bei den Ungarischen Staatsbahnen eine Buchfahrkarte für die einwöchige Schlafwagenreise mit der Transsibirischen Eisenbahn von Peking über Moskau mit Anschluss bis nach Budapest erwarb. Für 215 Rubel und 68 Kopeken, umgerechnet knapp 150 D-Mark. Die Fahrscheine waren in Budapest deutlich günstiger als etwa in Ost-Berlin oder Peking, weil der ungarische Forint höher bewertet war als die DDR-Mark oder der chinesische Yuan. Heute kostet ein Bettplatz allein für die Strecke Peking-Moskau mindestens 830 Euro.

Schon bei der damaligen Reise 1988 gab es kulinarische Momente: Erst war ein chinesischer Speisewagen im Einsatz, dann ein mongolischer und schließlich ein sowjetischer. Es gab Kaviar und Tee aus dem Samowar. Die Babuschkas an den Unterwegsbahnhöfen mit ihren gesammelten Beeren kamen hinzu. Der Autor tauschte damals einen US-Dollar beim halbstündigen Aufenthalt in Ulan-Bator in Landeswährung und konnte damit eine ganze Palette mit Cremetorte erwerben. Was schon deswegen gut war, weil er mit Mitreisenden Stunde um Stunde in seinen Geburtstag hineinfeiern konnte – mehrere Zeitzonen wurden auf der Ost-West-Route genommen.

In seinem 2021 erschienenen Zugreisen-Buch schreibt Jaroslav Rudiš: »Eigentlich ist es besser, von Ost nach West zu fahren und nicht umgekehrt, wie es die meisten Reisenden machen. Also von Wladiwostok oder Pjöngjang nach Moskau und weiter nach Wien und Berlin. Denn wegen der Zeitverschiebung ist auf diese Weise jeder Tag um eine Stunde länger und nicht kürzer. So hat man viel mehr von der Reise.« Hm. Eine Rechnung, die aktuell nicht zu überprüfen ist, weil seit dem Krieg gegen die Ukraine keine Züge aus Deutschland oder Österreich nach Russland fahren. Aber das Prinzip hat sich nicht verändert: Schnellzüge sind manchmal nützlich, doch immer auch ein Kompromiss.

Traveller-Tipps sind ständig zu aktualisieren, ohne sie geht es bei Bahnreisen vor allem im Osten auch heute kaum: Wer zum Beispiel von der serbischen Hauptstadt Belgrad zur montenegrinischen Küstenstadt Bar fahren möchte, muss sein Ticket in Serbien kaufen. Internetbuchungen sind, so berichten Expert*innen, nicht möglich, und hiesige Reisebüros können auch nicht weiterhelfen. Mindestens elf Stunden dauert die Fahrt auf der 476 Kilo-

Im Salonwagen der tschechischen Staatsbahn wird Bahnfahren zum Genuss.

meter langen Gebirgsstrecke, die als eines der Prestigeprojekte des ehemaligen Jugoslawiens gilt, mit 254 Tunneln und 435 Brücken.

Der Autor ist die Strecke in den Nullerjahren gefahren und erinnert sich, dass im Speisewagen noch richtig gekocht wurde. Das bestellte Wiener Schnitzel wurde in der Küche frisch geklopft. Aussteigen in Užice wäre ein sinnvoller Stopp gewesen: Denn von dort geht es mit Bus oder Taxi rasch nach Mokra Gora. Wo wiederum die serbische Eisenbahn die Museumsbahn Sargan Acht betreibt, mit dem Filmbahnhof Golubići. Der Filmemacher Emir Kusturica drehte hier »Das Leben ist ein Wunder«, auf dem Berg des Ortes hat er ein Kulissendorf errichten lassen. Von Mokra Gora aus könnte man weiter fahren mit dem Bus nach Sarajevo. Und von dort, siehe oben – nein, nicht an die kroatische Adria, sondern nur bis Mostar. Dafür verbinden neuerdings moderne Züge der tschechischen Privatbahn Regiojet Prag mit den kroatischen Städten Zagreb, Rijeka und Split.

Die traurige Tendenz freilich beim Eisenbahnreisen in Osteuropa: Vieles, was vor Jahren noch möglich war, geht heute nicht mehr. Nachtzüge von Kaunas oder Vilnius nach Berlin? Gestrichen. Die Verbindung von Thessaloniki ins nordmazedonische Skopje? Gestrichen. Die ukrainische Bahn bemühte sich im Sommer 2022 tapfer, den Zugverkehr im Land aufrecht zu erhalten und bot sogar Kurswagen nach Odessa an. Vorbuchungen sind allerdings extrem schwierig und die Frist dafür drastisch verkürzt, viele Züge sind ausgebucht.

An der Strecke Budapest-Belgrad wurde im selben Jahr gebaut – auch in die serbische Hauptstadt ging es bis auf Weiteres nur mit dem auf dem Balkan populären Fernreisebus. »Es ist ein Kampf gegen Windmühlenflügel«, sagt Eisenbahnliebhaber Koller. Er ist ernüchtert, weil er beobachtet, wie die traditionsreiche Kultur des Eisenbahnreisens zu Gunsten von bestimmten Hochgeschwindigkeitszügen an Bedeutung verliert. Und kann sich noch heute in Rage reden, weil Bahn-Sanierer Hartmut Mehdorn einst die Speisewagen abschaffen wollte. Bahnfahren versteht Koller als Aktion gegen den Neoliberalismus.

Dieser Text kann kein Kursbuch sein. Aber erwähnt werden sollen doch einige spannende Strecken, die der Autor vor Jahren und manchmal immer wieder befuhr – und die hoffentlich eine Zukunft haben: von Batumi an der georgischen Schwarzmeerküste in die Hauptstadt Tiflis, von Moskau nach Riga, mit der Elektritschka in Armenien, mit dem Schienenbus ins tschechische Altvatergebirge, von Peking nach Pjöngjang, in den Osten der Slowakei, von Wroclaw mit dem Nachtzug ins westukrainische Lwiw, Umspurung auf die breitere Spur in der Ex-Sowjetunion eingeschlossen. Auch dazu Rudiš: »Von Wien ist es viel näher nach Lwiw als nach Paris.«

Und was ist mit dem Baltikum? »Rail Baltica« nennt sich ein Projekt, das eine schnelle Bahnverbindung von Mitteleuropa bis in die estnische Hauptstadt Tallinn schaffen soll. Doch die Fertigstellung wird immer wieder verschoben und war zuletzt für 2026 angekündigt. Lange war und ist in dieser Region mächtig Improvisation notwendig: Zwischen Daugavpils im Süden Lettlands (dem dort geborenen amerikanischen Maler Mark Rothko ist in der Stadt ein Museum gewidmet) und Turmantas im Norden Litauens wurde der Zugverkehr nach jahrelanger Pause erst 2018 wieder aufgenommen.

Unterwegs in Litauen kommt man sowohl am Atomkraftwerk Ignalina als auch am nur wenige Kilometer entfernten Nationalpark Aukštaitija vorbei. Später auf der Strecke hinter Vilnius hapert es seit der Coronakrise auf der erst 2016 eröffneten neuen Verbindung von Kaunas in Litauen ins polnische Białystok. Im Sommer 2022 fuhren die Züge nur am Wochenende – und das, obwohl Kaunas Kulturhauptstadt Europas ist. Wegen der schlechten Anschlüsse geht es weiter über Warschau nach Berlin nur mit Übernachtung.

Aber womöglich ist das alles halb so schlimm – wenn Eisenbahnreisen im traditionellen Sinn überhaupt möglich bleiben. Es gibt eine Philosophie der Eisenbahner*innen, die besagt, dass Zugverspätungen ein Gewinn sind – weil man mehr Zeit unterwegs und an Bahnhöfen verbringen darf, die möglichst noch eine Kneipe haben und wo es Espresso oder Bier gibt. »Unser Europa ist klein«, schreibt der aus einer Eisenbahnerfamilie stammende Rudiš, »viel kleiner als man denkt. Man braucht nur einen Bahnanschluss.« Im Umkehrschluss: »Die Orte ohne Bahnanschluss sind abgeschnitten.« So gibt Rudiš beispielsweise einer malerischen Gebirgsbahn, der Wocheinerbahn, den Vorzug vor dem Schnellzug nach Triest. Er macht dann Halt in der Bar Luna am Bahnhof im slowenischen Sežana, in der noch ein Kalender mit einem Bild des ehemaligen jugoslawischen Präsidenten Tito hängt. »Wenn man mit der Wocheinerbahn reist, reist man gegen die Zeit.«

Es mag melancholisch klingen. Aber vielleicht tut die Liebe zur Eisenbahn gerade in schnelllebigen Zeiten gut. Rudiš hat der Legende nach Frank-Walter Steinmeier überredet, seinen Staatsbesuch im August 2021 in Tschechien mit dem Zug zu unternehmen. Rudiš gehörte zur Delegation und schleppte den Bundespräsidenten schließlich zum Lendenbraten-Verzehr in den Speisewagen. Die České dráhy bedankten sich auf ihre Weise – und ließen den aus Lomnice nad Popelkou im Böhmischen Paradies stammenden und in Berlin lebenden Autor kürzlich sogar das Vorwort für die Speisekarte des Zugrestaurants schreiben. Er notierte: »Nirgends bin ich mehr zu Hause als im Zug.«

Matthias Meisner

Buchtipp »Eine fulminante Liebeserklärung an die Eisenbahn von einem Kenner und Vielfahrer« – so lobte die Süddeutsche Zeitung die »Gebrauchsanweisung fürs Zugreisen« von Jaroslav Rudiš. Das Buch enthält zahlreiche Tipps auch für Eisenbahnreisen nach und in Osteuropa. Und bietet Kopfkino dann, wenn keine Tickets verfügbar sind oder Strecken stillgelegt wurden.

DER WEG IST DAS ZIEL

Mit dem Interrail-Ticket durch Westeuropa: Frankreich, Spanien, Portugal, England. So wie früher als Student, nur jetzt als Senior. Ein Selbstversuch

Vor 50 Jahren, im März 1972, wurde das Interrail-Ticket aus der Taufe gehoben, welches vor allem Jugendlichen kostengünstige, unbegrenzte Bahnreisen durch ganz Europa ermöglichte. Ich war einer von ihnen. Im Sommer 1975 brach ich mit meinem Schulfreund Herby zu einer epischen Reise auf, bei der wir nicht nur bis nach Marokko fuhren, sondern auch noch Schottland einen Besuch abstatteten. In unserem Gepäck befand sich neben Zelt und Schlafsack auch ein voluminöses »Kursbuch«, in dem fast alle Zugverbindungen Europas verzeichnet waren – Internet und Handys gab es nicht.

Vor Kurzem habe ich diese Reise mit einigen Abwandlungen wiederholt. Als mittlerweile 65-Jähriger kann ich Interrail für Senioren nutzen: sieben Reisetage in einem Monat für schlappe 300 Euro. Als Professor für nachhaltigen Tourismus erforsche ich gerade flugzeug- und autofreie Reisen in Europa. Die meisten Menschen und auch die meisten Mitarbeiter*innen von Reisebüros und Reiseveranstaltern können sich kaum vorstellen, dass das geht. Was lag da also näher, als das Ganze selbst auszuprobieren?

Am ersten Tag fahre ich an einem Stück von Schleswig-Holstein bis nach Paris. Was für eine großartige Stadt! Jedes Mal, wenn ich nach Paris komme, genieße ich die unglaubliche urbane Dichte, das Multikulturelle. Die winzige Bäckerei, die Gemüseauslagen, das Käsespezialitätengeschäft am Fuß vom Montmartre sind immer noch da. Am nächsten Morgen in der völlig überfüllten Metro zum Bahnhof Montparnasse, zur Weiterfahrt nach Spanien.

Am Nachmittag komme ich nach gut fünf Stunden Fahrt im strömenden Regen im nordspanischen San Sebastián, auf Baskisch Donostia, an. Die 500 Kilometer nach Bordeaux hat der französische Hochgeschwindigkeitszug TGV in nur zwei Stunden zurückgelegt; danach geht es etwas gemächlicher voran. In Donostia bin ich zum ersten Mal. Die Stadt ist wunderschön,

San Sebastián in der Abenddämmerung

eine echte Überraschung! Sie liegt zwischen subtropisch anmutenden grünen Hügeln an einer muschelförmigen Bucht und gleichzeitig an einem breiten Fluss, der dort ins Meer fließt. Neben der schönen Altstadt prägen prächtige Jugendstilhäuser das Bild.

Am dritten Tag geht es weiter Richtung Westen. Nach den superschnellen Zügen der beiden ersten Tage geht es nun vergleichsweise im Schneckentempo durch Nordspanien – zehn Stunden bis nach Santiago de Compostela, Ziel des berühmten Pilgerwegs. Santiago ist in seinem historischen Zentrum trotz des jetzt wiederbelebten Tourismus eine wunderbare, immer noch mittelalterlich anmutende Stadt. Kirchen sind im Stadtbild allgegenwärtig. Ihr Inneres glänzt von barockem Gold, was in der Kathedrale schon fast monströse Ausmaße annimmt.

Danach ist erst mal Schluss mit Bahnreisen. Der grenzüberschreitende Bahnverkehr zwischen Spanien und Portugal ist rudimentär. Es gibt nur ein oder zwei Verbindungen pro Tag, alle langwierig oder zu ungünstigen Zeiten. Ich steige daher auf den Bus um. Flixbus ist auch hier aktiv, daneben nationale Busgesellschaften wie ALSA (Spanien) oder Rede Expressos (Portugal), mit denen man auch in kleinere Orte wie Peniche kommt, wo ich eine potenzielle Partnerhochschule besuchen will.

Porto, meine nächste Station, ist wunderbar am Fluss Douro gelegen und voller Tourist*innen, so als hätte es Corona nie gegeben. Am Himmel sieht man zahlreiche Flugzeuge, die Wochenendtrips in attraktive europäische Städte ermöglichen. Für mich selbst ist dies der fünfte Reisetag, aber eben auch schon die vierte Stadt auf dem Weg nach Peniche.

In Peniche, nördlich von Lissabon gelegen, komme ich am 25. April an, ein nationaler Feiertag, an dem Portugal den Jahrestag der Nelkenrevolution von 1974 begeht, die der jahrzehntelangen Diktatur ein Ende setzte. Kurz darauf hielt auch in Spanien nach dem Tode Francos die Demokratie Einzug, was in beiden Ländern zu wirtschaftlicher Entwicklung und Wohlstand führte. In Portugal ist die Küstenregion jetzt dicht besiedelt, während das Landesinnere von Abwanderung betroffen ist. Viele Ausländer*innen und Spanier*innen aus Madrid und dem spanischen Binnenland haben hier Zweitwohnungen, die in der Nebensaison häufig leer stehen. Peniche selbst ist verschlafen, aber es gibt bekannte Surfstrände in der Umgebung, die für ihre perfekten und gelegentlich auch sehr hohen Wellen bei Surfern aus ganz Europa beliebt sind.

Von Peniche muss ich in zwei Tagen nach Barcelona kommen, weil ich dort einen Termin habe, der sich nicht anders legen ließ. Auf der Strecke muss ich auch noch eine Onlinekonferenz unterbringen. Das ist logistisch eine gewisse Herausforderung, die sich jedoch mit einem kurzen Zwischenstopp in Lissabon und einer Übernachtung im spanischen Badajoz lösen lässt. Mit dem Bus geht es durch die ausgedehnten Korkeichenwälder des Alentejo über die Grenze in die spanische Extremadura. Badajoz ist unspektakulär, eine ursprünglich von Arabern gegründete Stadt, die im Spanischen Bürgerkrieg Schauplatz von Massenerschießungen der republikanischen Verteidiger durch faschistische Truppen war. Was bis vor Kurzem noch eine schreckliche, aber ferne geschichtliche Begebenheit gewesen wäre, erhält durch den Krieg in der Ukraine neue Aktualität.

Von Badajoz geht es wieder mit dem Zug weiter, dem ich gegenüber dem Bus doch eindeutig den Vorzug gebe: Es geht meistens schneller, man vermeidet Autobahnen und Gewerbegebiete, hat mehr Platz und kann besser

Ein TGV im Bahnhof von Bordeaux

arbeiten. Dieser Zug rattert durch blühende Wiesen, vorbei an Storchennestern auf Strommasten und später sogar an den schneebedeckten Bergen der Sierra de Gredos westlich von Madrid. Bedingt durch die Mechanisierung der Landwirtschaft sind auch die Extremadura und Kastilien von ländlicher Abwanderung betroffen, oft in Form von Binnenmigration in die wenigen Städte der Region, während die Dörfer veröden.

Barcelona ist so wie immer: schon Ende April voller Tourist*innen aus ganz Europa, die hier mit hoher Wahrscheinlichkeit einen Kurzurlaub verbringen, und das geht eben nur mit dem Flugzeug, wenn man nicht gerade in der Nähe wohnt. Die Menschenmassen in der Altstadt sind ein Graus für all diejenigen, die im Urlaub authentische Kultur oder persönliche Begegnungen mit Einheimischen suchen. Es sieht so aus, als wäre Barcelona trotz Corona schon wieder von Overtourism betroffen.

Dagegen ist Bordeaux, wo ich zwei Tage später einen Zwischenaufenthalt einlege, eine Entdeckung! Die wohlhabend wirkende Altstadt liegt in einem weiten Bogen am Ufer der Garonne. Das Hotel ist im Stil der 1920er-Jahre eingerichtet. Aus Nostalgiegründen schaue ich mir die 1.-Mai-Demo an, die einen tatsächlich an früher erinnert: Alle möglichen linken Gruppierungen stellen weitgehende soziale Forderungen (»*Un autre monde est possible!*« – Eine andere Welt ist möglich!).

Am nächsten Tag geht es wieder nach Paris, wo ich passenderweise im Hotel »Entre deux gares« zwischen Ostbahnhof und Nordbahnhof übernachte. Von einem kleinen Balkon im fünften Stock schaue ich über die Stadt und die ausgedehnten Bahngleise und finde sogar noch Zeit, das Einwandererviertel La Chapelle zu besuchen, wo man sich in einer Straße in Indien wähnt und in der nächsten in Zentralafrika. Dort befindet sich auch ein veganes Café, das ich noch von einem früheren Besuch kenne – vielleicht schon der erste Vorbote der Gentrifizierung, die sich auch dieses Viertels bemächtigt?

Am nächsten Tag reise ich mit dem Eurostar durch den Tunnel unter dem Ärmelkanal weiter nach England. In Bristol feiere ich mit Freunden meinen 65. Geburtstag. Die Stadt gilt als Hochburg der englischen linksalternativen Szene, was sich in vielen kooperativ betriebenen Clubs und Cafés und den allgegenwärtigen Wandmalereien zeigt. Bristol ist die Heimat von Banksy, einem inzwischen weltberühmten Street-Art-Künstler, der neben seinen Kunstwerken auch mit anarchistischen Aktionen auf sich aufmerksam gemacht hat. Und die Stadt hat in den 1990er-Jahren TripHop, den »Bristol Sound«, hervorgebracht, mit Bands mit Massive Attack, Tricky und Portishead.

In England endet meine Interrail-Reise. Heute sind die Züge viel bequemer und schneller als vor 50 Jahren, aber sie rasen jetzt durch Betonrinnen. Die Gewerbegebiete entlang der Strecken haben sich multipliziert – Manifestationen von 30 Jahren Turbo-Globalisierung – ebenso wie die industrialisierten Agrarwüsten, die sich häufig bis zum Horizont erstrecken. Anders als früher ist es auch die Reservierungspflicht für viele Züge, vor allem in Frankreich und Spanien, die Flexibilität und Spontanität beeinträchtigt und zu zusätzlichen Kosten führt. Zudem gibt es begrenzte Sitzkontingente für Interrail-Reisende, was z. B. beim Eurostar zwischen dem Kontinent und London schon mal dazu führen kann, dass man an einigen Tagen nicht reisen kann, obwohl noch Plätze im Zug frei sind.

Von wenigen Ausnahmen abgesehen haben meine Bahnfahrten reibungslos geklappt. Ich habe allerdings jeden Tag oder jeden zweiten Tag im

Zug oder Bus gesessen, was auf die Dauer anstrengend ist. Man sollte sich für eine größere Rundreise also deutlich mehr Zeit nehmen oder aber kürzere Distanzen zurücklegen. Oder sich ein bestimmtes Urlaubsziel aussuchen und dort länger bleiben. Dann fallen An- und Abreise zeitlich nicht so ins Gewicht. Zusätzlich sollte, wie von Umweltverbänden schon länger gefordert, ein gutes europäisches Nachtzugnetz etabliert werden, welches es zum Beispiel möglich machen würde, in 24 Stunden von Deutschland bis nach Südspanien zu reisen.

Was man aber auch sagen muss: In Frankreich und Spanien, mehr noch als in Deutschland, hat die Modernisierung und Beschleunigung des Bahnnetzes nur auf den Hauptachsen stattgefunden. Das lokale Schienennetz in den ländlichen Regionen ist ausgedünnt und unterentwickelt. Die Züge, die dort unterwegs sind, und die Bahnhöfe sind häufig heruntergekommen. Ich habe auf meiner Reise fast nur größere Städte besucht. In Kleinstädte zu kommen ist bereits umständlich, und auf dem Land ist man ohne Auto meist verloren. Dennoch wäre im Sinne des Klimaschutzes bereits viel gewonnen, wenn die besonders emissionsintensive An- und Abreise auf Bahn und Bus verlagert und das Auto nur noch vor Ort über kleinere Distanzen eingesetzt würde.

WOLFGANG STRASDAS

Die Fahrt Auf www.interrail.eu kann man sich über Interrail informieren und auch Tickets buchen.

Auskunft Wegen der oft obligatorischen Reservierungen empfiehlt es sich, die Dienste eines erfahrenen Reisebüros zu nutzen. Ich habe mit Gleisnost in Freiburg (www.gleisnost.de) sehr gute Erfahrungen gemacht. Für die eigene Reiseplanung ist die Reiseauskunft der Deutschen Bahn (www.bahn.de) zu empfehlen, die für viele Länder detaillierte Informationen über Zugverbindungen bietet. Für kleinere Bahnstrecken und Busverbindungen fand ich www.rome2rio.com hilfreich.

ZEITREISE INS JÜDISCHE POLEN

Vor rund 100 Jahren reiste der Schriftsteller Alfred Döblin nach Warschau, Lublin, Krakau, Łódź. Auch auf der Suche nach seiner jüdischen Identität.

Mit der Bahn eine Zeitreise machen? Noch dazu ins jüdische Polen der 1920er-Jahre? Geht das? Ist da nicht seit dem Zweiten Weltkrieg alles kaputt? Ja und nein. Vieles wurde originalgetreu oder im Stil des Realsozialismus wiederaufgebaut. Anderes war nie zerstört. Die sogenannten »Judenstädte« allerdings, für die sich der Berliner Arzt, Schriftsteller und Journalist Alfred Döblin auf seiner »Reise in Polen« 1924 ganz besonders interessierte, sucht man heute vergeblich.

Doch mit Döblins Reiseführer in der Hand können Interessierte heute in Geschichte und Gegenwart zugleich unterwegs sein. Die Reiseroute führt von Warschau, Krakau, Łódź und Lublin auch ins »Jerusalem des Nordens«, wie das heute litauische Wilna (Vilnius) oft genannt wird, und in die ehemalige Hauptstadt von Galizien und Lodomerien, das heute ukrainische Lemberg (Lwiw).

Polen war 1918, nach dem Ende des Ersten Weltkriegs, als Staat wiedererstanden. Da hatte es 123 Jahre Besatzung durch Preußen, Österreich-Ungarn und Russland hinter sich, zahlreiche Aufstände und blutige Niederlagen. Auf die erste Freude 1918 folgte bald Ernüchterung, denn alle Gesetze der letzten 100 Jahre, die gesamte Verwaltung, die Schulen und Universitäten, selbst Straßen und Bahnlinien mussten auf den neuen Staat, die Zweite Polnische Republik, zugeschnitten werden. Die Operation »Aus drei mach eins« brachte zunächst vor allem eins hervor – Chaos. Zudem gab es noch ein schwieriges Problem zu lösen: die vielen Völker, die jetzt in einem Staat zusammenleben sollten, mussten erst noch lernen, miteinander auszukommen: Polen, Ukrainer, Juden, Deutsche, Litauer und Belarussen. Nationalitätenkonflikte waren an der Tagesordnung.

Als Döblin auf dem Schlesischen Bahnhof in Berlin, dem heutigen Ost-bahnhof, auf den Nachtzug nach Warschau wartet, ist ihm mulmig zumute. Denn er will nicht nur das neue Polen kennenlernen, sondern sich vor al-lem über seine eigene Identität als Jude klarwerden. Ende 1923 hatte es im Berliner Scheunenviertel einen Pogrom gegen die dort lebenden Juden aus Osteuropa gegeben.

Döblin war schockiert – inwiefern betraf der immer virulenter werdende Antisemitismus auch ihn, den deutschassimilierten Juden? Was machte überhaupt einen echten, also nicht assimilierten Juden aus? In Polen leb-ten in den 1920er-Jahren die meisten Juden Europas. Doch auf dem Bahnhof kommen Döblin plötzlich Zweifel: Wird er ohne polnische Sprachkennt-nisse im Nachbarland klarkommen?

Die Sprachbarriere ist auch heute oft der Grund dafür, dass eine geplante Reise ins östliche Nachbarland eine leichte Beklommenheit auslöst. Doch die Weltsprache Englisch hat auch in Polen ihren Siegeszug angetreten. Also: keine Angst! Auch an Zugverbindungen mangelt es nicht: Der Berlin-War-schau-Express fährt mehrfach am Tag vom Berliner Hauptbahnhof ab und kommt nach rund sechs Stunden in Warschau an. Besonders empfehlens-wert: das Bordrestaurant »Wars«.

Heutige Reisende kommen am Zentralbahnhof direkt neben dem War-schauer Kulturpalast an. Beide Gebäude gab es zu Döblins Zeiten noch nicht. Der gigantische »Palast der Kultur und Wissenschaft« ist ein »Geschenk Sta-lins an das Brudervolk der Polen« und war bei den Warschauern so verhasst, dass sie ihn nach dem Abzug der letzten Sowjetsoldaten in den 1990er-Jahren sprengen wollten. Am Ende wurde er jedoch unter Denkmalschutz gestellt, und nun wachsen rund um ihn immer mehr Wolkenkratzer in die Höhe. So soll er irgendwann zumindest optisch aus der Topografie Warschaus ver-schwinden.

Die wenigsten Reisenden werden wissen, dass der Kulturpalast genau da steht, wo 1940 das einstige »Seuchensperrgebiet« begann, wie die deutschen Besatzer das Ghetto mitten im Herzen Warschaus nannten. Im Herbst 1924 besuchte Döblin hier noch die quirlige »Judenstadt« mit ihren mondänen Geschäftsstraßen, Parks und der liberalen Großen Synagoge einerseits und den Gassen voll Morast, Armut und kleinen Betstuben andererseits.

Der Kulturpalast ist ein »Geschenk Stalins an das Brudervolk in Polen«.

Die meisten sprachen Jiddisch und – da Warschau lange Jahre im russischen Teilungsgebiet lag – auch Russisch. Nur wenige beherrschten das Polnische so gut, dass ihnen der Aufstieg in die polnische Elite gelang. Doch es gab durchaus polnisch-jüdische Zeitungen, weltliche wie religiöse Knaben- und Mädchenschulen, ein sehr reges polnisches Kulturleben, an denen Juden und Jüdinnen ganz selbstverständlich mitwirkten – zumindest bis zur Machtergreifung Hitlers 1933, als die deutschen Arier-Paragrafen auch in Polen Nachahmer fanden.

1939, beim deutsch-sowjetischen Überfall auf Polen, war jeder dritte Einwohner Warschaus ein Jude oder eine Jüdin – rund 350.000 Menschen bei einer Gesamtbevölkerung von rund 1,2 Millionen. Die meisten wohnten im Stadtteil Wola in direkter Nachbarschaft zur historischen Altstadt und auf der anderen Weichselseite, in Praga.

Döblin wohnte im Hotel »Bristol«, das bis heute eines der besten und teuersten Hotels Warschaus ist. Von hier aus unternahm er jeden Tag lange Entdeckungsspaziergänge, traf sich mit Journalisten, Politikern, Literaten, Musikern, mit Polen und Juden – und notierte alles ganz penibel, was ihm erwähnenswert und interessant erschien. Er ließ sich die Parteienstruktur der jungen Republik erklären, die politische Ausrichtung der wichtigsten Zeitungen – und stand dann fassungslos vor der geradezu gewalttätig-großen Alexander-Newski-Kathedrale.

Sie sollte wie später der stalinistische Kulturpalast der Hauptstadt Polens den unauslöschlichen Stempel der Vorherrschaft Moskaus aufdrücken. Doch kaum waren die Statthalter des Zaren und ihre Soldaten weg, begannen die Polen mit dem Abriss dieses Symbols der Russifizierung. Döblin trauert zwar um das schöne Gotteshaus, stimmt letztlich aber den Polen und damit dem Abriss zu. Ein paar Straßen weiter, in der »Judenstadt«, beobachtet er im Schaufenster einer Gänseschlachterei »eine derbe kleine Frau bis an die Ellbogen in Blut«. Sie nimmt eine Gans aus. Er registriert auch »Tapezierer, Bäcker, Metzger, Tandgeschäfte. Ein fliegender Buchhändler mit jiddischen Schriften. Haufen von Kindern.«

Heute leben in Warschau noch bis zu 3.000 Juden. Anders als die Altstadt und einige Prachtstraßen wurde nach 1945 die vollkommen zerstörte Judenstadt nicht wieder aufgebaut. Hier boomt heute die Warschauer City mit glitzernden Wolkenkratzern aus Glas und Stahl. Seit 2013 lädt Polin, das Geschichtsmuseum der Juden Polens, in seine spektakuläre Ausstellung ein. Es steht direkt gegenüber dem großen Denkmal für die Helden des Ghettoaufstandes 1943.

Nach zwei Wochen fährt Döblin erst mit dem Nachtzug nach Wilna/Vilnius, in die heutige Hauptstadt Litauens, danach über die ostpolnische Stadt Lublin zunächst nach Lemberg/Lwiw, das heute in der Ukraine liegt, und schließlich in die südpolnische Kulturmetropole Krakau.

Döblin trifft sich mit zahlreichen Gelehrten, Künstlern und Publizisten, besucht polnische und jüdische Schulen und Universitäten, geht in Kirchen und Synagogen, lässt sich aber auch gerne treiben und macht dabei Zufallsentdeckungen, die er mal ganz penibel, mal scharf kommentierend festhält. Immer wieder steuert er die »Judenstädte« an, versteht schnell, dass »jüdische Assimilation« anders als in Westeuropa nicht die Aufgabe der jüdischen Nationalität bedeutet, sondern nur eine kulturelle Annäherung an Polen, Litauer oder Ukrainer. Vielerorts bleiben die Juden aber unter sich, bilden eine ganz eigene Kultur und Tradition aus, was für Döblin jedoch keine Option ist.

Der Eingang zum Museum der Geschichte der polnischen Juden in Warschau

Mit dem Zweiten Weltkrieg, der deutschen und sowjetischen Besatzung sowie der Shoah wurde diese osteuropäisch-jüdische Kultur unwiederbringlich zerstört. Viele Orte bestehen nicht einmal mehr in der Erinnerung fort. Immerhin aber gibt es Zeitzeugnisse wie den Reisebericht von Döblin aus dem Jahr 1925, der sich so aktuell liest, als wäre der Schriftsteller und Journalist erst gestern aus dem Zug in Warschau, Wilna, Lemberg, Lublin oder Krakau getreten.

Döblins letzte Station ist Łódź, das polnische Manchester, das erst im 19. und 20. Jahrhundert groß und reich wurde. Die Textilindustrie zwang Polen, Russen, Deutsche und Juden zu einem so engen Zusammenleben, wie es es in keiner anderen Stadt gegeben hatte. Es gibt keine Judenstadt, sondern nur das Armenviertel Ballut/Bałuty, in dem neben Polen auch viele Juden leben. Andererseits gehört der mit Abstand prächtigste Palast dem Großindustriellen Izrael Poznański. Neben seiner gigantischen Fabrik ließ er Arbeiterwohnungen bauen, die gemessen am damaligen Standard Vorbildcharakter hatten.

Łódź, die heute nach Warschau, Krakau und Breslau viertgrößte Stadt Polens, wurde im Zweiten Weltkrieg ebenso wenig zerstört wie Krakau, aber in der Nachkriegszeit stark vernachlässigt. Den Kommunisten waren die konservativen Eliten in Krakau genauso ein Dorn im Auge wie die selbstbewussten Textilarbeiterinnen in Łódź, die auch in der Solidarność-Zeit lautstark gegen die Kommunistische Partei demonstrierten. Łódź wird seit einigen Jahren Straße für Straße saniert. In einigen Jahren wird die einst heruntergekommene Stadt eine der schönsten Polens sein. Döblin schreibt: »Nun ade. Es gibt dieses Land. Ich weiß es herzlich.«

Gabriele Lesser

Anreise Wenn man in Polen erst mal im richtigen Zug sitzt, ist alles gut. Dann kann man sich zurücklehnen und die Reise genießen. Aber bis zu diesem Moment kann es für Ausländer*innen schon mal etwas stressig werden. Dabei ist das Kaufen der Fahrkarte noch das geringste Problem – an den »kasy« im Bahnhof oder auch im Internet. PKP, die polnische Staatsbahn, arbeitet seit vielen Jahren eng mit der Deutschen Bahn zusammen, sodass man bei fehlenden Sprachkenntnissen die Zugverbindungen in Polen problemlos auf https://www.bahn.de suchen kann. Meist funktioniert auch die deutschsprachige Seite der PKP https://rozklad-pkp.pl/de, nur dann leider nicht, wenn auf mehreren Strecken oder Bahnhöfen gebaut wird. Dann muss man mit der polnischsprachigen Seite vorliebnehmen: https://rozklad-pkp.pl oder eben doch zum Schalter gehen. Ausländer*innen stehen oft verzweifelt vor den Fahrplänen, auf denen sie den Standort ihres Zuges suchen. Aber auch hier gilt: Wenn man einmal weiß, wie es geht, ist es ganz einfach. Der Zug fährt in Polen an einem Bahnsteig ein – »peron«, der zwei Gleise hat – »tor« oder Plural »tory« und meist in zwei bis drei Sektoren aufgeteilt ist – »sektor/sektory«. Man muss sich also die drei Zahlen merken und erst mal den »peron« suchen. Zwar gibt es dort dann oft elektronische Anzeigen, die aber aus irgendeinem unerfindlichen Grund erst kurz vor der Einfahrt des Zuges aufleuchten.

Das Buch Alfred Döblin, »Reise in Polen«, München (dtv) 2006, Erstausgabe Berlin (S. Fischer Verlag) 1925

VOR ALLEM WILDE NATUR

**Mit dem Zug von Montenegro nach Serbien zu fahren, ist eine spannende Reise.
Sie führt über hohe Brücken und tiefe Schluchten.**

Wer beim Reisen noch nach Unvorhersehbarem sucht, sollte auf dem Balkan in den Zug steigen. Etwa auf der berüchtigten Strecke vom montenegrinischen Bar in die serbische Hauptstadt Belgrad. Es lohnt sich, statt des Nachtzugs die Tagesverbindung zu nehmen, denn die Fahrt soll spektakulär sein. Das will man nicht verschlafen.

Soweit zumindest der Plan. In Montenegro angekommen, stellt sich heraus: Der Tageszug verkehrt seit der Coronapandemie nur in den Sommermonaten. Schon bevor die Reise beginnen kann, zeigt sich: Wer auf dem Balkan mit dem Zug unterwegs ist, muss improvisieren können.

So wird der lange ausgetüftelte Plan umgeworfen. In Montenegros Hauptstadt Podgorica, einer Zwischenstation der Bar-Belgrad-Verbindung, werde ich nachmittags in den Regionalzug steigen, um abends am Grenzbahnhof Bijelo Polje den Nachtzug zu nehmen. So bekommt man den eindrucksvollsten Part in Montenegro doch noch bei Tageslicht zu sehen.

Der Bahnhof von Podgorica versteckt sich etwas verschämt hinter dem Busbahnhof, den die meisten Reisenden ansteuern. Der Bus ist das bevorzugte Reisemittel der Region. Am niedrigen, kantigen Gebäude mit brutalistischen Details verrät keine Aufschrift, dass hier der Bahnhof steht. Das lassen nur ein paar verrostete Waggons auf den Gleisen vermuten. Das Streckennetz ist auf dem Balkan spärlich, die Gefährte sind oft veraltet. Doch für die geplante Strecke lohnt es sich, die Strapazen auf sich zu nehmen.

Zu allererst wird der Schalter angesteuert, denn das Ticket lässt sich tatsächlich nicht online buchen. Am besten erledigt man das ein paar Tage zuvor. Oder man vertraut darauf, dass noch Betten frei sind. Um das herauszufinden, nimmt eine Angestellte auf der anderen Seite der Glasscheibe das Telefon in ihre Hand mit langen pinken Fingernägeln. Offensichtlich hat

Züge im Bahnhof von Podgorica

auch sie kein Online-Tool für Buchungen. Drei Anrufe später teilt sie mit, dass nur noch ein Bett im Sechser-Abteil verfügbar ist.

Auf den überschaubaren Bahnsteig – es gibt nur drei Gleise – haben sich ein paar Tourist*innen mit überdimensionalen Rucksäcken verirrt. Sie fahren nach Bar, einer Küstenstadt mit Wohnblöcken und Hotelanlagen. Die Einheimischen hingegen warten an Gleis 3: Familien mit Kindern, Grüppchen von Jugendlichen mit Rollkoffern. Sie steigen mit mir in den rot-orangefarbenen Zug, der soeben anrollt und aussieht, als hätte er gerade die 70er verlassen.

Drinnen füllen sich die Abteile schnell – dem Rest bleibt nur der Gang. Das aber stellt sich als Glücksfall heraus. Die Fenster lassen sich nach unten schieben, der Kopf so in den Fahrtwind halten. Durch die Scheiben im Abteil würde man sowieso kaum etwas sehen, so vergilbt sind sie. Der Zug, innen mit hellbraunem Holzfurnier ausgekleidet, hat seine besten Jahre in den 1970ern gelassen. Zumindest die roten Samtpolster der Sitze scheinen zwischendurch neu bezogen worden zu sein.

Kaum hat der Zug Podgorica hinter sich gelassen, kommen die Berge zum Vorschein. Wir schlängeln uns entlang eines türkisfarbenen Flusses, der

Morača, und der neu gebauten Autobahn, für die sich das Land bei China verschuldet hat. Dass das Mittelmeer nah ist, sieht man an den Zypressen und Feigenbäumen. Bald werden die Berge schroffer, nur noch wenige Bäume wachsen auf ihnen. Die Felswände geben bis zu 1.000 Meter tiefe Schluchten frei, unten immer wieder das türkise Wasser.

Als die Strecke 1976 eröffnet wurde, galt sie als eine der größten europäischen Eisenbahnprojekte des 20. Jahrhunderts – vor allem wegen der komplizierten Trassenführung, die als eine der schwierigsten des Kontinents gilt. Von der adrianischen Hafenstadt Bar bis Belgrad werden über drei Gebiergszüge immerhin 254 Tunnel und 243 Brücken überquert. Für die damalige Republik Jugoslawien stellte diese Strecke ein kostspieliges und umstrittenes Prestigeobjekt dar, das einige der isoliertesten Regionen Jugoslawiens verbinden sollte. Ob weiter Blick in die Ebene oder eine steile Felswand direkt vor dem Zugfenster: Streckenweise ist nichts als wilde Natur zu sehen. Kein Haus, keine Straße. Montenegro gilt auch heute als eine der am dünnsten besiedelten Regionen Europas.

Manchmal bleibt der Zug trotzdem stehen, mitten am Hang. Wer soll hier bitte ein- oder aussteigen? So liegt der Bahnhof Lutovo teilweise im Tunnel und auf zwei Hangbrücken. Nur das Bahnhofshäuschen hat festen Boden unter sich. Mit einer Steigung von bis zu 25 Prozent ist hier einer der heikelsten Abschnitte der Strecke.

Nur die *Čuvari pruge* sieht man regelmäßig. Vor kleinen Hütten tauchen sie mit ihren leuchtend roten Mützen aus dem Nichts auf. Die Streckenwärter*innen gehen die ihnen zugeteilten Abschnitte der Strecke jeden Tag zu Fuß ab. Beobachten sie Murenabgänge oder Steinschläge, sprühen sie Farbmarkierungen auf die Gleise, um die Lokführer*innen zu warnen. Die Strecke ist nicht ungefährlich. Dauerte es bei der Eröffnung der Strecke sieben Stunden, um von Bar nach Belgrad zu gelangen, muss man heute mindestens elf Stunden einplanen. Wegen des Streckenzustands tuckeln wir nur langsam die Schluchten entlang.

Mit diesem Wissen wird mir beim Anblick des Mala-Rijeka-Viadukts schon etwas mulmig zumute. Im Schneckentempo überqueren wir 198 Meter über dem Boden das Tal. Es ist die höchste Eisenbahnbrücke Europas. Da heben auch die meisten der anderen Passagiere endlich ihre Köpfe, die sie

Blick auf die Altstadt von Bar

bisher desinteressiert auf ihr Handy gerichtet hatten, während ich, ganz aufgeregte Touristin, meinen Kopf ständig aus dem Fenster hänge.

Nach einem endlosen Tunnel ist plötzlich Herbst. Die Luft kühlt schlagartig zehn Grad herunter, die bewaldeten Hügel leuchten in Rot, Orange, Gelb. Der Urwald des Nationalparks Biogradska Gora ist mit seinen Wäldern und Seen ein empfehlenswertes Wandergebiet. Langsam setzt die Dämmerung ein, die Berge werden zu schwarzen Schatten. Bevor die Dunkelheit sich über alles legt, kommt wieder ein türkiser Fluss zum Vorschein – diesmal der Lim.

Gegen 19 Uhr halten wir in Bijelo Polje, kurz vor der serbischen Grenze. Wer die Strecke nach Belgrad nicht am Stück fährt, kann dort noch gemütlich zu Abend essen. Neben dem verlassenen Bahnhofsgebäude, das gerade mit EU-Mitteln renoviert wird – Montenegro ist seit 2010 Beitrittskandidat –, steht ein kleines Lokal. Eine Frau und ein Mann hängen am Spielautomaten herum. Drei Polizisten bestellen am Nebentisch Schnaps. Auf der Speisekarte findet sich natürlich auch Ćevapčići. Wer später nicht hungrig zu Bett gehen will, sollte zugreifen, denn das Bordbistro hat meist nur Bier oder Kaffee zu bieten oder fällt ganz aus. Schade, denn zu Zeiten Jugoslawiens soll dort das Schnitzel noch frisch geklopft worden sein.

Zurück am Bahnhof, hilft mir ein Herr zu klären, ob ich hier auch richtig bin. Dass hier sonst keine Menschenseele ist, kommt mir etwas komisch vor. Er ist sichtlich bemüht, mir mein schlechtes Gefühl zu nehmen, bringt mich sogar zum Bahnsteig. Der Zug lässt auf sich warten. Dass er selten pünktlich ist, scheinen die anderen Passagiere zu wissen. Sie trudeln erst nach der offiziellen Abfahrtszeit ein. Ich treffe auch die Polizisten aus dem Lokal wieder: Mit Taschenlampen streifen sie zwischen den Waggons umher, um kurz vor der Grenze Schmuggelware aufzuspüren. Feierabendschnäpse waren das vorhin also nicht.

Die Strecke Bar-Belgrad ist eine der wenigen internationalen Direktverbindungen der Region. Andere wurden in den letzten Jahren eingestellt, etwa jene von Zagreb nach Sarajevo 2016 oder von Sarajevo nach Belgrad 2009. Wegen politischer Spannungen konnten sich die Jugoslawien-Nachfolgestaaten auf keinen Kompromiss bei der Finanzierung einigen.

Mit metallenem Scheppern und Quietschen kommt der Zug mit 50 Minuten Verspätung vor uns zum Stehen. Der richtige, mit Graffiti übersäte

Waggon ist schnell gefunden, der Schaffner weist den Weg zum Abteil. Dort treffe ich auf die ersten Tourist*innen seit Podgorica: In meinem Abteil dösen schon zwei Deutsche vor sich hin. Das Gespräch fällt entsprechend knapp aus.

Auf dem Gang bietet ein Mann noch zu später Stunde piva (Bier), voda (Wasser) und sok (Saft) aus seiner großen Tüte an. Mit Englisch kommt man hier übrigens nicht sehr weit. Ein paar Brocken Serbisch helfen, etwa: dolazak (Ankunft), krevetni čaršav (Bettlaken) oder laku noc' (Gute Nacht).

Nach zwei Passkontrollen auf beiden Seiten der Grenze lasse ich mich in das nach süßlichem Waschmittel riechende Kissen fallen und ziehe die schwere Wolldecke zur Nase hoch. Gegen 6 Uhr morgens sehe ich durchs Fenster Hügel und Häuser im rosa Morgenlicht. Der Schaffner schiebt die Tür auf: Beograd Centar? – Da. – Pet minuta.

JANA LAPPER

Anreise Ein guter Ausgangspunkt ist Wien. Wer beim Zug bleiben will, nimmt den Railjet nach Budapest, der achtmal am Tag fährt und 2,5 Stunden braucht. Von dort aus gibt es eine Direktverbindung nach Belgrad, an der aber derzeit gebaut wird. Der Umweg führt über Zagreb. Alternativ kann man auf den Bus umsteigen – in der Region das bevorzugte Reisemittel. Ob Zug oder Bus: Wegen schlechter Straßen- und Schienennetze lieber mehr Zeit einkalkulieren.

Belgrad-Bar Der Tageszug verkehrt aktuell nur in den Sommermonaten, der Nachtzug mit Schlafabteilen fährt täglich und braucht für die 476 Kilometer lange Strecke rund elf Stunden. Für die perfekte Sicht von Belgrad nach Bar versuchen, einen Fensterplatz im Abteil zu ergattern. In die andere Richtung lohnt es sich, im Gang zu stehen. Proviant lieber selbst einpacken, das Bordbistro hat seinen Namen nicht verdient. Verspätungen von zwei Stunden sind keine Seltenheit.

Ticket Ein Onlineverkauf existiert nicht. Daher am besten ein paar Tage vor Abreise den Bahnhof aufsuchen, um sich ein Bett zu sichern. Das kostet in der zweiten Klasse 21 Euro, in der ersten Klasse 31 Euro. Eine Fahrplanauskunft auf Englisch bietet nur die Seite der Eisenbahn Montenegros.

ENTSCHLEUNIGUNG IM WOHNMOBIL

Europaweit sind viele unterwegs mit dem Camper. Von der Suche nach einem Stellplatz profitieren immer mehr landwirtschaftliche Betriebe.

Ist das jetzt »Down-Sizing« oder ist es »Up-Scaling«, fragt sich Marco Dalan, Autor von Campergeschichten, nachdem er sich einen Campervan zugelegt hat. »Ist das reduzierte, ja zuweilen spartanische Leben im mobilen Heim nun ein Rückschritt – oder ein Fortschritt?« Seine Antwort spiegelt das Fühlen und Denken vieler anderer, die es ihm gleichtun. Menschen, die alle irgendwie raus aus der Tretmühle wollen, die unabhängig sein und ins Freie wollen: »Ich habe«, so Dalan, »ein neues Leben gewonnen.« Selbst abzüglich allen Überschwangs bleibt unterm Strich: Draußen sein und unterwegs – das hat was!

Fakt ist: Die Neuzulassungen der kleineren kompakten und alltagstauglichen Campervans (etwa Fiat Ducato) legen sprunghaft zu. Erstmals überholte die Zahl der Reisemobile die der Caravans, beide Gruppen zusammen kommen jetzt auf knapp 1,5 Millionen (bei insgesamt fast 60 Millionen Kraftfahrzeugen). Aktuell gibt es Lieferengpässe wegen Unterbrechungen globaler Lieferketten, es fehlt an Chassis. Aber die Nachfrage sei ungebrochen hoch, so der CIVD (Caravaning Industrie Verband). Und was hierzulande vor sich geht, das geschieht auch in anderen europäischen Ländern.

Und neue Fragen tun sich auf: Wo wollen die alle bleiben, wenn sie auf Tour gehen? Alle ins Grüne? Alle auf die Campingplätze?

Es gibt rund 5.000 speziell eingerichtete Stellplätze für Wohnmobile in Deutschland. Sie werden privat oder öffentlich betrieben, manche auch mit EU-Mitteln gefördert, wenn der Wohnmobiltourismus regional von Nutzen ist wie beispielsweise in Idar-Oberstein am Rande des Nationalparks Hunsrück. Einige touristische Routen, etwa die Deutsche Fachwerkstraße, setzen schon länger auf die mobile Klientel. Auch Thermalbäder haben zunehmend

Stellplätze eingerichtet und bieten auf diese Weise neben preiswerten Übernachtungsmöglichkeiten auch ausreichend Platz für gesellige Wohnmobilisten, die gern von Kurbad zu Kurbad touren. Auf sehr vielen Stellplätzen ist es dennoch sehr voll geworden.

Etwa Köln am Rhein. Als wir nach langer Fahrt nachmittags eintrudeln, ist alles belegt, die Womos stehen dicht an dicht. Ein Parkplatzambiente, das viele gewöhnungsbedürftig finden und über das sich Womoverächter gern amüsieren. Aber da ist auch die Nähe zum Fluss, man steht hier an den Rheinauen, ruhig und geschützt. Und zum Kölner Dom ist es nicht weit, es ist ein schöner Spaziergang auf der Rheinpromenade. Diese Kombination ist genial. Glücklicherweise ist der Platzwart freundlich. »Fahrt mal rechts ran, ich glaube, da will heute noch einer weg,« sagt er. Und bald darauf ist der frei gewordene Platz samt Stromanschluss für Kühlschrank, Handys und Tablets unser. Wir dürfen entspannen. Die Lehre dieses Platzes: Wir hätten vorreservieren sollen, denn deutsche Großstädte haben, was Stellplätze angeht, noch Nachholbedarf.

Natürlich hätten wir andere Lösungen gefunden. Vielleicht hätten wir eine Nacht am Straßenrand verbracht, mitten im städtischen Leben und ohne Strom. Oder hätten einen Parkplatz gefunden, wo gelegentlich auch Durchreisende, Wanderarbeiter oder Wohnungslose in Pkw nächtigen.

Aber rechtlich gesehen ist dies eine Grauzone. Auch in Deutschland ist, wie in fast allen europäischen Ländern, das Wildcampen verboten. Das Übernachten im Wohnmobil ist hierzulande generell dort erlaubt, wo es nicht ausdrücklich verboten ist, und zwar offiziell zur Wiederherstellung der Fahrtüchtigkeit. Dafür darf jeder ausgewiesene Parkplatz genutzt werden. Wie lange das dauern kann, ist nicht sicher, es können acht oder zwölf Stunden sein. Man muss allerdings darauf achten, kein campingähnliches Verhalten an den Tag zu legen, also keine Möbel rausstellen und den Grill anfeuern oder vielleicht noch Grauwasser ablassen oder das Klo im Kanal entleeren. Das wäre dann »Wildes Campen« und könnte mit Bußgeld belegt werden.

Vans unter sechs Metern Länge haben praktisch kein Problem, bei entsprechender Rücksichtnahme bleibt man so unauffällig wie andere Kleintransporter auch. Auf klugen Apps, etwa »park4night«, finden sich mehr

Für das Campen gelten in Deutschland strenge Regeln.

und mehr Tipps von Nutzern samt ausführlichen Beschreibungen, Fotos und Kommentaren, um möglichst angenehm durch die Nacht zu kommen.

Und das nicht nur in Städten, sondern vor allem außerhalb, wo sich vielleicht ein abgelegener Platz in freier Natur und schöner Umgebung findet, vielleicht ein Wanderparkplatz oder eine Standfläche an einem Gewässer. Über alles wird berichtet.

In idyllische Natur zieht es viele, die Öko und Bio schätzen und sich vom Versprechen auf Individualität und authentische Naturerfahrung angelockt fühlen. Weil es immer mehr werden, kommt es auch zu Reibereien. Und die schränken die Freiheit auf vier Rädern tendenziell wieder ein: Immer häufiger tauchen Verbotsschilder auf, die Campen für Wohnmobilisten untersagen, und Nebensträßchen und privates Land werden durch Ketten versperrt.

Vor rund zehn Jahren tauchte »Vanlife« als Entschleunigungsidee in urbanen US-amerikanischen Milieus auf, die eine moderne Work-Life-Balance anpeilten. Vorreiter waren vor allem technik-, medien- und designaffine Freelancer, deren Arbeitsmittel der Laptop ist. Warum nicht den Van als Homeoffice nutzen, wenn sich der Brotberuf auch von unterwegs erledigen

lässt, so die Überlegung. Auf diese neuen Camper warteten die schönsten Orte der Welt. Und wenn mal eine Videokonferenz anstand, dann konnte man als Hintergrund anstelle einer drögen Bücherwand einen Meerblick in echt präsentieren.

An Wohnmobilisten haftet das Altersstigma. Euphemismen, etwa »Silverbirds«, kaschieren nur notdürftig das Image vom Wohnmobilismus als geriatrischer Freizeitbeschäftigung. Dazu kommt die starke Europaorientierung. Tatsächlich sind viele, vor allem ältere, Wohnmobilisten allein schon deshalb mit Europa glücklich, weil sie Länder, Strände und Landschaften, Welterbe und Kulturgüter ohne Passkontrollen und ohne wirkliche Bedrohungen, geschweige denn Krieg, bereisen und im Süden sogar überwintern können.

Als hätte es nie Ressentiments gegenüber Campern gegeben, hat sich nun eine Enkelgeneration in Womos und Campervans vernarrt. Plötzlich ging alles ganz schnell. Büchertische wurden geflutet mit Titeln wie »Hit the Road«, »Off the Road«, »Bulli Challenge«, »Camper Hacks«, »The new Outsiders«, »Abenteuer Vanlife«, »Bulli! Freiheit auf vier Rädern«, »Van Girls:

Über »Landvergnügen« kann man Stellplätze auf Bauernhöfen buchen.

Starke Frauen und ihr ungebundenes Leben in Campervans« … Der Tenor: Hier ist die Alternative! Kein Vanlife-Reiseblog kommt mehr ohne Selbstbauanleitung für den Innenausbau des Vans aus, auf Social Media machen Influencer mobil und fördern Vergemeinschaftungen.

Die wichtigsten Tippgeber von heute sind aber immer noch die Platzhirsche von gestern. ADAC und Promobil etwa bilden zuverlässig die europäische Camping- und Stellplatz-Infrastruktur ab, aber nicht mehr nur auf Papier, sondern heute mithilfe von informativen Apps. Für die Platzsuche sind sie kaum zu ersetzen, denn Womos sind in der Regel auf Ver- und Entsorgungsstationen angewiesen, die ihnen die offiziellen Plätze bieten. Und auch auf Strom. Nicht jeder Van ist autark dank eigenem Solarpanel.

Und immer noch gibt der Womoverlag grundsolide Tourguides in Buchform heraus, die Wohnmobilisten alle attraktiven Reiseregionen Europas erschließen. Ein zeitloses Reiseführermodell.

Doch für das neue Vanlife-Lebensgefühl werden zunehmend die Onlineplattformen junger Start-ups attraktiv. Und neue Geschäftsmodelle, die auf dem Prinzip »von privat für privat« bzw. »Airbnb für Camper« beruhen.

»Hinterland« beispielsweise, ein schönes Ergebnis der Lockdown-Pause, hat die Idee kultiviert, wilde Naturcamper einzuhegen. Das Team wirbt mit »nah, nachhaltig und naturverbunden« und vermittelt nach eigenen Angaben über 1.500 buchbare Plätze von der Nordsee bis ins Allgäu. Die Spezialität sind abgelegene Plätze auf privaten Anwesen, auf denen man jederzeit ungestört ist. Etwa am Rande einer Weihnachtsbaumplantage und in Gesellschaft von Schafen auf dem Vogelsberg, wo man auch noch selbst ein Lagerfeuer machen kann. Mit Strom und Sanitäreinrichtungen sollte man auf den Plätzen von »Hinterland« nicht unbedingt rechnen. Und auch nicht damit, dass der gebuchte Platz in jedem Falle preisgünstig ist.

Mindestens eine Handvoll Plattformen sind aktuell empfehlenswert und lassen sich bei einer Internetsuche unter einschlägigen Stichworten leicht ausfindig machen. Dabei darf man nicht vergessen, dass dieses Konzept schnelllebig ist. Einige Plattformen kooperieren mit jeweils einem der bekannten Reisemobilhersteller.

In jedem Fall muss man sich für jeden Platz voranmelden. Spontaneität ist hier nicht angesagt.

Als wir auf »Landvergnügen« aufmerksam wurden, hatten wir wieder Glück direkt vor Ort. »Fahrt da mal hin, da steht ihr noch besser als bei uns ... wir kommen gleich nach,« sagten die Freunde, die wir besuchten. Etwas außerhalb von Witzenhausen in Nordhessen – eine reizvolle Landschaft und Kirschengegend – gibt es »Kindervatter«, den Kirschenhof mit viel Platz für einige Wohnmobile etwas abseits im Grünen der gut gehenden Gastronomie und dem gut bestückten Hofladen. Es ist eine Adresse, die in der Region alle kennen. Die Tourismusbehörden haben Kirschenrouten für Wanderer und Radler kreiert, und dieser Hof, besser: dieses traditionsreiche Ausflugslokal liegt mittendrin. Wir erlebten einen langen, wundervollen Abend und eine erholsame Nacht.

Höfe wie »Kindervatter«, aber vor allem landwirtschaftliche Betriebe mit Einkaufsmöglichkeit, Weingüter, Imkereien, Brauereien, Käsereien, Schäfereien, Bäckereien, Rosenzüchter, Klostergüter, Spargelhöfe und viele andere machen das breit angelegte Angebot von »Landvergnügen« aus. Aktuell sind 1.300 ländliche Gastgeber mit dabei. Das Konzept sieht den Kauf eines Stellplatzführers samt Vignette (und Freischaltung der App) vor, es gilt jeweils für ein Jahr und berechtigt auf jedem der angesteuerten Höfe zu einer einmaligen kostenlosen Übernachtung.

Es ist das älteste der alternativen Stellplatzkonzepte und ein Import aus dem campingfreundlichen Nachbarland Frankreich, wo es seit jetzt 30 Jahren als »France Passion« immer größere Kreise zieht. Inzwischen haben sich die Anbieter aus zehn europäischen Ländern zum Verband FEFI zusammengefunden, über »Landvergnügen« lassen sich auch die Stellplatzführer aus den Nachbarländern erwerben. Es ist sanfter Tourismus in seiner besten Form. Gerade in der Biolandwirtschaft generiert es Zusatzeinnahmen, ein Zubrot, das viele dringend benötigen.

CHRISTEL BURGHOFF

Stellplatzsuche Neben den Klassikern von ADAC und Promobil sind zunehmend nutzerbasierte Apps interessant geworden, etwa park4night. Unter Weltreisenden ist die Universal-App iOverlander beliebt. Beide eignen sich besonders für die spontane Übernachtungssuche in einem bestimmten Umkreis einschließlich Übernachtungsmöglichkeiten auf Parkplätzen oder Stellflächen in der freien Natur.

France Passion Vor 30 Jahren wurde in Frankreich das Konzept privater Stellplätze bei landwirtschaftlichen Betrieben und vor allem auf Weingütern begründet. Es hat sich erfolgreich in anderen europäischen Ländern unter jeweils eigenen Namen weiterentwickelt. In Deutschland ist es »Landvergnügen«. Die Angebote reichen vom kleinen Biohof mit Direktvermarktung bis zum beliebten Landgasthaus. Infos beim Netzwerk www.fefi.eu

Online-Plattformen Privatleute bieten hier Unterkunft auf eigenen Anwesen an, sei es abgelegen in Wald und Flur oder direkt beim Gastgeber im eigenen Garten. Etwa Hinterland, Pop-up Camps (Campspace), Roadsurfer Spots, Vanlife Location, 1nite Tent, My Cabin, Alpaca Camping und einige mehr.

DEM TROLL GANZ NAH

Auf 18 Strecken durch Norwegen haben Architekten, Designer und Künstler Hand angelegt. Sie gestalten Rastplätze, Klos und Aussichtspunkte.

Östlich des norwegischen Bergen, nahe der Gemeinde Granvin, ergießen sich gleich zwei Wasserfälle. Der Skjervsfossen Wasserfall ist ein Anziehungspunkt. Am Parkplatz der kurvigen Straße, die daran vorbeiführt, steht nun ein WC-Häuschen nach Plänen des Büros von Nils Mannsåker. Ein Blickfang: Zwischen den steilen Bergen fügt es sich mit seiner Verkleidung aus Schiefer und dem steilen Dach unauffällig in die Umgebung ein. Das Gebäude steht direkt am Steilhang, wo der Wildbach vorbeirauscht.

Die beiden öffentlichen Toiletten, die darin untergebracht sind, besucht man gerne: Sie sind sauber, modern, vor allem aber mit Ausblick. Die hohe Verglasung mit Blick auf den vorbeitosenden Bach lässt die Natur eindringen. Auch ein Teil des Bodens ist verglast. Es ist wie Pinkeln in den Bach, nur viel bequemer. Flussabwärts verwandelt sich der Wasserlauf in einen donnernden Wasserfall. Eine in Fels gehauene lange Treppe führt vom Parkplatz dorthin. Der Steg bietet freie Sicht auf die tobende Gischt.

Die Aufwertung des Klos ist dabei pure Absicht: Toilettenanlagen sind die am häufigsten, weil unabdingbaren, Gebäude, die an markanten Haltepunkten an der Straße gestaltet wurden. Der Architekt Nils Mannsåker hat die Planung und Ausführung für den Wasserfall des Skjervsfossen als »eine Herausforderung« gesehen: »Gebäude in Norwegen sind dafür bekannt, gut mit der Natur zu harmonieren. Sie ergänzen die Landschaft. Unser Ziel war es, den Menschen zu erleichtern, die Schönheit der Natur zu erkennen«, sagt er am Rastplatz des Skjervsfossen Wasserfalls.

Oder ihnen Schutz vor der Ausgesetztheit zu bieten. Lost in Nature, so wirkt die schon 2002 vom Schweizer Architekten Peter Zumthor geplante Erinnerungsstätte für die kurze, mühsame Zeit des Bergbaus im späten 19. Jahrhundert. Zumthor konzipierte mitten in der Landschaft bei den stillgelegten Zinkgruben in Allmannajuvet eine Besucheranlage mit Parkplätzen.

Am abschüssigen Rand oberhalb des Flusses Storelva stehen nun ein Café und ein schmales Dokumentationszentrum auf Stelzen. Die Gebäude erinnern an Fördertürme. Alle Bauten sind mit einem groben Gewebe überzogen, schwarz gestrichen. Wie fremdartige Objekte stehen sie in der einsamen Landschaft. Dahinter führt ein Pfad entlang des Flussbetts des Storelva über Hunderte Meter zum Eingang des feuchtkalten Stollens.

Um den Tourismus in Norwegen zu stärken, setzte die Regierung zusammen mit dem Parlament 18 Landschaftsprojekte durch. Es wurden so Informationszentren, Rastplätze, Aussichtsplattformen an 18 Nationalstraßen entworfen und neu gestaltet. Die Mehrzahl liegt im Südwesten des Landes mit seinen tief ins Landesinnere reichenden Fjorden, seinen Bergen und Seen.

1994 wurde das Programm »Norwegische Landschaftsrouten« vom norwegischen Parlament angestoßen. Mit der durchgehenden Beschilderung von knapp 2000 Straßenkilometern ist es inzwischen für jedermann sichtbar geworden. Originalität, aber auch Tradition und Innovation werden bei diesen 18 Projekten herausgestellt. Das soll nicht nur die Neugier der Besucher wecken diese attraktiven Ausflugsstraßen zu entdecken, sondern auch junge Landschaftsarchitekten inspirieren.

Das Architekturbüro Snøhetta mit Sitz in Oslo ist längst erfolgsverwöhnt. Das Team von Snøhetta ist am Projekt der Nationalen Straßenbehörde beteiligt. Sie gehören zu den Bekannten der Architekturszene in Norwegen. In Berlin wurde die Norwegische Botschaft am Tiergarten von Snøhetta entworfen. Ausschließlich norwegische Architekten waren aufgerufen, sich an den Wettbewerben zur Landschaftsgestaltung zu beteiligen, um jungen, unbekannten Büros eine Chance zu geben.

Auch Snøhetta hat klein angefangen: Den Durchbruch für das damalige Drei-Mann-Team brachte der Wettbewerbssieg für den Entwurf der Bibliothek in Alexandria. Die Oper von Oslo wurde von Snøhetta entworfen und setzte die Erfolgsstory fort.

»Der öffentliche Raum ist wesentlicher Teil unserer Projekte. Wenn in Oslo die Oper für Operngänger gebaut wird, so soll auch die große Zahl der Nicht-Opernbesucher davon profitieren. Grundlegende Entwurfsidee war eine frei zugängliche Dachlandschaft als neuer öffentlicher Stadtraum. Auch

Aussichtsplattform an der Gebirgsstraße Trollstigen bei Åndalsnes

das lichte Foyer steht allen Besuchern offen. Von den marmorverkleideten Dachplatten aus kann man die Stadt überblicken«, sagt Projektmanagerin Tonje Frydenlund.

Zur Inwertsetzung der Natur über die Architektur gehört Materialbewusstsein. Der Wasserfall Vøringsfossen im Gebiet des Hardangervida ist schwer zugänglich. Der über 150 Meter lange Wasserfall wurde erst Ende des 19. Jahrhunderts für den Tourismus entdeckt. Vor allem Kreuzfahrttouristen werden vom Fjord in Bussen hier herauf gekarrt, um den Blick zu genießen.

Die Stege und Plattformen entlang des Bergmassivs bieten wechselnde Blicke auf die stürzenden Wassermassen. Gebaut aus Beton mit Geländern aus Metall. Der nackte Fels ist manchmal nicht vom Beton zu unterscheiden. Die Ausblicke sind spektakulär und schwindelerregend. Trotzdem stehen nirgends Schilder: »Nicht über das Geländer lehnen« oder »Klettern verboten«.

»Die norwegische Natur flößt Respekt ein«, sagt Per Ritzner, Pressesprecher der Landschaftsrouten. »Und man muss ihr verantwortlich gegenübertreten. Wir bieten die notwendigen Sicherheitsstandards, aber wir können

Das Zinkminenmuseum Sauda in der Allmannajuvet

die Besucher nicht vor selbst gesuchten Gefahren schützen, zu stark regle-
mentieren. Wir setzen auf Eigenverantwortung. Das Thema Sicherheit spielt
eine große Rolle, aber es führt nicht zur Abschottung der Natur. Sie steht im
Vordergrund.« Das Verhältnis zur Natur scheint in Norwegen unmittelbarer
zu sein, selbstbestimmter, vielleicht selbstverständlicher.

EDITH KRESTA

Die Architekten Seit 1994 haben 60 vorwiegend junge norwegische Architekten, Landschaftsarchitekten und Künstler in 200 Projekten die Landschaftsrouten gestaltet: https://www.visitnorway.
de/reiseplanung/reisetipps/norwegische-landschaftsrouten

DIE RAD-MEGACITY

Radfahren in Utrecht ist eine Art Besuch im Paradies. Erkenntnisse über die Autorepublik Deutschland gibt es gratis dazu.

Die gemeinsame Tour geht gleich mit einem Fehler los. »Sie fahren vor?«, frage ich. Ronald Tamse guckt etwas irritiert. Der Mittfünfziger ist Utrechts Generalverkehrsplaner und Entwickler der Radinfrastruktur, seit 25 Jahren. In den Niederlanden, sagt er, fahre man selbstverständlich nebeneinander, »man will sich doch unterhalten, oder?« Und er zeigt auf die vielen anderen ringsum. Klar, antwortet ertappt der Besucher aus dem Fahrrad-Drittweltstaat Deutschland und weiß sogleich, wie konditioniert er ist: Daheim müssen Radler*innen immer aus dem Weg, auf die Seite, sich klein machen.

Breite rote Bänder überall – die Häuser und Autostraßen scheinen in Utrecht nur dazu da, um den Raum zwischen den endlosen Radwegen auszufüllen. Gleich geht es über einen zentralen Platz, Vredenburg. 35.000 Radfahrer*innen sind hier täglich unterwegs, erzählt Tamse, »im Durchschnitt«. Können also auch mal über 50.000 sein. Alle Radpisten sind immer sicher abgetrennt, mit eigenen Ampelanlagen, mit intelligenten Wegeführungen an komplexeren Kreuzungen, auch beim Linksabbiegen. Das funktioniert? »Die Schaltungen tüftelt ein Kollege aus. Ich halte ihn für einen Magier.«

Radwege planen und bauen, sagt Tamse, dürfe »keine Ideologie sein. Radwege sind ein Werkzeug.« Er zeigt unterwegs mehrere umgebaute Kreuzungen und Wegeführungen, immer anders. Es komme jeweils auf die Gegebenheiten an, auf Fußgängerströme, und wie man Autos leite und wegleite: Mit anderen Straßenbelägen, weißen Strichen, etwas höher gelegten Parkplätzen neben der Fahrbahn und Begrenzungen, die nicht wie solche wirken. »Manchmal sind es kleine psychologische Tricks. Wir bauen ja alles für die Leute.«

Der weite Platz vor dem Dom ist eine Art shared space geworden. Radler und Fußgänger sind die eine Strömung, die wenigen Autos fahren wie von Geisterhand gelenkt einen Bogen, sehr langsam sowieso, weil ein paar runde, flache Steine in der Mitte stehen. »Man muss immer von den Menschen her

In Utrecht wird geradelt – jeder dritte Haushalt hat kein Auto.

denken, wer verhält sich wie?!« Wieso hier überhaupt Autos fahren dürfen? Nur Lieferverkehr, Sonderausweise, sagt Tamse. Und grundsätzlich: »Man kommt auch in Utrecht mit dem Auto überall hin.« Dann zeichnet er mit den Händen eine Art Labyrinth in die Luft. Heißt: oft halt über verschachtelte Wege. Das ist zu komplex, also lassen es viele bald.

Auch die Niederlande waren mal Autoland, auch Utrecht war nach dem Krieg für Blechdosen vielspurig ausgebaut und zuasphaltiert worden. Dann passierte zweierlei fast gleichzeitig: die Ölkrise Anfang der 1970er-Jahre und heftige Proteste, vor allem in der City von Amsterdam: »Stoppt den Kindermord!« Über 400 Kinder waren damals durch Autos zu Tode gekommen, jedes Jahr. Die Menschen wollten sichere Städte. Es begann also von unten.

Machen denn alle Bürger*innen heute alles mit? Na ja, sagt Tamse, »Menschen mit Angst vor Veränderung gibt es auch bei uns. Auch wir haben Nimbys.« Nimby heißt: Not in my backyard. Ja, gerne die Stadt lebenswerter umbauen, aber nicht an Gewohnheiten und Bequemlichkeiten rütteln und meinen Parkplatz vor der Haustür lassen! »Aber das legt sich immer schnell«, sagt Tamse. »Radfahren ist bei uns Kultur, ein Sozialverhalten.«

Das kulturlose Deutschland hat drei schwere Lasten: Es ist Erfinderland des Automobils, hat eine fatale Schumacher-Vergangenheit und immer noch kein Tempolimit (Niederlande: tagsüber Tempo 100 auf Autobahnen). Eine Riege tatenloser deutscher Verkehrsminister tat ihr Übriges. Und es sei auch sonst manchmal seltsam in Deutschland, erzählt Tamse: Im Juli war er als Referent bei der Eurobike-Messe in Frankfurt. »Sie hatten mir ein Hotel ziemlich außerhalb gebucht, aber direkt an einer Autobahnauffahrt.« Echt, die Radmenschen? »Ja, aber wahrscheinlich haben sie es gut gemeint. Und es gab auch eine Straßenbahn.«

In den Niederlanden, erzählt Tamse, radeln auch die Kinder des Königs, Ministerpräsident Rutte kommt zu Terminen auf dem Zweirad. Alle tun es, zumindest zeitweilig. Und weil alle wissen, wie es auf dem Rad ist, wissen auch alle beim Autofahren, wie sich die vor und neben einem fühlen und verhalten. Das macht das Miteinander kooperativer und sicherer. Einen Fahrradhelm trägt hier niemand.

Utrechts Zahlen sind spektakulär: 94 Prozent der Haushalte haben ein oder mehrere Fahrräder, insgesamt sind es in der 360.000-Einwohner-Stadt mehr als eine Million. Jeder dritte Haushalt hat kein Auto. Auf 1.000 Einwohner*innen kommen 302 Autos, bei uns sind es 580. Knapp 60 Prozent der Utrechter fahren per Rad in die Innenstadt, 51 Prozent nehmen das Rad für den Schulweg oder zur Arbeit (hierzulande sind schon 15 Prozent *modal split* ein hoher Wert). 132 Euro pro Bürger gibt die Stadt pro Jahr für Radinfrastruktur aus (an die 250 Millionen seit 2015), in Deutschland sind es je nach Gemeinde zwei bis zehn Euro per annum, selten 20.

Und dann ist da Utrechts neues Fahrradparkhaus, 2019 eröffnet, gleich am und unter dem Bahnhof. Es hat 12.500 Stellplätze, Weltrekord. Noch mehr als die Zahl wirkt das Gebäude, wenn man es durchradelt. Die Stellplätze sind auf drei Stockwerken jeweils in zwei Etagen untergebracht, stellenweise geht es bis zu 250 Meter geradeaus, nichts als Speichengefährte neben einem. Digitale Anzeigen verraten die aktuelle Auslastung und wo freie Plätze sind. Die ersten 24 Stunden sind kostenlos. Die Ausfahrten führen gleich zu den Gleisen oder in die autofreie Innenstadtzone.

Allein im Bahnhofsviertel gibt es 21.000 bewachte Radparkplätze. Trotzdem glauben 47 Prozent der Innenstadtbewohner, dass das noch zu wenig ist.

Wir radeln weiter zum weitläufigen Uni-Campus, wo die Radwege in Regenbogenfarben gestaltet sind. Bald macht sich Enttäuschung breit. Auch hier kein Stau. Also, wo ist mal ein Fahrradstau? Ronald Tamse winkt ab: Jetzt im Sommer seien Ferien, zudem viele Studierende woanders. Auf YouTube, sagt er, finden sich Sequenzen, wie sich Radler*innen zu vielen Dutzend binnen Sekunden vor einer Ampel zusammenknubbeln und manchmal erst mit der zweiten Grünphase über die Kreuzung kommen.

Tamses Philosophie heißt: Nicht einfach möglichst viele Radkilometer bauen. Sondern intelligent gucken, wo was passt. »Verkehre trennen, aber immer zusammendenken. Wir fragen vorher Geschäfte und Anwohner nach ihren Ideen und Wünschen. Wir wissen übrigens schon lange, dass Fußgänger und Radfahrer mehr Geld in die Geschäfte bringen als Autofahrer. Die fahren ja meist durch.«

Utrecht ist auch jenseits des Daseins als Fahrrad-Megacity eine maximal relaxte Gemeinde. Da ist die nette Altstadt, der gotische Dom und pittoreske Grachten, die keinen Vergleich mit dem völlig überlaufenen und überteuerten Amsterdam scheuen müssen. In den typischen Utrechter Werftkellern sind direkt am Wasser Cafés und Restaurants untergebracht. Und diese Ruhe, plätscherndes Wasser statt Autobrumm! Dennoch: Tourismuskampagnen gibt es kaum, man lässt sich lieber entdecken.

Ronald Tamse zeigt mir einen weiten Kreuzungsbereich in einer 30er-Jahre-Siedlung mit viel Platz daneben, auf dessen Umbau er offensichtlich richtig stolz ist. Alles fließt, die Schwärme an Fußgängern, Radlern und langsamen Autos kommen sich nicht ins Gehege. »Das klappt gut. Vielleicht bin ich ja auch ein Magier.« Um gleich einzuschränken: »Wir haben auch schon so viele Fehler gemacht und mussten nachkorrigieren, sogar hier. Und es gibt auch Stellen, wo wir nicht recht weiterkommen. Ich könnte auch den ganzen Tag herumfahren, nur an Wegen, mit denen ich noch nicht zufrieden bin.«

»Wie breit sollte denn ein Radweg sein?«, fragt er dann und antwortet gleich: »Mindestens drei Meter, zwei fahren nebeneinander und einer kann überholen.« Drei Meter! Bei uns kämpfen Radinitiativen für zwei Meter breite Bike Lanes. Und die aufgepinselten »Sicherheitsstreifen« sind manchmal nur 80 Zentimeter breit. Mit Sicherheit haben diese Malerarbeiten auf Asphalt nichts zu tun: Rechts gehen zack die Autotüren auf, links rasen die Blechdosen eng vorbei. Auf Niederländisch heißen diese hilflosen Streifen übrigens Moordstrokje, Todesstreifen. In Utrecht: Fehlanzeige. Auch keine Autos, die auf einem Radweg parken, nirgends. Dann hätte, sagt Tamse, »schnell mal ein Radfahrer seinen Schlüsselbund in der Hand«. Und ratsch.

BERND MÜLLENDER

Anfahrt Nach Rotterdam, Amsterdam oder Arnheim ist man von Utrecht per Bahn in rund 30 Minuten (jeweils im 15-Minuten-Takt per IC). Die Städte sind auch mit Überlandradwegen verbunden, weitgehend kreuzungsfrei.

Rundradeln Die Stadt Utrecht empfiehlt die Polderroute und Schlösserroute.

Nazizeit Historisch erste Wahl ist die Liberation Route mit ihrem Zentrum in der Gegend östlich von Utrecht rund um Arnheim: Wie zäh die Befreiung der Niederlande 1944/45 (anders als Belgien) von den Nazis war, Stichwort: Schlacht von Arnheim. Die Liberation Route, entstanden in Holland, ist eine Ehrenamtler-Initiative der westeuropäischen Länder, Deutschland inklusive: www.liberationroute.com/de

Radsport Einzige Stadt weltweit, die Startetappe war für die drei wichtigsten Rennen: Giro d'Italia, La Vuelta und Tour de France.

WILLKOMMEN IN UNSEREM GARTEN

Übernachten mit Rad: Eine belgische Plattform bringt Hausbesitzer und Slow Traveller erfolgreich zusammen. Das Ziel: Menschen miteinander verbinden.

Mit dem Gespräch hakte es zunächst. Dries Van Ransbeeck, 30, einer der Gründer der Plattform »Welcome To My Garden«, hatte per Mail Montag den 10. vorgeschlagen. Nun war der nächste Montag der 13., was die Rückfrage nötig machte, ob das »immer überraschende Land Belgien sogar einen anderen Kalender« habe. Dries' pfiffige Antwort: »Sorry, mein Fehler. Aber Belgien selbst ist wie *slow travel*, es gibt dir ein anderes Gefühl für Zeit!«

Damit sind wir schon im Thema. Und am länderübergreifend 13. erzählt Dries sehr enthusiastisch, wie die Erfolgsgeschichte begann. Seine Partnerin Manon Brulard, 33, und er hatten 2019 eine Radtour von Brüssel nach Tokio gemacht, elf Monate lang, 13.500 Kilometer. »Die Idee dazu hat Manon gehabt. Sie ist strenge Feministin und wollte zeigen, dass man als Frau auch außerhalb Europas gefahrlos mit dem Rad unterwegs sein kann.«

In zwei von drei Nächten fanden die beiden privat eine Unterkunft, oft mit Zelt in einem Garten, manchmal auch im Haus. »Es war so großartig. Radfahren ist ja auch der einfachste Weg, fremde Welten zu erkunden. So viele Leute aus so vielen Kulturen, immer anders, immer neu«, vor allem »in den »stan«-Ländern«, wie Dries sagt. Damit meint er Kontakte in Turkmenistan, Usbekistan, Kirgistan und andere. »Es war so toll.«

Zu Hause war schnell die Idee geboren: Kann man so was nicht organisieren, kostenlos alle Orte suchen und auflisten, wo man das Zelt bei Einheimischen aufschlagen kann? Manon, Dries und ein paar andere taten sich zusammen. Dries, der Open-Data-Spezialist, baute die Website, man nannte sie »Welcome To My Garden«. Über Facebook-Seiten von Radinitiativen machte man Werbung. Mit Freischaltung im Juni 2020 schlug die Seite sofort ein. »Innerhalb einer Stunde hatten sich 50 Hausbesitzer

Die Idee zu »Welcome To My Garden« kam den Gründern bei einer Radtour von Brüssel nach Tokio.

gemeldet, 500 binnen einer Woche. Heute sind es fast 4.000.« Es sind Menschen, die quer durch Belgien, auch in kleinen Orten fernab aller üblichen Routen, ihren Garten zur Verfügung stellen: Wanderer und Radfahrer, hier könnt ihr bleiben. Die Covidpandemie hat den »Welcome«-Macher*innen den Start ihrer Plattform erleichtert. »Es war die Zeit, als alle Angst vor zu nahen Kontakten hatten und Hotels geschlossen waren. Garten war und ist maximal kontaktfrei.«

Gastgeber und Gäste finden autonom per Mail oder Telefon zueinander. Ob man Toiletten und Duschen mitbenutzen kann, legen die Hausbesitzer fest. Die Website zeige, sagt Dries, dass viele das bis heute ausschließen, »sicher noch eine Vorsichtsmaßnahme aus den akuten Pandemiezeiten. Aber an den vielen Rückmeldungen sieht man, dass sich das langsam ändert und viele Gastgeber das bei besonderer Sympathie spontan doch zulassen.«

Für mittlerweile 25.000 registrierte Quartiersucher ist »Welcome To My Garden« eine Alternative zu uniformen Campingplätzen, teuren Herbergen und einem illegalen Übernachten in Belgien in freier Natur (auch in Deutschland länderabhängig nur in Ausnahmefällen erlaubt). Gut 41.000 Garten-

Nächte hat die Statistik nach zwei Jahren gezählt. Auf der Website steht: »Wir wollen Slow Travel zum neuen Normal machen.«

Im Sommer 2021 radelte Christoph Pierschke aus Bonn durch die Ardennen. Auf einem Biohof in La Roche hatte er sich via »Welcome«-Plattform für ein Stück Wiese für sich und sein Zelt angemeldet, »per mail, auf Englisch, mit Bernard«, wie er erzählt. Nur: »Als ich ankam, war Bernard nicht da, alle anderen wussten erst von nichts. Die Verständigung lief teilweise mit Händen und Füßen, weil mein Französisch sehr limitiert ist.« Dann aber war es »total easy, sehr nett und schön«, wie er erzählt, idyllisch am Waldrand, mit Komposttoilette und köstlichem Käse im Hofladen.

Man wolle Menschen mehr miteinander verbinden, hat Manon dem Belgischen Rundfunk gesagt, und es klingt wie auf den Bonner Radler zugeschnitten: »Durch unser Projekt sehen wir eine riesige Chance, Belgier und andere Nationalitäten zu treffen, ein paar Wörter einer anderen Sprache zu lernen und vor allem, einander zu begegnen! Das Abenteuer kann schon am Ende der eigenen Straße beginnen, oder nicht?«

Die Plattform hat zudem Nebeneffekte: »Wir entwickeln neue Reisegebiete«, sagt Dries, »fernab von üblichen Touristen-Hotspots. Den Leuten vor Ort können wir sagen: Wir bringen euch Gäste, und ihr braucht nichts dafür zu tun. Was auch der lokalen Wirtschaft hilft.« Und wenn in einem Dorf einer mitmache, machen oft über Nachbarschaftskontakte schnell andere mit, »das ist ganz verblüffend«, sagt Dries.

Gastgeber hätten schnell gelernt: »›Welcome‹ führt Menschen zusammen und ermöglicht spannende soziale Kontakte.« Man lässt die Welt halt zu einem kommen: »Die Gartengeber bekommen zudem ein bisschen Urlaubsgefühl, ohne selbst in den Urlaub fahren zu müssen.«

Im Ort Gemmenich, direkt an der schönen RAVeL-Strecke 39 vom Dreiländereck bei Aachen nach Lüttich, stellen Fabienne und Francis ihren Garten zur Verfügung. »Wir sind erst seit diesem Frühjahr dabei«, sagt Fabienne, »bislang hatten wir zwei Paare, einmal zwei 16-jährige Jungs, und in zwei Wochen will eine Gruppe mit Kindern und sieben Zelten kommen. Da wird meine Tochter mit einspringen, die wohnt ein paar Häuser weiter und hat einen noch größeren Garten.« Fabienne zeigt den Zeltplatz hinter der Garage, was für etwas beidseitige Privatheit sorgt, auf fein gemähtem Rasen, den Mähroboter »Oscar« gerade bearbeitet. »Immer nette Leute« seien bislang gekommen, »alle freundlich und sympathisch, und klar: Die durften auch duschen bei uns. Und den beiden Jungs haben wir auch ein Bier ausgegeben.«

Immer mal wieder haben schon altkonventionelle Autofahrer*innen bei den »Welcome«-Gastgeber*innen versucht unterzuschlüpfen, trotz entsprechender Hinweise auf der Website. »Manchmal haben Gartenbesitzer solche Leute auch ausgeschlossen«, erzählt Dries. »Die Community funktioniert.« Selbst gelernt haben die Macher*innen, dass es beim nachhaltigen Reisen neben Wanderern und Radfahrern noch andere gibt: »Mal waren da Leute, die per Kajak unterwegs waren, oder eine Trekking-Gruppe mit drei Eseln. Welcome!«

BERND MÜLLENDER

Das Angebot welcometomygarden.org ist kostenfrei.

Drei EuroVelo-Strecken führen auch durch Belgien die EuroVelo 5, eine der großen europäischen Radrouten (von Südengland bis Brindisi) quert fast das ganze Land (mit noch einigen Lücken allerdings). Man fliegt durch die Weiten Flanderns, quert Brüssel über neue Pop-up-Radwege an den legendären Autostaus im EU-Viertel vorbei, begleitet die Maas von Namur über Dinant bis in die dunklen Wälder der Ardennen Richtung Luxemburg.

Andere Unterkünfte mit dem Öko-Label Cle vert finden sich unter https://www.green-key.be

Auch in Deutschland gibt es eine ähnliche Initiative wie das belgische »Welcome To My Garden«. Sie hat den originelleren Namen »1Nite Tent«, aber bislang nur gut 800 registrierte Gartenplätze statt fast 4.000 im zehnfach kleineren Belgien.

In 160 anderen Ländern www.warmshowers.org funktioniert ähnlich, weltweit sogar. Allerdings sollte man selbst einen Garten anbieten und muss eine Registrierungsgebühr von 30 US-Dollar bezahlen.

DIE RAD-NOMADIN

2.000 Kilometer auf dem Donauradweg. Allein und mit eigenem Rhythmus durch eine postsozialistische Landschaft.

Jeder Reiseführer über den Donauradweg empfiehlt, wegen der Hitze den August zu meiden. Ich allerdings habe die Schnapsidee, die freie Zeit, bevor der Trubel zu meinem neuen Buch »Die Freiheit, allein zu sein« beginnt, für ebendies zu nutzen. Ich will mit der Donau vor mich hinfließen. In Ruhe und Frieden mäandernd und nomadisch auf dem Weg zum Schwarzen Meer. Bisher habe ich noch jede meiner Schnapsideen konsequent verfolgt, auch wenn 2.000 Kilometer mit dem Rad wie eine bodenlose Ungewissheit erscheinen.

Beginnend in Bratislava, versuche ich mich in den ersten Tagen von Zweifeln freizustrampeln. Als ich am zweiten Tag in der Slowakei in der Abenddämmerung im Regen stehe, hält ein Auto neben mir. Janeka und Oliver adoptieren mich einfach von der Straße weg in ihr Haus. Sie sind selbst drei Jahre mit dem Fahrrad um die Welt gefahren und wollen die Hilfe, die sie dabei erfahren haben, weitergeben. Es kann keinen ermunternderen Einstieg geben.

Schnell genieße ich die Zeit allein mit der Welt, in meinem Rhythmus, meinem Tempo, meiner Neugier, an riesigen Wänden raschelnder Birken vorbei durch eine weite postsozialistische Landschaft in sengender Hitze zu fahren. Es herrschen 42 Grad, an mir rollen wüstengleiche Windhosen vorbei. Aber ich genieße es, wie sich mein Geist ans Alleinsein und mein Körper an die Anstrengung anpasst, und gebe beiden Gelegenheit, klare Ansagen zu machen: »Jetzt ein Nickerchen im Schatten«, »Ich brauche Schokolade, alkoholfreies Bier, Chips, Paprika, Tofu« oder »Fahr jetzt schneller, weil's so schön ist und ich noch ein paar Kalorien verjubeln kann« ...

Kurz vor Budapest beginnt es gehörig zu krachen, ich fahre durch einen kühlenden Regenschauer die letzten 20 Kilometer, um mich im prachtvollen Széchenyi-Thermalbad aufzuwärmen.

ERDNAH & MOBIL

Die 2.000-Kilometer-Tour auf dem Donauradweg beginnt in Bratislava.

In Budapest komme ich bei Judit und Tomi unter. Kennengelernt habe ich sie auf der Webseite Warm Showers, auf der sich Fahrradfahrer*innen gegenseitig Unterkünfte oder Hilfe anbieten. Ich schätze diese Idee ähnlich wie beim Pilgern, dass Menschen sich gegenseitig beherbergen, damit man sich allein in die Welt trauen kann.

Nach zwei Tagen in der prachtvollen Stadt zieht es mich wieder zurück in Dreck und Mühe. Ab hier werden die Fahrradwege immer seltener, ich fahre fast immer Landstraßen entlang – die meisten ruhig und angenehm. Auch die Beschilderung lässt keine Wünsche offen. Selten muss ich eine Schnellstraße nutzen, deren Autoverkehr nervtötend sein kann.

Beim Fahren höre ich »Moby Dick« als Hörspiel, und auch ich muss gegen die an mir vorbeirauschenden Lkw ankämpfen wie gegen einen großen Wal, der das Böse und Irrationale der Welt symbolisiert. Fast jeden Kilometer befinden sich Gedenkstellen von Verkehrsopfern, viele davon kunstvoll hergerichtet, manche mit Sitzgelegenheit für Trauernde. Einmal wurden vier Bäume für jeden Toten gepflanzt und mit Plastikblumen und Fotos geschmückt.

Im ländlichen Ungarn beschränken sich die offiziellen Sehenswürdigkeiten meistens auf Kirchen, umso mehr freue ich mich in Kalocsa (alternativ zum Paprikamuseum) über das Museum der Kybernetischen Kunst von Nicolas Schöffer, denn dies ist seine Geburtsstadt. Sein »Kronos 8 Tower«, der eigentlich in Paris hätte realisiert werden sollen, steht jetzt hier am Busbahnhof.

Abends gehe ich oft eine Runde. Ich habe das Gefühl, ich muss nach 60 Kilometern auf dem Rad einen Ausgleich schaffen – wie barfuß laufen, nachdem man hochhackige Schuhe trug, wackelig und elastisch zugleich.

Nach weiteren 300 Kilometern erreiche ich Belgrad, eine Stadt, die einen komplett schluckt. Pompös, ruinös, geschichtsschwanger bis zum Überschwappen. Wenn man übers Land radelt und dann in eine größere Stadt kommt, merkt man, wie menschenfeindlich Städte sind. Sie sind für Autos gebaut und eine toxische Mischung aus Trägheit und Gehetztheit. Hier beherbergt mich Yiting, die selbst von Taiwan nach Norwegen mit dem Fahrrad fuhr und nun in Serbien lebt. Abends beim Bier geben wir uns gegenseitige Motivationstrainings: sie mir für die nächsten 1.000 Kilometer und ich ihr, damit sie ihren langweiligen Job verlässt.

Fest davon überzeugt, dass ich der einzige Nerd sein werde, der sich hier das Nicolas-Tesla-Museum ansehen will, stelle ich mich verwundert an eine lange Schlange an der Kasse an. Tatsächlich dominiert hier Spektakel über Information, so kann man in einer Vorführung eine halbe Million Volt starke Blitze an sich vorbeischießen lassen, sodass die Neonröhren leuchten, die man in der Hand halten darf.

Hinter Belgrad gelange ich nach drei Tagen an den Abschnitt des Donauradwegs, der als der schönste beschrieben wird: Und tatsächlich sind die drei Tage vom Silbersee über das Eiserne Tor hin zur rumänischen Grenze ein gigantisches Natur- und Kulturspektakel, das mich mental und körperlich komplett erschöpft und zugleich begeistert. Beim Eisernen Tor beispielsweise muss die Donau, die hier sieben Kilometer breit ist, plötzlich durch eine nur 150 Meter schmale Schlucht.

Ich fahre durch Täler und auf Berge, an atemberaubenden Aussichten vorbei und durch 21 gruselige, enge Tunnel ohne Beleuchtung, aber mit viel Autoverkehr, bei denen man, vermute ich, jede Menge Nahtod-Hormone aus-

Eine Etappe auf dem Weg zum Schwarzen Meer ist Belgrad.

schüttet. Dann komme ich an der ältesten Ausgrabungsstätte einer menschlichen Siedlung vorbei: Lepenski Vir und an einem in den Fels meterhoch gehauenen Gesicht des Königs Decebal. In einem tiefen Tal entdecke ich tektonische Gesteinsverschiebungen, die einen wieder auf die menschliche Existenz zusammenschrumpfen lassen: Es ist ein psychedelischer Trip, den ich nie vergessen werde. Dabei bin ich so erschöpft, dass ich es gerade noch so bis zur Eisdiele im nächsten Dorf schaffe.

Nach Serbien sehe ich kein einziges Schild des EuroVelos mehr; wer es bis hier geschafft hat, braucht aber auch keine mehr: Man folgt einfach der Landstraße. Doch nun muss man laut Reiseführer eine Entscheidung fällen: eine anstrengende Berg-und-Tal-Fahrt auf der bulgarischen Seite. Oder verwilderte Hunde, die nach Radfahrern jagen, auf der rumänischen Seite, wo es aber weitestgehend flach ist. Bei Temperaturen zwischen 35 und 40 Grad wage ich die Begegnung mit der Naturgewalt des Tieres lieber als die mit dem Berg.

Tatsächlich leisten sich zweimal laut bellende Hunde mit mir ein Wettrennen. Mehr Angst vor ihrem Biss habe ich davor, dass sie mich auf die Fahrbahn drängen, wenn Lkw kommen. Statt der Angst möchte ich den Hunden gegenüber lieber eine sportliche Neugier entwickeln. Ich hänge vor den Kiosken und in den römischen Ruinen am Straßenrand mit ihnen ab und versuche, bei den seltenen Wettrennen einfach die Ruhe zu bewahren. Oft habe ich den Eindruck, dass die Hunde einfach die freilaufenden Haustiere vom ganzen Dorf sind, die Leute stellen ihnen Wasser hin und füttern sie mit Resten.

Bei Swischtow nehme ich die Fähre, um den Weg nach Ruse auf der bulgarischen Seite zu fahren. Abends geselle ich mich zu ein paar alten Männern in einer Kneipe, als ich keine Unterkunft finde. Torun erbarmte sich und bietet mir seine Couch an. Bis spät in die Nacht schauen wir bulgarische Comedy-Serien und essen Schokolade. Zwei Einsame in der Nacht, seine Frau war vor acht Monaten gestorben.

Ich erfahre eine Menge über Arbeitsmigration. Wenn ich mit Leuten ins Gespräch komme, gibt es immer jemanden, der Französisch, Spanisch, Englisch oder Deutsch kann, je nachdem, wo sie mal ein paar Jahre gearbeitet haben. Die Frau, die als Krankenschwester in Österreich arbeitet, der Mann, der als Erntehelfer in Deutschland war, der Wirt, der als Automechaniker in Spanien arbeitete ... ihre Lebenswege erzählen viele Geschichten über die EU.

Eine gute Radfahrerin weiß, wann sie den Zug nehmen muss, zum Beispiel wenn die Schnellstraße, die aus Ruse hinausführt, für Radler als lebensgefährlich beschrieben wird. Und da ich Zeit sparen muss, wenn ich tatsächlich das Donaudelta erreichen möchte, statt hier nach Varna für den Rückflug abzubiegen, nehme ich den Nachtzug nach Galatz. Zwar ist man hier in der Walachei, aber dennoch am Puls der Zeit: In Isaccea gibt es einen Grenzübergang mit der Fähre in die Ukraine. Hier stehen über 200 Lkw mit Hilfsgütern zwei, drei Tage, weil es nur eine Fähre zum Übersetzen gibt.

Dank Google Translate komme ich mit ein paar Fahrern ins Gespräch. Es gibt wenige Momente, in denen ich in besonderer Gesellschaft eine Zigarette mitrauche. Sie laden mich ein, mit rüber in die Ukraine zu kommen und den guten Wein in Ismajil zu kosten. Ich frage mich, ob sie vielleicht einen letzten Rest Normalität behalten wollen, indem sie mich nach drüben einladen.

Rosapelikane im Donaudelta

Wie zieht sich das Gefühl des Ankommens hin, das frage ich mich, als ich mit Freudengeheul den Berg runter nach Tulcea rolle, der Ort, wo die Donau ab Kilometer null gezählt wird. Danach dröselt sie sich in viele Arme und Seen auf. Ich fahre weiter nach Murighiol, das östlichste Dorf, das ich mit dem Fahrrad im Delta erreichen kann. Der Tourismus hier ist noch von den Bewohnern selbstgemacht, sehr angenehm. Ein Fischer fährt mich drei Stunden durchs Delta, und ich sehe jede Menge Seeschlangen und Pelikane, die mir den Anblick ihrer wellenartig formierten Flüge schenken.

Am nächsten Tag stehe ich in Sarichioi endlich am Schwarzen Meer. Befremdung, Stolz und Wehmut empfinde ich, dass ich mich der Welt so aussetzen konnte. Ich frage mich, wodurch man, zurück im Alltag, wo man permanent kontrolliert und verhandelt, begreifen wird, was man gelernt hat. Die Welt, die sich mir offenbarte, ist voll mit Dingen, die mich zu Tränen rühren. Nach sieben Wochen Ungewissheit und Erschöpfung weiß ich, dass man immer Wege findet, egal wie beschwerlich sie sind.

Schließlich in Konstanza kommt mir als Essenz eines jeden osteuropäischen Urlaubsortes eine Bummelbahn entgegen. Ich miete für zwei Tage eine

Plastikliege am Strand und liebe es, anderen Leuten beim Urlaubmachen zu-
zuschauen. Weit hinausschwimmen ins Meer, so fühlte sich die ganze Reise
an, bis ans Ende der Welt. Hinaus, bis ich nicht mehr stehen kann, und dort
lasse ich meine Beine ins Wasser baumeln.

Sarah Diehl

Anreise Ich nutzte den EuroVelo 4 und den IronCurtainTrail ab Prag als Zubringer, um zum Euro-
Velo 6 bei Bratislava zu gelangen (etwa 500 Kilometer), um von dort die Donau zum Schwarzen
Meer entlangzufahren. Nach Prag kommt man gut mit dem Zug. Man kann aber auch mit dem Zug
nach Wien oder Bratislava fahren, um dort zu beginnen.

Abreise Vom Schwarzen Meer zurück kann man entweder einen Bus oder ein Flugzeug nehmen. Es
empfiehlt sich ein Vergleich der Gebühren, Anmeldung und Transportbedingungen für die Fahrrad-
mitnahme im Flugzeug. Übersichtsseiten findet man im Netz, z. B. unter https://www.skyscanner.
de/nachrichten/fahrradmitnahme-im-flieger-alle-infos-auf-einen-blick. Das Fahrrad muss in
einem Karton oder einer Fahrradtasche verpackt sein. Es lohnt sich, am Abflugsort die Fahrrad-
läden abzutelefonieren, weil die ihre Fahrradkartons gerne kostenlos hergeben. Wenn man sich
das Gedöns mit der Fahrradverpackung sparen möchte, kann man auch den Bus nehmen. Flixbus
nimmt das Fahrrad unkompliziert einfach hinten auf einem eigenen Fahrradhalter mit, Nachteil:
Die Fahrt dauert um die 30 Stunden.

Die Routen Es gibt 14 Langstrecken-Fahrradwege durch Europa, EuroVelos genannt. Sie verbinden
bereits existierende Fahrradwege, oft gehen sie aber auch einfach über einsame Landstraßen,
selten, wenn es keine Alternative gibt, auch mal über Schnellstraßen, deren Lkw-Verkehr einem
den letzten Nerv rauben kann. Die Qualität des Bodenbelags ist oft gut, selten gibt es noch
Strecken, die über Kies oder Erde gehen. Kleine Restaurants und Shops, in denen man sich mit
Essen eindecken kann, gibt es fast in jedem Dorf. Fahrradreparatur-Sets und Ersatzreifen sollte
man aber dabei haben.

DECEBALUS REX
DRAGAN FECIT

Am Eisernen Tor befindet sich in Fels gehauen das Antlitz von König Decebal.

DIE AUTORINNEN UND AUTOREN

Christel Burghoff ist bekennende Wanderin, am liebsten treibt sie sich auf dem Camino zwischen Frankreich und Santiago de Compostela herum. Neu entdeckt hat sie den mobilen Camper. Die Frankfurter Soziologin und Autorin propagiert seit Jahren einen ökologischen und vor allem sozial verantwortlichen Tourismus.

Sarah Diehl ist Autorin und Aktivistin u. a. zu reproduktiven Rechten. Sie gründete die NGO Ciocia Basia, die Unterstützung bei Schwangerschaftsabbrüchen anbietet, und gibt das Seminar »Will ich Kinder?«. Veröffentlichungen u. a.: »Die Uhr, die nicht tickt«, »Eskimo Limon 9« und neu: »Die Freiheit, allein zu sein«.

Robert B. Fishman arbeitet nach dem Konzept des »konstruktiven Journalismus« frei für Zeitungen, Magazine und den öffentlich-rechtlichen Hörfunk zu den Themen Städtereisen, Kulturen, Klimakrise und nachhaltiges Wirtschaften. Er hat Jura studiert und anschließend die Deutsche Journalistenschule absolviert.

Martin Jahrfeld ist freier Journalist in Berlin und schreibt über Wirtschaft, Medien und Alltag. Auf Reisen bevorzugt er das Rad oder öffentliche Verkehrsmittel. Die nettesten Leute hat er an Bahnhöfen und Bushaltestellen kennengelernt. Menschen in Autos erscheinen ihm zunehmend fremd.

Edith Kresta ist langgediente Reiseredakteurin der taz, schon seit damals, als noch der »sanfte Tourismus« verhandelt wurde. Heute freut sie sich, dass Flugscham den immer weiter expandierenden Tourismus moralisch hinterfragt. Bei aller Liebe zum Regionalen möchte sie allerdings auf eine gebändigte Weltläufigkeit nicht verzichten.

Jana Lapper ist seit 2019 Redakteurin der taz und seit Juli 2022 für die Regionen Westeuropa und Westbalkan zuständig. Recherchen führten sie u. a. nach Nordmazedonien, Serbien und Albanien. Mit dem Nachtzug war sie nicht nur in Europa, sondern auch in Russland und in Iran unterwegs – obwohl sie in Zügen selten ein Auge zumacht.

Ralf Leonhard ist Wiener, gelernter Jurist und taz-Veteran, er schreibt über Österreich und Ungarn. Im vergangenen Jahrhundert hat er lange Jahre aus Zentralamerika und der Karibik berichtet. Der lateinamerikanischen Kultur fühlt er sich weiterhin verbunden und unternimmt gelegentliche Exkursionen auf den Subkontinent.

Gabriele Lesser ist Osteuropa-Korrespondentin, die vor allem über Polen schreibt, aber auch über die östlichen Nachbarländer Litauen, Belarus, Ukraine und den Oblast Kaliningrad. Schwerpunkte sind jüdische Themen, Reportagen aus Geschichte und Gegenwart sowie Kommentare zum politischen Geschehen in Polen.

Jonas Martiny stammt aus Bochum und ist in Moskau aufgewachsen. In Freiburg und Santiago de Chile studierte er Geschichte und Romanistik. Seit 2006 berichtet er als freier Journalist aus Spanien. Und wenn nicht, schreibt er Reisebücher, verbringt Zeit mit seinem Sohn oder steigt auf Berggipfel.

Matthias Meisner arbeitet seit den 80er-Jahren als Journalist, zuletzt auch oft für die taz. Eisenbahnreisen sind für ihn Hobby. Seine Osteuropa-Macke gilt als irreparabel. Tee kocht er mit einem Samowar der sowjetischen Staatsbahn, den er vor dem Krieg im ukrainischen Lwiw erworben hat.

Bernd Müllender lebt als leidenschaftlich autoloser Radfahrer in Aachen. Diverse Buchveröffentlichungen. Im Fahrradroman »Die Zahl 38.185« geht es um Speichenheinis, Asphaltimperialisten und Parkplatzmord. Seit 2021 leitet er »taz-Reisen in die Zivilgesellschaft« mit den Zielen Aachen/Euregio, Nordeifel und in sein Lieblingsland Belgien.

Tobias Müller ist Benelux-Korrespondent in Amsterdam und schreibt neben dem alltäglichen politischen Geschehen regelmäßig über Migration, Sport und Reisen. Unesoterischer Draußenschwimmer, Tajine-Koch, Streuner. Jahrelange Erfahrung an der Nachtrezeption eines Amsterdamer Backpackers.

Ute Müller hatte sich einst in das liebenswert rückständige Land verliebt und siedelte darum bereits im Jahr 1990 nach Spanien über, und zwar mitten ins Zentrum, in die pulsierende Hauptstadt Madrid. Von dort aus schreibt sie seither für deutschsprachige Medien, seit sechs Jahren vor allem für die NZZ in Zürich. Auch Reisen und Berichte aus nahen und fernen Ländern sind ihre Passion.

Michaela Namuth ist freie Korrespondentin und Autorin des Weltreporter-Netzwerks. Sie lebt seit vielen Jahren in Rom. An der Amalfiküste strandete sie erstmals in den 1980er-Jahren, als es noch mehr Fische und Zitronen und weniger Touristen gab. Als Buch ist aktuell ihr Reiseführer über Florenz erhältlich.

Stefan Schomann kehrte für die Loisach-Geschichte an die Schauplätze seiner Jugend zurück. Ansonsten lebt er in Berlin und Peking. Zuletzt erschien von ihm »Auf der Suche nach den wilden Pferden« (Galiani Verlag).

Alina Schwermer ist freie Journalistin und Autorin. Sie schreibt für die taz, die Deutsche Welle und die Jungle World über Sport und Reisen. 2022 erschien ihr aktuelles Buch »Futopia« über Fußball-Utopien. Sie reist in einem ausgebauten Lkw und erzählt von Reisebegegnungen auf www.nosunsets.de.

Sabine Seifert leitet seit 2017 das Ressort Reportage & Recherche der taz. Sie studierte Germanistik und Geschichte in Bielefeld und Hamburg, wo sie anschließend in der Kulturredaktion der taz-Hamburg quer einstieg. Von dort ging es für zwei Jahre nach Paris und dann nach Berlin, wo sie als Autorin für den Rundfunk, für das Online-Magazin Eurotopics und seit 2008 wieder bei der taz arbeitete. Freundschaften und Reisen führen sie immer wieder nach Frankreich und Italien.

Ralf Sotscheck arbeitete nach dem Abitur als Lkw-Fahrer, Fließbandarbeiter in einer Erdnussölfabrik, Hilfsarbeiter in einer Kupfertiefdruck-Ätzerei, Briefträger. 1976–77 Aufenthalt in Belfast als Deutschlehrer. 1984 Diplom als Wirtschaftspädagoge, ein Jahr später Umzug nach Dublin als Korrespondent für die taz.

Petra Sparrer ist Reisejournalistin und Reiseführer-Autorin (Reise Know How, Michael Müller etc.). Sie arbeitet zudem als Verlagslektorin und Übersetzerin (Englisch, Französisch, Spanisch) und hat ein Faible für Frankreich. Weitere Infos und Artikel auf ihrer Webseite www.psvonunterwegs.de

Wolfgang Strasdas ist studierter Landschaftsplaner, passionierter Reisender und seit 2002 Professor für nachhaltigen Tourismus an der Hochschule für nachhaltige Entwicklung Eberswalde. Klimaschutz im Tourismus gehört zu seinen wichtigsten Forschungsgebieten. Dabei spielt nachhaltige Mobilität eine zentrale Rolle.

Reiner Wandler lebt seit nun mehr 30 Jahren in Madrid. In seiner Freizeit wandert er gerne und macht die Gewässer Europas im kanadischen Kanu unsicher.

Ulrike Wiebrecht arbeitet als freie Journalistin und Buchautorin in Berlin und schreibt für unterschiedliche Tageszeitungen und Zeitschriften, darunter die taz. Nach vielen Jahren in Barcelona hat sie Brandenburg für sich entdeckt und neben Büchern über Spanien oder Brasilien auch fünf Reiseführer über die Hauptstadtregion geschrieben. Am liebsten ist sie dort zu Fuß oder mit dem Rad unterwegs.

Beate Willms lebt in Berlin und leitet das Ressort Wirtschaft und Umwelt der taz. Tourismus fasziniert sie als gigantischer Wirtschafts- und Entwicklungsfaktor mit krassen soziokulturellen Gefällen und Auswirkungen auf die Natur. Sie schreibt aber auch gern über Gutes Reisen.

BILDNACHWEIS

akg-images: 97 (Rainer Hackenberg), 99 (Jürgen Sorge) · **Cinco Jotas:** 180 (Susana González), 182 · **Michaela Namuth:** 191 · **picture-alliance:** 2 (blickwinkel/M. Vahlsing), 8/9 (Zoonar/T. Lieder), 11 (Michael Busselle/robertharding), 13 (maxpp/RLM), 15 (Bildagentur-online/Forkel), 19 (Jochen Tack), 21 (Zoonar/Nando Lardi), 25 (Shotshop/DC 2), 37 (dpa-Zentralbild/Stephan Schulz), 39 (photothek/Ute Grabowsky), 43 (Hans Eder/Shotshop), 47 (imageBROKER/Michael Rucker), 51 (CHROMORANGE/Walter G. Allgöwer), 52 (Shotshop/Volker Rauch), 55 (imageBROKER/Wayne Hutchinson/FLPA), 57 (robertharding/Philip Craven), 61 (Peter Schickert www.schickert.info), 63 (Hinrich Bäsemann), 66/67 (imageBROKER/Martin Dr. Schulte-Kellinghaus), 71 (imageBROKER/Christian GUY), 75 (Christian Müller/picturedesk. com), 77 (Bildagentur-online/AGF-Hermes), 79 (empics/Jane Barlow), 80 (empics/Jane Barlow), 83 (Robert B. Fishman), 89 (Lehtikuva/Heikki Sarviaho), 92 (CPA Media Co. Ltd), 94 (Prisma Archivo), 103 (Westend61/Maria Maar), 104 (Heritage Images/Sites & Photos), 109 (Westend61/Kerstin Bittner), 110 (ANP/Ramon van Flymen), 112/113 (Westend61/Big Man), 115 (dpa/Frank Rumpenhorst), 116 (dpa-Zentralbild/Klaus-Dietmar Gabbert), 121 (Westend61/Günter Flegar), 123 (imageBROKER/Martin Siepmann), 129 (imageBROKER/Martin Siepmann), 133 (Udo Bernhart), 135 (blickwinkel/E. Teister), 139 (imageBROKER/Stefan Schurr), 145 (robertharding/Carsten Krieger), 147 (Bildagentur-online/Scholz-McPhot), 151 (imageBROKER/J. Moreno), 155 (Zoonar/Yuriy Brykaylo), 156 (Zoonar/Anna Reinert), 160/161 (dpa/Jukka Ritola), 163 (dpa/Martti Kainulainen), 164 (dpa/Kaisa Siren), 166/167 (maxppp/BALFIN Jean Pierre), 170 (botanik-foto/Steffen Hauser), 172 (DUMONT Bildarchiv/Frank Heuer), 175 (dpa/MAXPPP/Jc Tardivon), 185 (DUMONT Bildarchiv/Toni Anzenberger), 187 (imageBROKER/Martin Siepmann), 195 (EPA-EFE/Tamas Soki), 201 (Loop Images/Peter Watson), 205 (Zoonar/Boris Breytman), 211 (Andreas Gillner), 214/215 (pressefoto_korb/Micha Korb), 219 (Reinhard Kungel), 223 (Zoonar/elxeneize), 225 (PHOTOPQR/SUD OUEST/MAXPPP/GUILLAUME BONNAUD), 230 (Daniel Kalker), 232 (Westend61/Christina Falkenberg), 237 (Zoonar/Nikolai Sorokin), 242/243 (dpa/Axel Heimken), 244 (dpa/Frank Rumpenhorst), 249 (imageBROKER/Moritz Wolf), 252 (Jochen Tack), 257 (PhotoDoc/Shotshop), 261 (Zoonar/Artur Bogacki), 263 (dpa/TASS/Valery Sharifulin), 265 (imageBROKER/Franz Christoph Robiller), 267 (imageBROKER/Frauke Scholz), Umschlag-rückseite (Lehtikuva/Heikki Sarviaho) · **Stefan Schomann:** 29, 31, 33, 126 · **Wikimedia Commons:** 64 (kallerna), 141 (Adrian Michael), 177 (Maison du Charolais), 197 (Thaler Tamas), 235 (Phil Richards), 250 (Knut Rage)

DANKSAGUNG

Alle Texte wurden bereits in der taz veröffentlicht. Dank an die Autor*innen der taz für ihre Texte und die nachhaltige Unterstützung meiner Kolleginnen Sabine Seifert und Beate Willms sowie der taz-Chefredakteurin Barbara Junge.